晚清变革视域下的
咸同朝军机大臣研究

袁　野◎著

人民出版社

目录

绪论

一、写作缘起及选题意义

军机处创立于雍正朝，本为密办西北军务的临时机构，后经乾隆、嘉庆两朝的发展和完善，渐成有清一代最具特色的中枢决策机构，影响清廷政治长达一百八十余年之久。其主要职官——军机大臣“择阁臣及六部卿二熟谙政体者兼摄其事”①，皆为“亲臣重臣”，“掌军国大政，以赞机务。”②按清制，“大学士非兼军机处，不得为真宰相。”③可见其地位之尊崇。军机大臣此种权力、地位、作用，乃至其思想观念，于雍、乾、嘉、道四朝，虽偶有变化，却不甚明显，而于咸、同两朝却发生了诸多深刻的变化。

咸丰、同治两朝共历时二十四年，是清代历朝中罕见的短命王朝，

---

① （清）昭梿:《啸亭杂录》卷七，中华书局1980年版，第212页。

② （清）赵尔巽等撰:《清史稿校注》卷一百二十一，国史馆校注，台湾商务印书馆1999年版。

③ （清）赵尔巽等撰:《清史稿校注》卷二百零九，国史馆校注，台湾商务印书馆1999年版。

其时间虽短，却是清代历史乃至中国历史转型过程中承上启下的关键时期。咸丰元年（1851），年仅20岁的咸丰帝奕詝和他统治的清王朝便受到了中国历史上最大规模的农民战争——太平天国农民战争的沉重打击。此次农民战争历时十四年之久，势力范围波及十八个省份，几乎席卷了大半个中国，并于三年（1853）建立了与清王朝对峙的新生政权。咸丰三年（1853）——六年（1856）间，太平天国又开始了大规模的北伐西征。其中，北伐军直逼京畿，西征军则击破了江南江北大营，太平天国由此达到了军事上的全盛时期；而始于此年，由英法两国联合发动的第二次鸦片战争，又使咸丰帝和清王朝遭受了前所未有的重创。咸丰十年（1860）英法联军北上攻进了北京城，由外国侵略者攻入中国的国都，这在清朝历史乃至中国古代历史上均未曾有过。咸丰帝携其家眷竟以北狩之名逃往热河，不敢回来。在此内忧外患中，中国真正遭逢了“三千余年一大变局”①。为应对变局，咸丰初期，进行了政治、经济、军事等一系列内政变革，一批汉族地方督抚势力乘势崛起，为同治朝最终镇压农民战争奠定了基础。咸丰末期，在与英法势力斡旋的过程中，又突破了以往传统外交政策，中国近代化的真正起步——洋务运动亦由此时发轫。同治王朝，太后垂帘、亲王军机大臣辅政，政局虽变，但仍沿袭咸丰朝内政、外交政策，且有所深化发展。严重威胁清王朝统治的农民战争被镇压，洋务运动由此全面展开。已徘徊于奈何桥的清王朝不仅未亡，反而出现了封建末世昙花一现的中兴景象，实令人称奇。在此内忧外患、清王朝生死存亡之关键的二十四年中，因咸丰帝体弱、同治帝正值冲龄、两宫太后尚不熟谙政事，故“总揽军国大计”、“襄赞机务”之军机大臣群体，发挥了清前、中期军机大臣无法比拟的特殊作用，军机处制度、军机大臣自身亦在此千年变局中发生了深刻的变化。那么，在此前所未有的变革动荡之中，咸同朝军机大臣群体扮演了何种角色？他们在晚清历史发展过程中发挥了怎样的历史作用，他们的历史地位

① 《李文忠公奏稿》卷十九。

如何？自雍正八年(1731)确立至此已整整延续了一百二十余年的军机处制度,发生了怎样深刻的变化,作为该制度构成的要件——军机大臣自身又发生了哪些变化？诸如此类问题时刻萦绕吾心,故希望藉此专题的研究,对上述问题能有清晰、透彻的认识,以遂心愿。

清虽承明制,却也有诸多独创,军机处即清代所特有的中枢决策机构,其建立亦是中国封建专制主义中央集权制度达到顶峰的标志。自军机处设立以后,军国机要主之军机大臣,历代军机大臣遂成为能够参与清代中枢决策的重要群体。对这一群体的研究,一方面有助于我们透过制度、政策的载体——军机大臣,更深层次地认识清代中枢决策的过程、特点,以及君与臣各自在中枢决策中所发挥的作用,由此进一步理解清代是如何集封建君主专制之大成,最终这一体制又是如何走向解体与灭亡的;另一方面对咸同朝军机大臣群体的考察,有助于我们进一步清晰认识,身处变局之中的军机大臣是如何协助统治者与时俱进实行变革、渡过难关的历史过程。由此更能明确清代政治精英阶层在近代中国社会转型中的作为、影响,以及晚清治乱兴衰的内在因由。

任何社会、任何时代的发展与进步,都离不开精英阶层。能参与到政权建设的精英阶层,更是对政府决策、政治走向、社会发展起到不容忽视的影响。通过深入研究处于封建社会末期的军机大臣群体,并在历史的横向与纵向的比较中,挖掘表象背后的规律性,以史为鉴,希望能够对处于复杂多变国际国内形势下之今日中国的政治与用人有所启示与借鉴。

二、学术史回顾

与本文内容密切相关的以往研究,主要集中在军机处制度与军机大臣人物研究两个方面,笔者就目力所及,分述如下:

其一:关于军机处制度的研究

台湾学者傅宗懋著《清代军机处组织及职掌之研究》①是迄今为止唯一一部全面研究清代军机处制度的专著，该书以台北故宫所藏军机档等一手资料为基础，从制度层面比较系统地梳理了清代军机处溯源、设置、职官、职掌，以及皇帝与军机大臣间关系等重要问题，称得上是具有开拓意义的研究成果。大陆学者赵志强著《清代中央决策机制研究》②，以大量翔实的满文档案作为基础，对清代中央决策机制、清前中期军机处制度变革进行了系统梳理和全面研究，特别是作者对军机处的称谓考释、军机处成立时间考析、雍正朝军机大臣考等均为本文研究提供了极其重要的史料依据。白新良著《清代中枢决策研究》③则对清前期、中期的政权建设、中枢决策机构的历史沿革及各机构间的相互关系、中枢决策特点等进行了系统论述，并引用大量史实较为成功地再现了清代中枢决策的过程。惜赵、白两文对于清代中枢决策、军机处制度研究或停留于嘉庆时期、或停留于道光时期，而对于近代中枢决策几无所涉及，虽为笔者之求全责备，但实为一种憾事。南开大学宋希斌的博士论文《清代军机处职权的形成及其演变》，"则以清代公文的运转程序为切入点，利用军机处办公所形成的'上谕档'，通过勾勒清廷中枢决策过程的变化，来探究军机处职权的发展历程"。其中第六章晚清政局变动对军机处职权的影响，对本文写作有一定借鉴意义。北京师范大学郑伦班的硕士论文《军机处与清末中枢机构改革初探》则以清末中枢机构军机处的改革作为主要研究对象，并由此探究了清末新政最终失败的原因。上述两部学位论文在对前人研究仅局限于军机处建立初期、中期系列问题的研究上有所突破，而这也正是本文研究所试图突破之处。

除以上专著外，还有部分学者在编著的清代通史、政治制度史中开辟专章论述了军机处的创立、沿革、建置、职掌以及特点等诸多问题。

---

① 嘉新水泥公司文化基金会丛书1967年版。

② 科学出版社2007年版。

③ 辽海出版社2002年版。

譬如，萧一山著《清代通史》[①]、戴逸主编《简明清史》[②]、王戎笙主编《清代简史》[③]、杜家骥著《清朝简史》[④]等；白钢主编的十卷本《中国政治制度通史》（清代卷，郭松义、李新达、杨珍著）[⑤]、李鹏年著《清代中央国家机关概述》[⑥]、杨树藩著《清代中央政治制度》[⑦]、张德泽著《清代国家机关考略》[⑧]等。

还有许多学术论文对清代军机处制度的不同侧面进行了专题研究。关于军机处创立时间、性质与地位的研究。如钱实甫《清代的军机处》[⑨]，认为军机处创立于雍正七年（1729）"当较可信"，并指出清代设立军机处的原因在于"当时正值用兵西北，军报频繁紧急，亟须迅速处理，尤应慎密，故特设机构经办，指派亲王大臣主持"。就其性质，"严格说来还算不得是一个正式的政府机关"，"若就它的本身而论，主要只是担任奉命起草的工作"。关于以上问题，刘子扬（即吕钊）在其所撰文章《清代军机处的设立及其性质——兼与钱实甫商榷》[⑩]、《清代的军机处》[⑪]中，提出了不同的看法，他以嘉庆初年形成的《汉军机处档案总册》首页所载"雍正自八年（1731）始设军机处，所以各种折、档，俱自八年始存"为依据，指出军机处为雍正八年（1731）所建。（持此观点的还有赵志强，如前引，另见其文《军机处设立时间考订》[⑫]。）并指出："军机处的设立，不单纯是为了"西北用兵"，而是加强"君权"的政治措施。

① 华东师范大学出版社2006年版。
② 中国人民大学出版社2006年版。
③ 辽宁人民出版社1997年版。
④ 福建人民出版社1997年版。
⑤ 人民出版社1996年版。
⑥ 黑龙江人民出版社1983年版。
⑦ 台湾商务印书馆1978年版。
⑧ 学院出版社2002年版。
⑨ 《历史教学》1962年第3期。
⑩ 《历史教学》1963年第3期。
⑪ 《历史档案》1981年第2期。
⑫ 《历史档案》1990年第4期。

但是这一措施主要是针对着议政王大臣(满贵族)的权势,而对内阁,只不过是打击它的传统形式。”对于军机处的性质、地位,他认为:“军机处是一个常设的独立机构,是设于内廷,辅佐皇帝亲政、行使权力的总汇机关。”此外,关于军机处创立时间还有雍正四年说与十年说,兹不赘述。还有学者另辟蹊径探讨军机处成立时间,其代表即郭成康所撰《雍正密谕浅析——兼及军机处设立的时间》①,指出:“通过奏折制度即随之而来的密谕的演变,把军机处的出现纳入更深远的历史背景下去研究”,军机处的设立是雍正帝在以密折密谕推行秘密政治的实践中,“发现并确定了最便于独揽乾纲的权力配置格局”,军机处的设立是个缓慢、渐进过程,建议将军机处设立时间模糊处理,以雍正年间较为稳当。

关于军机处与其他中央机构关系的研究。如钱实甫的《清朝政权的半殖民地化与总理衙门》②、吴福环的《总理衙门职能的扩展及其与军机处、内阁的关系》③,均对军机处与总理衙门之关系进行了深入探讨。前者指出:“军机处和总理衙门就有了分工的意味:军机处主管洋务以外的一切大政,总理衙门则专办一切洋务,因而它也可以被称为“洋务内阁”了。”而后者则认为,总理衙门仅是行政机构,在清中央政权内,其地位是不能与军机处并列的。高翔的《也论军机处、内阁和专制皇权:对传统说法之质疑兼析奏折制之缘起》④、《略论清朝中央权力分配体制:对内阁、军机处和皇权关系的再认识》⑤,两文则对皇权与内阁、军机处的关系进行了重新审视,认为内阁与专制皇权不存在实质性的矛盾冲突,军机处设立以后,因内阁大学士获得了比较固定地参与中枢决策的权力,加之内阁承担了大量日常工作,而这显然都是军机处所无法取代的。

① 《清史研究》1998 年第 1 期。
② 《历史教学》1963 年第 7 期。
③ 《史学月刊》1991 年第 4 期。
④ 《清史研究》1996 年第 2 期。
⑤ 《中国史研究》1997 年第 4 期。

国外学者对军机处制度亦有一定研究。如美国学者白彬菊的专著《君与臣——清中期的军机处》[①],以海峡两岸所藏军机处档案为基础,深入探讨了“相对于被广泛关注的雍正朝军机处的起源问题,而迄今几乎无人研究的——军机处在乾隆朝令人惊异的出现并权倾中央政府”的问题,作者指出:军机处的法外地位、对于完全发达的联系渠道的垄断,及其依然忠于皇帝,而与此同时又扩展至指挥外朝的大多数机构的特殊地位是其权倾中央政府并得以长期存在的重要原因。[②] 海外华人学者杜联喆所著《关于军机处的建置》[③]一书,引用有关军机处记载的官私著作,针对“其说不一,考定未尽”的军机处建置问题进行了专题性研究,具有一定深度。此外,日本学者所著清代政治史专著,如稻叶君山著《清朝全史》[④]及东京大学教授卫藤沈吉著《近代中国政治史研究》[⑤]、信州大学教授永井算巳的《中国近代政治史论丛》[⑥]等著作,虽非关于军机处问题的专著,但仍具有一定的参考价值。

其二:关于咸同朝军机大臣人物研究

1. 关于咸同朝军机大臣群体研究。

傅宗懋著《清代军机处组织及职掌之研究》[⑦],根据《清史稿》、《清史列传》等对清代历朝 139 位军机大臣的出身、官职、品级、族别等进行了量化分析,开清代军机大臣群体计量研究之先河。林文仁著《南北之争与晚清政局——以军机处汉大臣为中心的探讨(1861—1885)》[⑧],该文以 1861—1885 年间,军机处汉大臣南北派系之争为主线,重新架构、解释了晚清政局发展脉络,语言平实、史料丰富,是晚清军机大臣群体

① 加州大学出版社 1991 年版。

② 本段文字由中国人民大学清史研究所董建中老师翻译,特此感谢!

③ 澳洲国立大学东方学研究所 1963 年版。

④ 台湾中华书局 1985 年版。

⑤ 东京大学出版会 1968 年版。

⑥ 汲古书院 1983 年版。转引自《国外中国近现代史研究述评》第 215 页。

⑦ 嘉新水泥公司文化基金会丛书 1967 年版。

⑧ 中国社会科学出版社 2005 年版。

乃至政治史研究中的一个有益尝试。但是,正如作者林文仁所言,此种尝试前人早已有之,即早在1948年,燕京大学石泉的硕士论文《甲午战争前后之晚清政局》①已经首开此类研究的先河,该篇论文是陈寅恪先生指导的唯一一篇关于中国近代史的论文,本文阐释了甲午战争前后清廷内部各派系(亦包括军机大臣中之派系)的矛盾斗争及其对晚清政局的影响,以此探讨甲午战争失败的内在因由。此文虽受半世纪前研究条件所限,存有些许瑕疵,但仍不失为派系研究的领军之作。

2. 关于咸同朝军机大臣人物个案研究。

军机大臣虽地位显赫,但其只是“兼差”,故多数军机大臣当时闻名于世,而今却鲜为人知。因此,学界对这一群体人物的研究是极不平衡的。就笔者所见,在咸同两朝的27位军机大臣中,仅有恭亲王奕䜣与中兴名臣文祥,以及咸丰初期的首席军机大臣祁寯藻,有今人所作传记或研究专著,其他人物则仅有2—3篇研究论文,甚或没有。

(1)关于恭亲王奕䜣的研究:董守义著《中国第一次近代化运动的倡导者:恭亲王奕䜣大传》②全景式地展现了恭亲王奕䜣波澜壮阔且跌宕起伏的一生,对其在咸同光三朝的政治作为有比较客观的评价,堪称奕䜣研究的佳作。宝成关著《慈禧奕䜣政争记》③、汤黎、余祖坤著《恭亲王奕䜣政海沉浮录》④、戴逸所撰文章《慈禧奕䜣斗法记》⑤、《第一个洋务派集团的兴衰》⑥等均以辛酉政变后慈禧与奕䜣之间的政治斗争为主线,探讨了两位当权者的政治斗争及其对晚清政局的影响。

(2)关于文祥的研究:山东师范大学李俊香的硕士学位论文《开明满族政治家文祥研究》,运用大量史料从生平、内政、外交、思想等方面

---

① 北京三联书店1997年版。

② 辽宁人民出版社,1989年。

③ 吉林文史出版社1990年。

④ 湖北人民出版社1996年。

⑤ 《光明日报》1962年8月23日。

⑥ 《光明日报》1962年8月22日。

对文祥进行了比较全面的研究，虽是硕士学位论文，但研究却已达到了一定深度，值得称道。东北师范大学曾旭的硕士论文《咸丰、同治朝的文祥（1860—1874）》，以咸丰、同治朝重大历史事件中文祥的言论、作为研究对象，分析中兴名臣文祥对当时政局的影响，其研究时限与本文基本契合，有一定借鉴意义。此外还有一些文章如白文刚：《文祥与同治"中兴"》①、李俊香《文祥与同治甲戌日本侵台事件》②、薛瑞汉《论洋务运动中的文祥》③等，均以文祥与咸同朝某一历史事件之关系作为研究对象，以此探讨军机大臣文祥在诸多历史事件中所发挥的作用。

（3）关于祁寯藻的研究：山西大学丁永青的硕士学位论文《晚清道咸政局与祁寯藻"相业"》以祁寯藻在道咸两朝政治活动为线索，探讨其对当时政局的影响。此外还有孙丽萍：《曾国藩与祁寯藻往事辩疑——并析曾文正书信日记的真实性》④，冀满红、白文刚：《祁寯藻与鸦片战争》⑤等。

其他人物的研究，包括刘栋琦：《李鸿藻反对重修圆明园》⑥，王莲英：《李鸿藻对西学的认识及其转变》⑦、王莲英：《晚清重臣——李鸿藻》⑧、贾熟村：《杜翰家族考察》⑨、黄复超、魏晨：《清李棠阶其人及其治学成就》⑩、刘海峰：《军机大臣季芝昌事迹考略》⑪等，均从不同角度探讨军机大臣人物与历史事件之关系。

---

① 《历史教学》2004 年第 4 期。

② 《山东农业管理干部学院学报》2007 年第 6 期。

③ 《锦州师范学院学报》2003 年第 5 期。

④ 《晋阳学刊》2002 年第 2 期。

⑤ 《晋阳学刊》2001 年第 5 期。

⑥ 《紫禁城》1997 年第 4 期。

⑦ 《唐都学刊》2007 年第 2 期。

⑧ 《石家庄经济学院学报》2008 年第 4 期。

⑨ 《滨州学院学报》2010 年第 2 期。

⑩ 《南都学坛》1987 年第 3 期。

⑪ 《科技信息》2008 年第 20 期。

此外,美国学者恒慕义主编的《清代名人传略》①,咸同朝几位军机大臣的传记亦胪列其中,对咸同朝军机大臣的研究具有一定的参考价值。

除了上述研究成果外,学界先后编纂了数部军机大臣表。其中,影响最大、应用最广的当属《清史稿》军机大臣年表、钱实甫的《清代职官年表》军机大臣年表、魏秀梅的《清季职官表》军机大臣年表。三表在编纂体裁体例上不尽相同,各有优劣,且存在不同程度的不足与问题。但这些具有工具书性质的表,对我们了解清代军机大臣的概貌仍旧有很大的帮助,可以说具有重要的参考价值。

通过学术史的回顾,笔者认为现有研究成果存在不平衡性,其主要体现在:

1. 有关军机处制度研究存在着厚"古"薄近的倾向。

"古"即指处于清前、中期之雍乾嘉三朝,学界对这一时期军机处的创建、发展、制度变革研究相对较多。而对近代以来,特别是咸同光三朝军机处制度变革却较少涉及。如赵志强著《清代中央决策机制研究》、白新良著《清代中枢决策研究》以及前文所提到的诸多文章皆未涉及到近代,这不能不说是有关军机处制度研究的一大缺憾。

2. 有关军机大臣的研究则存在人物研究不平衡、群体研究少的问题。

如前所述,学界对咸同朝军机大臣研究本就缺乏应有重视,成果不多,而这些少量成果又大多集中在恭亲王奕䜣、中兴名臣文祥,以及咸丰初期的首席军机大臣祁寯藻少数几位历史上颇有名气的大臣身上,绝大多数军机大臣在当今学界的相关研究中所涉较少。而清代军机处的变迁与发展、政权的建设与运作,每位军机大臣都是参与者,都是不可或缺的组成部分,并且后者在数量上占了绝大部分,其地位与作用不容忽视。

① 恒慕义主编,中国人民大学清史研究所翻译,青海人民出版社1990年版。

近年来,明清人物群体研究成为史学研究的新热点。此中,皇帝群体研究有之、督抚群体研究有之、私家刻书群体研究亦有之,而军机大臣群体作为清代独有的、且能够参与中枢决策的特殊的政治人物群体,却对其缺少相应的研究,实与其特殊地位不相符合。

3. 关于咸丰朝军机大臣群体与晚清变局互动研究略显单薄。

前文已述,石泉著《甲午战争前后之晚清政局》,林文仁著《南北之争与晚清政局——以军机处汉大臣为中心的探讨(1861—1885)》,堪称军机大臣派系研究的两部力作,因研究对象所限,其对同治朝军机大臣群体与晚清变局互动所涉较多,而有关咸丰朝军机大臣群体类似研究则相对较少,且二者主旨均为军机大臣内部派系之争,尚缺整体把握。

综上所述,学界对近代军机处制度、军机大臣以及军机大臣群体与咸同朝政治、经济军事等重大变革的互动研究尚欠深入,对在近代社会转型中起着重要作用的军机大臣群体,仅做个案研究,或仅停留在派系斗争层面的研究是远远不够的。有鉴于此,本文拟将军机大臣群体置于咸同朝旷世巨变的大背景之下,重点考察在内忧外患的冲击下、在近代社会转型中军机大臣群体是如何参与诸多变革,影响咸同朝政局变化,处在此种变局之下,军机处制度又发生了哪些变化,军机大臣群体的职掌、观念是如何转变的,这些变化对晚清政治变革又起到了怎样的作用等等。

三、研究思路

1. 资料方面:以《清史稿校注》军机大臣年表、《筹办夷务始末》(咸丰朝、同治朝)、《钦定剿平粤匪方略》、《洋务运动》、《第二次鸦片战争》等作为基本材料,结合《咸丰朝实录》、《同治朝实录》、《咸丰同治两朝上谕档》、《皇清道咸同光奏议》、《钦定大清会典》(嘉庆朝、光绪朝)等官方史料,并运用清人文集、年谱、笔记、日记,如:《李文清公遗书》、《曾国藩全集》、《文文忠公事略》、《清李文正公鸿藻先生年谱》、《枢垣记略》、《篧曝杂记》、《啸亭杂录》、《行素斋杂记》、《清代野记》、《花随人圣庵摭忆》、《国闻备乘》以及《翁同龢日记》、《越缦堂国事日记》等，从官方史料以及清人文集、年谱、笔记、日记两个层面对咸同朝军机大臣群体进行考察，概括军机大臣群体在咸同两朝的基本特征和基本状态，分析他们的职务活动对近代政治转型的影响，并探讨处于风雨飘摇中的咸同朝之军机处制度、军机大臣以及政权运作模式，与雍乾盛世时期的异同。

2. 切入点选择了晚清历史转型关键时期——咸同两朝的时政，即以军机大臣与咸同朝时政的互动关系为分析的基本框架和主线，探究军机大臣群体在晚清政治中所扮演的历史角色，探讨在社会转型时期，军机处的功能、地位、职权以及军机大臣参政、议政、辅佐皇权的模式与雍乾盛世时期相比较发生了何种变化，以及军机大臣群体在履行自己职务过程中，他们自身所发生的变化，并对此类变化所产生的影响及原因作出合理的解释。

应该说明的是，本文的研究时间断限选择在咸同朝，即在1851——1874年之间，而未起始于1840年，主要考虑了以下三个因素。(1)1840年虽是中国近代史的开端，但其对中国的影响，就地域而言，主要集中在东南沿海(如这一时期的通商口岸均在此处)，全国范围内的巨大变动，特别是清王朝自身的变动尚未真正开始。(2)而1851年后，伴随着太平天国农民战争与第二次鸦片战争的接踵而至，清王朝的政治权力结构发生了深刻的变化，晚清的社会转型、社会变动空前加剧。而处于风口浪尖权力中枢的军机大臣群体也随之发生了诸多变化，其与政治、社会的互动影响也就变得愈加深刻和复杂，这是与以往朝代所不能同日而语的。(3)这一时段不仅历史事件比较典型，且年限(24年)、人物(27人)均比较适中，适合做较深入的研究。

3. 论述框架、拟解决的关键性问题。

(1)对咸同两朝军机大臣进行整体性描述，对清代军机大臣的工作机构——军机处的历史变迁，军机大臣的职官设置，以及咸同两朝军机大臣概况、特征进行详细的描述。重点考察咸同两朝军机大臣的入值标准、入值年龄结构、地域分布、在任时间、革职离任原因、满蒙汉军机大臣比例等,并对这些问题在清代不同历史阶段的异同进行比较,以体现内忧外患大背景下,军机处制度、军机大臣群体所发生的变化。

(2)以乾隆与咸同三朝《清实录》、《上谕档》相关记载为基础,将咸同两朝军机大臣职掌与清代军机大臣职掌渐已完善的乾隆朝做一比较,以此探析咸同朝军机大臣职掌的历史嬗变。此项研究既可使《大清会典》、《清史稿》有关军机大臣职掌的记载具体化,又可立体地呈现出清代军机大臣职掌的动态变化发展过程,从多种角度、多个领域揭示出咸同两朝军机大臣对晚清政治、军事、司法、外交等方面的影响。

(3)以军机大臣与咸丰同治两朝重大变革间的互动关系为例,重点考察军机大臣在中枢决策方面对咸同朝诸多变革即政治、经济、军事、外交等变革的影响,并在此中探讨咸同朝军机大臣是如何参政、议政、辅佐皇权。并将其与清前、中期军机处相比较,考察咸同朝军机处制度发生了哪些变化,以及军机大臣在第二次鸦片战争、洋务运动中,中西文化观念、外交观念的历史演变,此种变化最终又是如何影响了晚清政局。拟解决的关键性问题包括:咸丰朝军机处制度变革,咸丰朝军机大臣群体与厘金制度、清代兵制变革之关系;太后垂帘与亲王军机大臣辅政体制确立背景、权力分配与施政模式,由军机大臣看军机处与总理各国事务衙门之关系等。

(4)在以上研究基础之上,对咸同两朝军机大臣历史地位予以准确定位。

四、创新之处及难点

本书创新之处有三:

1. 研究对象的创新。目前,学界对咸同朝军机大臣群体做专题研究尚付阙如,本书对此进行尝试,希望藉此能对这一群体做出较为全面、细致、系统的认识，填补此空白。

2. 研究方法的创新。学界对军机处的研究，多是就制度论制度，以宏观研究为主。本书拟采取宏观与微观相结合的方法，以制度变迁为背景，通过群体研究，结合军机大臣在咸同朝重大历史变革中的谋略与作为，从动态的角度，对咸同朝军机大臣群体予以定位。同时，在研究的过程中，主要运用了历史研究的综合研究法，即将咸同两朝的军机大臣视为一个整体做综合的研究，考察该整体与晚清政治转型之间的互动关系，而不是以个别军机大臣为代表进行研究；其次则是比较研究法。注意对咸同朝军机大臣与乾隆朝军机大臣进行比较，并注意该群体内部之异同。此外又借鉴社会学的量化统计分析法、地域分析法等，以及政治学的权力分析法、集团分析法等其他学科理论与方法，以此深化史学研究。

3. 具体研究内容的创新。体现在四个方面：(1)以咸同朝军机大臣为例具体探讨军机大臣入值标准、地域分布、革职离任原因、满蒙汉军机大臣比例等问题。与傅宗懋先生对清代军机大臣群体的量化研究相比较，此项研究因将对象集中在咸同朝军机大臣群体，故研究更为具体、深入，更能突显军机大臣于以上诸方面的动态变化发展过程。此外，笔者还根据咸同朝军机大臣特征，在以往研究基础上，增加了入值标准（最高统治者选用军机大臣的亲重标准）、地域分布特征、革职离任原因的量化研究分析。(2)本书以咸同朝军机大臣职掌为例，将《清史稿》、《大清会典》等有关清代军机大臣职掌的记载具体化，并将其与军机大臣职掌日趋完善的乾隆朝相比较，于对比中揭示清代军机大臣职掌嬗变的动态过程，亦是本文的一种创新。(3)对清代前所未有的太后垂帘与亲王军机大臣辅政相结合的政治体制，从军机处制度变革层面加以深入地探讨与研究。(4)由军机大臣看军机处与总理各国事务衙门间之关系亦是本文一个创新之处。

本书写作难点有二：

1. 军机大臣研究资料相对匮乏。

正如邓之诚先生所言:“清代各书纪章京故事者甚多,因军机大臣尊贵缜密,本人既无纪述,而他人亦不敢称道其事;不比章京位卑,肯于向人称道,或自己见之笔述,如《簷曝杂记》、《行素斋杂记》之类,多可依据。故谈清代掌故,关于章京者甚多,关于军机大臣者甚少,即由于此。”①故本文在资料搜集、运用上存在一定难度。

2. 制度、人物、变革三者互动研究既是本文的创新点,亦是对本书写作提出的挑战。

准确定位咸同朝军机大臣群体的历史地位,是一件相当复杂的事情,其中要涉及的范畴除了制度和政治事件,还包括人物的心理、思想观念与政治的互动,这无疑是本文的创新点,但也为本书写作提出了更大的挑战。

---

① 邓之诚:《谈军机处》,载王钟翰:《清史杂考》附录一,中华书局 1963 年版,第 275 页。

第一章　咸同朝军机大臣概况及特点

第一节　清代军机大臣职官设置

一、清代军机处的历史沿革

清代初期，承袭明制，“章疏票拟主之内阁，军国机要主之议政处，其特颁诏旨，由南书房、翰林院视草。”①至雍正七年(1729)，因西北军兴，军报频繁，而主章疏票拟之内阁又地处太和门外，“儤值者多，虑漏泄事机”②，且距内廷甚远，不便亲授机宜；主军国机要之议政处虽人员众多，但办事迟缓，效率不高，且满洲亲贵充斥其中，既易分权，又将汉臣排除在外，不利清王朝的长治久安。为革除以往弊政，雍正帝于次年

① (清)梁章钜等:《枢垣记略》卷二十二，中华书局1984年版，第276页。

② (清)梁章钜等:《枢垣记略》卷二十七，中华书局1984年版，第325页。

(1731)十二月①,乃简派亲信大臣,于紫禁城内始设军机处。由此,军机处自设立伊始便已具备简、速、密诸特点。

军机处,为办理军机事务处的简称,又有办理军需处、军需处、军需房之称。其值庐在紫禁城内,始设于隆宗门外,继而迁至隆宗门内,乾清门外西偏,军机大臣每日入值之处即在于此。此外,在圆明园、西苑也分别设立了军机处值庐。而"圣驾祗谒陵寝,驻跸南苑汤山盘山,及岁幸热河木兰行围,并巡幸盛京暨各省,其有行宫者,军机大臣入值于宫门值房,或设蒙古包入值。如在行营,则于白布城东门夹道内,设蒙古包入值。其在看城等城,则皆于黄布城左右设账房入值。"②军机处内部机构包括军机堂(军机大臣的办公场所)、满汉屋(分别为满汉军

---

① 此说采用赵志强:《清代中央决策机制研究》一书观点。赵志强先生指出军机处建于雍正八年(1731)十二月,其原因有三:"(1)依据中国第一历史档案馆藏:军机处满文《录复奏折》,第03-174-1338-001件:"遵旨查得,前于北路军营运米事件,原先有关军机事宜,皆由怡贤亲王、大学士蒋廷锡密为办理。……至于臣等之军机处,于雍正八年(1731)十二月才设立,故无凭可查。今唯查阅自户部查来、报销运米用过银两之底稿所开事项,自雍正六年(1728)起,于科不多、察罕瘦尔、乌里雅苏台、鄂尔昆、推河、额尔德尼召等处,俱有运米之事。……乾隆十九年(1754)三月十九日奏。奉旨:依议。钦此。"(2)军机处各种档案均自雍正八年(1731)十二月始存,是军机处成立于十二月的有力佐证。(3)军机处成立于雍正八年(1731),还可以从古今官私著述中找到一些例证。如光绪《钦定大清会典事例》载,乾隆四十八年(1783)谕:"第自雍正八年(1731)设立军机处以来,五十余年,所有谕旨批奏事件,未经发抄者尚多……"(光绪《钦定大清会典事例》卷一零五一。)梁章钜撰《枢垣记略·序》称:"自雍正庚戌设立军机处,殆兹九十余年,纲举目张,人才辈出,而载稽故实尚缺成书。"其"序"又称"章钜于嘉庆戊寅选充章京,儤直余闲,翻阅旧档,辄思辑为一书。随笔甄综,日有所积,至道光壬午春季奉命守郡,匆匆出直,此后遂无由再缀一词。"((清)梁章钜等:《枢垣记略》卷二十七,中华书局1984年版,第2页。)今人李鹏年先生等合著《清代中央国家机关概述》一书,确认军机处设于雍正八年(1731)。(李鹏年、朱先华等:《清代中央国家机关概述》,紫禁城出版社1989年版,第59页。)吴秀良教授亦持此说。(吴秀良《清代军机处建置的再检讨》,转引自庄吉发:《清代奏折制度》台北故宫博物院1979年版,第63页。)"参见赵志强:《清代中央决策机制研究》,科学出版社2007年版,第289—294页。

② 《钦定大清会典》(嘉庆朝)卷三,文海出版社1990年版。

机章京的办公场所),此外尚有抄写档案处、翻译上谕处、办理军机满档案处、办理军机汉档案处、转递各处事件处等机构。

雍正十三年(1735)十月二十九日,刚刚即位的乾隆帝以西北两路已无战事为由,裁撤军机处,将大小事件俱交总理事务王大臣兼理,原办理军机事务之大臣,或协办总理事务,或回本任。[①] 至乾隆二年(1738),弘历服制期满,遂于十一月二十八日,废止总理事务处,以"目前两路军务尚未全竣","日理万机,亦间有特召交出之事,仍须就近承办"[②]为由复设军机处。此后,经乾隆一朝近六十年的发展,军机处职权日趋完善,已成为清代皇帝处理政事不可或缺的辅政机构。以至于嘉庆十年(1805),御史何元烺以"军机处承办一切事务与兵部之专司戎政者不同,现在军务久经告蒇,似应更改名目,以纪偃武之隆"为由,奏请酌改军机处名目,遭到了嘉庆帝的严厉批驳。在此,嘉庆帝还为军机处正名,明令指出:"军机处名目,自雍正年间创设以来,沿用已久,一切承旨书谕及办理各件,皆关系机要,此与前代所称'平章军国重事'相仿,并非专指运筹决胜而言。"[③]嘉庆朝重修《会典》之时,将军机处首次列入其中,且位为中枢,地位重要由此可见一般。至清末,军机处在多次议改官制中,均列为"不议",可见其重要地位并未发生根本变化。直至宣统三年(1911),清政府方迫于国内资产阶级民族民主革命的迅猛发展,不得不实行"君主立宪",成立"责任内阁",遂于同年(1911)的四月初十日撤废了军机处。不久,清政府即寿终正寝。

军机处自雍正八年(1731)创立,至宣统三年(1911)撤废,此一百八十余年间,渐成为清政府"威命所寄"的宰辅之区。其职掌据《大清会典》所记为:"掌书谕旨,综军国之要,以赞上治机务;常日直禁庭以待召见,驻跸圆明园入直亦如之,行在所亦如之;谕旨明降者既述则下于内阁,谕军机大臣行者,既述则封寄焉;……议大政,谳大狱,得旨则与;

① 参见《清高宗实录》卷五,雍正十三年十月甲午。

② 《清高宗实录》卷五十七,乾隆二年十一月辛巳。

③ 《清仁宗实录》卷一百四十四,嘉庆十年五月壬寅。

军旅则考其山川道里，与兵马钱粮之数，以备顾问；文武官特简者，承旨则进其名单、缺单，特简者亦如之；……凡文武官记名者，遇缺则奏其名，道若府记名者，遇请旨缺则奏焉；……外国之朝正者，拟其颁赐，庆祝万寿来庭者亦如之；……凡试题钦命者，豫期，以其上届之题缮单以进御；皇帝举巨典，纪成宪，有旨考证，则书其事之本末进焉……"①等等。可谓是"内而六部、卿寺暨九门提督、内务府太监之敬事房，外而十五省，东北至奉天、吉林、黑龙江将军所属，西南至伊犁、叶尔羌将军办事大臣所属，迄于四裔诸属国，有事无不综汇。"②由此可见，军机处是一个备皇帝顾问并能够参与最高决策的中枢机构，是清朝皇帝实现专制集权的统治工具。

综上所述，军机处的设立，可谓是清政府对中央行政机构的一次重大变革，表现出了清前期中枢决策制度的发展正逐渐趋向于集权与高效。一方面，军机处取代了国初以来由"贵胄世袭"、"不谙世务"，且对皇权存在一定威胁的满洲贵族所组成的议政处；另一方面，"在维护皇帝独裁权威，完善独裁体制原则指导下"③，对军机处与内阁所掌管的行政事务进行了政务分工，从而打破了民族畛域，使"熟谙政体"的满汉大学士等政治精英得以参与中枢决策，由此进一步加强了清王朝中央集权的封建君主专制统治。

二、清代军机大臣职官设置

伴随雍正八年（1731）军机处的创建，军机大臣职官亦同时设立。军机大臣又称"枢臣"，俗称"大军机"，为兼职。由"被宠眷尤异者"④

---

① 《钦定大清会典》（嘉庆朝）卷三，文海出版社1990年版。

② （清）梁章钜等：《枢垣记略》卷二十二，中华书局1984年版，第270页。

③ 高翔：《也论军机处、内阁和专制皇权——对传统说法之质疑，兼析奏折制度之起源》，《清史研究》1996年第4期。

④ （清）梁章钜等：《枢垣记略》卷二十二，中华书局1984年版，第269页。

之满汉大学士、尚书、侍郎、京堂(即是对都察院、通政司、詹事府、大理寺、太常寺,以及国子监等堂官的概称)等官内特旨召入,亦有由其属员军机章京升任之情况。军机大臣虽为兼职,但因其“掌书谕旨,综军国之要,以赞上治机务”①,故其权已超越大学士。清人王昶指出:“其大臣惟尚书、侍郎被宠眷尤异者,始得入,然必重以宰辅。”②《清史稿》亦云:“世谓大学士非兼军机处,不得为真宰相。”③由此可见其地位之尊崇。

满汉军机大臣均无定员。据《清史稿》载:军机处初设之时,军机大臣仅三人,此后则增加到四、五、六、七、八、九、十员不等。而据今人傅宗懋统计,军机大臣“员额之弹性在三至十员之间……以任用四至七员为常经……其中尤以任用五员或六员为时较久。”④军机大臣中设有领班大臣一人,总揽一切⑤。《枢垣记略》中称:“军机大臣兼用满、汉大员,无定额,以大学士领班。”王昶亦云:“雍正七年,青海军事兴,始设军机房,领以亲王、大臣。”《清史稿》的记载则更为全面,称:“任军机者,自亲王外,其领袖者必大学士”⑥。本文所涉及之咸同两朝的领班军机大臣,既有亲王(如恭亲王奕䜣),又有大学士(祁寯藻、彭蕴章),但亦有例外,即咸丰末期之领班军机大臣穆荫⑦,则非大学士却任领班,雍正

---

① 《钦定大清会典》(嘉庆朝)卷三,文海出版社1990年版。

② (清)梁章钜等:《枢垣记略》卷二十二,中华书局1984年版,第269页。

③ (清)赵尔巽撰:《清史稿校注》卷三百零九,国史馆校注,台湾商务印书馆1999年版。

④ 傅宗懋:《军机处组织及职掌研究》,嘉新水泥公司文化基金会丛书1967年版,第148页。

⑤ 邓之诚:《谈军机处》,载王钟翰:《清史杂考》,中华书局1963年版,第274页。

⑥ (清)赵尔巽撰:《清史稿校注》卷一百八十一,国史馆校注,台湾商务印书馆1999年版。

⑦ 据咸丰十一年九月十八日谕旨:“穆荫、匡源、杜翰、焦祐瀛于载垣等窃夺政柄不能力争,均属辜恩溺职。穆荫在军机大臣上行走最久,班次在前情节尤重。该王大臣等拟请将景寿、穆荫、匡源、杜翰、焦祐瀛革职发往新疆效力赎罪,均属咎有应得。”可知穆荫于咸丰末期之军机大臣中位列首席。见《清穆宗实录》卷六,咸丰十一年十月辛酉。

时期的领班大臣丰盛额亦属此种例外①。由以上两例可见,《清史稿》中所云军机大臣"其领袖者,必大学士"一说有误。

军机大臣之任用,因其资历之深浅,名目亦有所不同。《清朝续文献通考》中有:"军机大臣……区其名曰大臣、大臣上行走、大臣上学习行走之别。"②《清史稿》中亦有类似说法:"军机大臣,无定员,由大学士、尚书、侍郎内特旨召入。区其名曰大臣,曰大臣上行走。其初入者加"学习"二字。"③而据《枢垣记略》除授一、二可知:军机大臣任命有"办理军机事务"、"在办理军机处行走"、"在军机处行走"、"在军机大臣上行走",以及"在军机处学习行走"、"在军机大臣上学习行走"等诸多名目。④

因领班与否、官职高低、入值先后次序,军机大臣排名及行走次序亦有差别。"盖军机入对,领袖者手捧折盒章奏等件首行,余以次从之,将及乾清宫奏对处,则领袖者行稍缓,最后之军机趋前,将帘卷起,让诸军机以次行毕而后入。及奏对毕,领袖行至竹帘,则最后之军机又趋前卷帘,让诸军机行毕而复出"⑤。据此可知,军机大臣入对时,领班军机大臣在前,行走在班末之军机大臣因此有挑帘军机之称。而据《枢垣记略》载:"咸丰八年(1858)五月二十四日谕:匡源、文祥在军机行走次序,著在杜翰之次。嗣后凡学习者俱在班末,俟实授时请旨。"⑥可知行走在班末之军机大臣即为学习行走者。

对于军机大臣之任用,亦有一定之限制。其一为"亲王不假事权"⑦之制。嘉庆帝于四年(1799)十月二十二日发布谕旨:"本朝自设

---

① 赵志强:《清代中央决策机制研究》,科学出版社2007年版,第327页。

② (清)刘锦藻:《清朝续文献通考》,卷一百一十八,职官四。

③ (清)赵尔巽撰:《清史稿校注》卷一百二十一,国史馆校注,台湾商务印书馆1999年版。

④ (清)梁章钜等:《枢垣记略》卷二、卷三,中华书局1984年版,第16—34页。

⑤ 燕北老人:《满清十三朝宫闱秘史》,上海春明书店1946年版,第176页。

⑥ (清)梁章钜等:《枢垣记略》卷十三,中华书局1984年版,第130页。

⑦ (清)赵尔巽等撰:《清史稿校注》卷一百二十一,国史馆校注,台湾商务印书馆1999年版。

立军机处以来，向无诸王在军机处行走。正月初间，因军机处事务较繁，是以暂令成亲王永瑆入直办事，但究与国家定制未符。成亲王永瑆，著不必在军机处行走。”[①]而自咸丰三年(1853)十月初七日始，咸丰帝令恭亲王奕䜣入值军机处[②]，五年(1855)七月二十一日又以其办理皇太后丧仪疏略为由将其逐出军机处[③]。此后自咸丰十一年(1861)十月起至宣统三年(1911)四月裁撤军机处止，其间除光绪二十七年(1901)七月至二十九年(1903)三月间无亲王任职军机大臣外，俱以亲王为领班王大臣，共计四十四年之久。此点正如刘锦藻所言：“自成亲王(永瑆)退直以后，至恭忠亲王(奕䜣)历咸、同、光三朝，叠奉恩纶直军机处，领班最久，醇贤亲王(奕𫍽)、礼亲王(世铎)、庆亲王(奕劻)先后入值。枢要之地，必以亲贵莅之不第，眷倚尤隆，亦所以诏慎重也，然膺其责者，治乱系之矣。”[④]“亲王不假事权”之制遂破；其二为御前大臣不得兼任军机大臣之制。清初并无此制，直至嘉庆帝亲政之后方得以订立。嘉庆帝此举主要是为防止军机大臣权势过重而威胁皇权。御前大臣“掌翊卫近御，常日直班于内廷，临幸亦皆扈从直班。凡官之行走者皆稽其出入。引见者亦如之。武职官则引而上焉”[⑤]，可见该职官于朝中之地位正如清人昭梿所言：“代宣王言，名位优重。”[⑥]加之御前大臣又可兼管“掌接清字、汉字之奏折”的重要机构——奏事处，因此，如果有人以御前大臣之身份兼任军机大臣，即可获得蒙蔽皇帝的机会。例如乾隆朝宠臣和珅集军机大臣、御前大臣于一身，而得以“将各省奏

① 《清仁宗实录》卷五十三，嘉庆四年十月丁未。

② （清）赵尔巽等撰：《清史稿校注》卷一百八十四，国史馆校注，台湾商务印书馆1999年版。

③ （清）赵尔巽等撰：《清史稿校注》卷一百八十四，国史馆校注，台湾商务印书馆1999年版。

④ （清）刘锦藻：《清朝续文献通考》卷一百一十八，职官四。

⑤ 《钦定大清会典》（嘉庆朝）卷八十二，文海出版社1990年版。

⑥ （清）昭梿：《啸亭杂录》卷一，中华书局1980年版，第378页。

报及在京各衙门奏折任意压搁”[①]，为蒙蔽皇帝，避免被人弹劾，还下令“凡有奏折，令具副本，关会军机处”[②]，由此割断了朝臣揭露其劣行的信息通道。因此，嘉庆帝亲政后，即于嘉庆四年(1799)六月十七日发布特谕：“从前和珅揽权专政……盖由和珅以军机大臣兼御前大臣，权势过重，内外官员畏其声势，不敢违拗。是以朕亲政以来，军机大臣及御前大臣彼此不令相兼，所以杜专权而防壅蔽”[③]。御前大臣不得兼任军机大臣之制遂立。

军机大臣每日寅时以次入值，其工作流程具体包括：1. 接折，即每日由军机章京将皇帝于寅、卯二时发下的奏折，分送于各军机大臣，互相翻阅，会同阅折。军机大臣所接之折有已奉皇帝朱批指示如何措置者、朱批‘另有旨’者、朱批‘即有旨’者、未奉朱批者四类。2. 见面，又称“见起”[④]，即于辰时，或尚未到辰时，“凡奉朱批‘另有旨’、‘即有旨’，及未奉朱批者，皆另贮黄匣交军机大臣捧入请旨”[⑤]，每日“召见无时，或一次，或数次”[⑥]。乾隆初期，仅领班军机大臣一人承旨，后至傅恒任领班之时，“自陈不能多识，恐有遗忘，乞令军机诸大臣同见，于是遂为例。然文忠方被宠眷，晚膳后有所商榷，又独召进见，时谓之晚面。”[⑦]关于此点，《清史稿》中又有另一说法，即张廷玉任班首之时，“而讷亲被上眷，日入承旨，出令由敦属草，虑不当上意，辄令易稿，至三、四不已，傅恒为不平。及讷亲诛，傅恒自金川还朝，引诸大臣共承旨以为常。”[⑧]以上二说虽有不同，但均已确认自傅恒任首席军机大臣后，诸军

① 《国朝宫史续编》卷三十二，典礼二十六，勤政二。

② 王钟翰点校：《清史列传》卷三十五，和珅传，中华书局1987年版。

③ 《国朝宫史续编)卷三十二，典礼二十六，勤政二。

④ 《翁同龢日记》中“见起”一词较为常见，可知“见面”又有“见起”一称。

⑤ (清)梁章钜等：《枢垣记略》卷二十二，中华书局1984年版，第271页。

⑥ 《钦定大清会典》(嘉庆朝)卷三，文海出版社1990年版。

⑦ (清)吴振棫：《养吉斋丛录》卷四，中华书局2005年版，第54页。

⑧ (清)赵尔巽等撰：《清史稿校注》卷三百零九，国史馆校注，台湾商务印书馆1999年版。

机大臣共同承旨乃为常制。3. 述旨，军机大臣见面承旨后，“则分令诸章京撰草，人各一通，或数人共成一通”①，撰草毕，即“交达拉密覆校后贮于黄匣送军机大臣恭阅，无讹，始付内监递进，谓之述旨。”②述旨时，旨稿如经皇帝朱笔改正，谓之过朱。述旨毕，则分视谕旨为明发或廷寄，交予不同机构发下，“凡谕旨明降者，既述，则下于内阁；谕军机大臣行者，既述，则封寄焉”。③ 述旨结束，俟内奏事太监传旨令散，遂以次散值。军机大臣退值时间并无固定，散值后，如遇驿递奏折续到，皇帝或随时召见军机大臣，或不即时召见军机大臣，故军机大臣散值时间皆以机务繁简为准，常难确定。如军机大臣当值于军兴时期，即便散值，但遇有急奏亦必须即时处理。如《清史稿》军机大臣刘纶传所载：“侍郎王昶充军机处章京，尝严冬有急奏具草，夜半诣纶，纶起然烛，操笔点定。”④对此，咸丰朝军机大臣彭蕴章诗中亦有“趋朝待漏夜披衣，退直青山衔落晖。驿路军书催不断，挥毫人共暮鸦归”⑤之描述。

军机大臣的属员称军机章京，又称“枢曹”，亦有“小军机”之称。军机处设立之初，章京并无定额，由军机大臣选用。自嘉庆四年(1799)，“满汉军机章京各定为十六缺，由内阁、六部、理藩院堂官于司员、中书、笔贴式等官内择其人品端方、年力富强、字画端楷者”⑥中选用。军机章京职掌，因军机处“义取慎密，有官而无吏”，故与各部院司员不同，“除每日发抄之折交方略馆供事缮写外，凡收发文移，登记档案及奉寄旨并饬封存之件，皆章京亲自料简。”⑦《光绪会典》载其职掌

---

① (清)梁章钜等:《枢垣记略》卷二十二，中华书局1984年版，第276页。

② (清)梁章钜等:《枢垣记略》卷二十二，中华书局1984年版，第272页。

③ 《大清会典》(嘉庆朝)卷三，文海出版社1990年版。

④ (清)赵尔巽等撰:《清史稿校注》卷三百零九，国史馆校注，台湾商务印书馆1999年版。

⑤ (清)梁章钜等:《枢垣记略》卷二十五，中华书局1984年版，第306页。

⑥ 《清仁宗实录》卷三十七，嘉庆四年正月乙亥。

⑦ (清)梁章钜等:《枢垣记略》卷二十二，中华书局1984年版，第271页。

为:“掌分办清字汉字之事”①,具体则为:“缮写谕旨、记载档案、查核奏议……”②等。因军机章京地处枢密,撰拟谕旨,故其“位分虽低,隐握实权,势耀煊赫;仅稍次于军机大臣而已。然则谓清代政本在军机处,而军机处政本在军机章京亦未为不可。”③因军机章京熟悉政情,政治经验丰富,也就容易升迁。据今人刘绍春统计:“满洲军机章京在嘉庆以前入值的 275 人中,升为从二品以上者 75 人,为 27%;汉章京嘉庆朝以前入值的 215 人中,升从二品以上者 53 人,约为 25%”④。而清代由军机章京升任军机大臣者,则多达 33 人之多⑤,其中本文所涉及的咸同两朝就有 6 位章京属此类情况,军机章京进身之优,由此可见一般。

第二节 咸同朝军机大臣之概况

咸同朝,即为处于清代历史乃至中国历史转型关键期的咸丰、同治两朝,计二十四年。本文所考察的对象,即是从咸丰元年(1851)至同治十三年(1874)间,曾入值军机处的军机大臣群体。这些军机大臣,无论在值时间长短,无论是否参与处理过中枢机务,均在本文的考察范畴之内。唯有如此,才能深刻理解清代皇权政治的运作及其本质特征。

前文已述,清代自雍正八年(1731)十二月简派亲信大臣设立军机处始,军机大臣这一职官便随之出现。逮至宣统三年(1911)军机处撤废,前后共计一百八十年。由于军机大臣在清代历史中的重要作用,虽

① 《大清会典》(光绪朝)卷三,文海出版社 1992 年版。
② 《大清会典》(光绪朝)卷三,文海出版社 1992 年版。
③ 邓之诚:《谈军机处》,载王钟翰:《清史杂考》,中华书局 1963 年版,第 277 页。
④ 刘绍春:《军机章京职权责利的若干问题》,《史学集刊》1993 年第 4 期。
⑤ 邓之诚:《谈军机处》,载王钟翰:《清史杂考》,中华书局 1963 年版,第 278 页。

尚未有专著问世，但学界先后编撰了数部军机大臣年表。迄今为止，清代军机大臣表有未刊表与已刊表两类。前者如清朝灭亡后，民国政府为修清史而成立清史馆，编撰了不同版本的军机大臣年表，虽未公开刊行，但却有较高的史料价值，如（台湾）故宫博物院典藏《清史馆未刊纪志表传稿本专辑一表》。迄今，已公开刊行的包括军机大臣职官的年表主要有：《清史稿》军机大臣年表、钱实甫编《清代职官年表》军机大臣年表、魏秀梅编《清季职官表》军机大臣年表、《清史稿校注》军机大臣年表等。

这些体裁不一且于不同时期编撰的军机大臣年表，在清代史学研究中具有不容忽视的重要价值。然而，笔者根据清代官私史料对上述各表进行核查、比对之后，发现上述各表均不同程度地存在缺载、误载、衍录等问题。因而根据各表所统计出来的清代军机大臣人数亦不甚准确。仅就本文研究对象即咸同两朝军机大臣而言，以往各表均记载为26人，但笔者依据《咸丰同治两朝上谕档》、《清实录》、李慈铭《越缦堂国事日记》、曾国藩《曾国藩日记》等官私史料中的记载，考证出御前大臣景寿于咸丰帝北狩热河期间曾短暂入值军机处（具体的考证细节详见本文附录2），即表明咸同两朝军机大臣共计27人。

为便于读者对咸同两朝27位军机大臣于军机处在值情况有一个一般性的了解，当然也为了便于统计分析，笔者在参考咸同两朝《实录》、《上谕档》，与军机大臣相关的年谱、文集、笔记，亦包括未刊已刊的各种军机大臣年表等资料的基础之上，对他们的基本职任情况进行了较为全面细致的梳理，并以表格的形式列述诸军机大臣姓名、籍贯、民族、入值年龄、出身、在值职务变动情况、在值期间主要活动等六个方面的内容，详见本文附录1，此不赘述。

第三节 咸同朝军机大臣特点综论

一、咸同朝军机大臣入值资格

有关军机大臣入值资格，清代官私著作多有记载。如《大清会典》载："办理军机处军机大臣：于满汉大学士、尚书侍郎京堂内特简，无定员。"①《清史稿》职官志中有："军机大臣，无定员，由大学士、尚书、侍郎内特旨召入。"②清人昭梿称："国初设内三院外，其军国政事，皆付议政诸王大臣，然半皆贵胄世袭，不谙世务。宪皇习知其弊，故设立军机大臣，择阁臣及六部卿贰熟谙政体者兼摄其事。"③王昶："其大臣惟尚书、侍郎被宠眷尤异者，始得入，然必重以宰辅。"④赵翼：军机处"地近宫廷，便于宣召。为军机大臣者，皆亲臣重臣，于是承旨出政，皆在于此矣。"⑤纵观以上记载可知，军机大臣入值资格有二：一为官职、品级达到一定级别，即"于满汉大学士尚书侍郎京堂内特简"；二为统治者亲重之臣，"被宠眷尤异者"、"皆亲臣重臣"即是。下面即以咸同朝军机大臣为例说明此类情况。

1."于满汉大学士尚书侍郎京堂内特简"

对于军机大臣入值的官职、品级限制虽无明确规定，但亦可从清代历朝军机大臣任命中可见其一二，下面即以咸同朝军机大臣入值官职

---

① 《大清会典》(光绪朝)卷三，文海出版社 1992 年版。

② (清)赵尔巽等撰：《清史稿校注》卷一百二十一，国史馆校注，台湾商务印书馆 1999 年版。

③ (清)昭梿：《啸亭杂录》卷七，中华书局 1980 年版，第 212 页。

④ (清)梁章钜等：《枢垣记略》卷二十二，中华书局 1984 年版，第 269 页。

⑤ (清)梁章钜等：《枢垣记略》卷二十七，中华书局 1984 年版，第 325—326 页。

与品级为例说明此问题。

表1-1 咸同朝军机大臣入值官职与品级一览表①

姓名	官职、爵位	品级	人数	所占比例
奕 䜣	亲王		1人	4%
桂 良	太子太保、文华殿大学士	正一品	2人	7%
景 寿	御前大臣、领侍卫内大臣	正一品		
祁寯藻	户部尚书	从一品	6人	22%
赛尚阿	协办大学士、户部尚书	从一品		
柏 葰	户部尚书	从一品		
沈兆霖	户部尚书	从一品		
李棠阶	都察院左都御史	从一品		
汪元方	都察院左都御史	从一品		
季芝昌	署吏部右侍郎	正二品	12人	45%
舒兴阿	户部左侍郎	正二品		
彭蕴章	工部右侍郎	正二品		
邵 灿	吏部左侍郎	正二品		
麟 魁	户部右侍郎	正二品		
瑞 麟	户部右侍郎	正二品		
杜 翰	工部左侍郎	正二品		
文 庆	户部左侍郎	正二品		
匡 源	吏部左侍郎	正二品		
文 祥	署刑部左侍郎	正二品		
宝 鋆	户部右侍郎	正二品		
沈桂芬	署礼部右侍郎	正二品		
李鸿藻	内阁学士	从二品	1人	4%

① 说明:本表依据资料为《清史稿校注》军机大臣年表(第一章所列表格如无特殊说明均以此为依据资料)。本表亦将御前大臣景寿列入咸丰朝军机大臣群体之中,其原因详见本文附录2。

续表

姓名	官职、爵位	品级	人数	所占比例
胡家玉	都察院左副都御史	正三品	1人	4%
何汝霖	大理寺少卿	正四品	2人	7%
焦祐瀛	太常寺少卿	正四品		
穆　荫	内阁侍读、五品京堂候补	从五品	2人	7%
曹毓英	鸿胪寺少卿	从五品		
合计			27人	100%

表1-2　乾隆朝军机大臣入值官职与品级概览表

官职	品级	人数	百分比
大学士	正一品	1人	5%
领侍卫内大臣	正一品	1人	
尚书	从一品	12人	33%
左都御史	从一品	1人	
侍郎	正二品	22人	57%
内阁学士	从二品	1人	5%
巡抚	从二品	1人	
合计		39人	100%

由表1-1可知,咸同两朝27位军机大臣,除奕䜣以亲王入值军机处外,其他26位大臣多于大学士、各部院尚书、侍郎、京堂中选任,品级由从五品至正一品各占部分,其中,尤以大学士、各部院尚书、侍郎,品级为正二品以上官员居多,计占总数之74%。京堂亦占一定比例,约计总数之26%。

军机处在清代成为定制,实是从乾隆二年(1738)复设军机处开始。参照表1-1、1-2可知,清代军机大臣在官职、品级上入值资格之概况,亦可知其中之变化。将乾隆与咸同三朝军机大臣官职与品级对照可知:清代军机大臣多于大学士、各部院尚书、侍郎等正二品以上官员中选任。但乾隆朝与咸同两朝相比又有以下不同:一从亲王是否入值军机处来看,乾隆一朝并无亲王入值军机处之情况,而咸同两朝则不同。正如前文所述,自咸丰三年(1853)十月初七日始,咸丰帝令恭亲王奕䜣入值军机处,五年(1855)七月二十一日又以其办理皇太后丧仪疏略为由将其逐出军机处。此后自咸丰十一年(1861)十月起至同治十三年(1874)止,除同治四年(1865)三月初七日至四月十三日恭亲王奕䜣被短暂罢黜军机处外,同治一朝皆以其为领班王大臣;一从官职来看,乾隆时期内官(如领侍卫内大臣)、外官,中央官员、地方官员(如巡抚)皆可出任军机大臣,而咸同两朝则无地方官员被任命为军机大臣之事例。此外,正如前文所述,自嘉庆四年(1799)六月十七日始订立御前大臣不可兼任军机大臣之制,但咸丰朝末期,此制被咸丰帝暂时打破,御前大臣景寿于热河行在入值军机处,咸丰十一年(1861)九月三十日免值(详见本文附录2)。清代此后再无御前大臣入值军机处之例;一从品级来看,乾隆朝军机大臣皆由从二品以上官员中任命,且正二品以上官员居于绝对多数,约计总数之95%,而咸同两朝虽亦以这一品级官员居多,但却未占绝对多数,也有正三品、正四品、乃至从五品官员被任命为军机大臣现象出现,此不同实肇始于嘉庆朝。清代自嘉庆一朝始军机大臣不由地方官员中特简,本职为四、五品京堂经赐加三、或四品卿衔也可被任命为军机大臣。当然,军机大臣不由地方官员中特简,至清末又发生变化,左宗棠、张之洞等地方官员亦入值军机处。

而考察表1-1中正三品以下官员之仕宦履历,亦可发现五位军机大臣仕宦履历中实有共同之处:

何汝霖:"道光五年举人,充军机章京,累迁郎中。历内阁侍读学士、大理寺少卿。……(二十年)三月丙申(六日),由大理寺少卿加三品衔在军机大臣上学习行走"①。

穆荫:"官学生,考授内阁中书,充军机章京,迁侍读。咸丰元年,命

① (清)赵尔巽等撰:《清史稿校注》卷三百八十二,何汝霖传,国史馆校注,台湾商务印书馆1999年版。

以五品京堂候补在军机大臣上学习行走。”①

焦祐瀛：“道光十九年举人，考授内阁中书，充军机章京。累迁光禄寺少卿。咸丰十年，……从幸热河命在军机大臣上学习行走。”②

曹毓英：“道光十七年拔贡，授兵部七品小京官，迁主事，充军机章京……咸丰十年擢鸿胪寺少卿……英、法两国合兵犯京师，上幸热河，军书旁午，枢臣未全从，上命择章京资深才优者佐诸大臣办事。毓英在值久，诸大臣欲举以应，固辞次用焦祐瀛。十一年穆宗即位，诸大臣皆谴罢，乃命毓英在军机大臣学习行走”③。

胡家玉：“道光二十一年一甲三名进士……咸丰二年补刑部主事……七年闰五月充军机章京……（同治）五年三月擢都察院左副御使在军机大臣上学习行走。”④

由以上五位军机大臣入值军机处前的仕宦履历可知：何汝霖、穆荫等五人在入值军机处前，均任职军机章京，可谓熟悉枢务、政情，此系其超擢提拔之真正原因。

综上所述，由乾隆、咸丰、同治三朝军机大臣入值官职、品级情况概知：清代军机大臣多由满汉大学士、各部院尚书、侍郎、内阁学士等从二品以上官员中特简，嘉庆朝后亦由正三品以下京堂中特简，但其多为熟悉枢务、政情之军机章京。

2.“被宠眷尤异者”、“皆亲臣重臣”

由军机大臣职掌，即“掌书谕旨，综军国之要，以赞上治机务；常日直禁庭以待召见，驻跸圆明园入直亦如之，行在所亦如之；谕旨明降者

① （清）赵尔巽等撰：《清史稿校注》卷三百九十四，穆荫传，国史馆校注，台湾商务印书馆1999年版。

② （清）赵尔巽等撰：《清史稿校注》卷三百九十四，焦祐瀛传，国史馆校注，台湾商务印书馆1999年版。

③ （清）赵尔巽等撰：《清史稿校注》卷四百二十八，曹毓英传，国史馆校注，台湾商务印书馆1999年版。

④ 王钟翰点校：《清史列传》卷五十三，胡家玉传，中华书局1987年版。

既述则下于内阁，谕军机大臣行者，既述则封寄焉；……议大政，谳大狱，得旨则与；军旅则考其山川道里，与兵马钱粮之数，以备顾问；文武官特简者，承旨则进其名单、缺单，特简者亦如之；……凡文武官记名者，遇缺则奏其名，道若府记名者，遇请旨缺则奏焉；……外国之朝正者，拟其颁赐，庆祝万寿来庭者亦如之；……凡试题钦命者，豫期，以其上届之题缮单以进御；皇帝举巨典，纪成宪，有旨考证，则书其事之本末进焉……"①等可知，军机大臣实为皇帝之机要秘书，故军机大臣之入值资格，除在官职、品级上有一定要求之外，其首选条件实必为统治者亲重之臣。正如咸丰帝之表白："夫军机大臣，本为要任，满汉兼用，断不应稍有区别。朕用人行政，一秉大公，从无分于满汉。穆荫人亦中材，朕本欲添派满洲军机大臣，惟内断于心，亲加选擢，黜陟大柄，朕自持之，非诸臣所可轻议也。"②事实上，选择亲重之臣入值军机，咸丰朝如此，清代其他几朝亦如此，同治朝当然也不例外。但同治一朝与前朝相比却略有不同，皆因幼主即位、两宫太后联合恭亲王奕䜣发动了改变咸丰帝顾命格局的辛酉政变，而政变成功后则建立了太后垂帘与亲王军机大臣辅政体制，在该体制建立、发展的初期阶段，即同治一朝十三年间，慈禧太后与恭亲王奕䜣展开激烈政争（详见本文第四章第一节），而此种政争在军机处人事安排亦略有体现，故选择亲重之臣这一条件又存在着太后与亲王军机大臣亲重之双重标准，此与咸丰朝及前代不同之处。现于咸同两朝军机大臣中试举几例以说明此项标准。

(1)咸丰朝军机大臣

恭亲王奕䜣：(1833—1898)，为宣宗第六子。虽为文宗同父异母弟，但因文宗生母早亡，由奕䜣母静妃抚养长大，故二人于年少时情同手足，亲密无间。恭亲王奕䜣天资颖异，"就傅日读千言，少读即成诵"③，且文武兼资。"宣宗极钟爱之，恩宠为皇子冠，几夺嫡子数。"④于立储朱谕中

---

① 《钦定大清会典》（嘉庆朝）卷三，文海出版社1992年版。

② 《清文宗实录》卷三十，咸丰元年三月癸卯。

③ 费行简：《近代名人小传》，沈云龙主编：《近代中国史料丛刊》第78辑，第70页。

④ （清）徐珂：《清稗类抄·宫闱类》，第367页。

书:“皇六子奕䜣封为亲王”为清代历朝所仅见,实表明宣宗对奕䜣之宠爱。文宗即位,封其为恭亲王,地位为诸王所不及。咸丰三年(1853),当太平天国建都天京,清王朝统治岌岌可危之时,咸丰帝迫于农民战争的压力,不得不打破“亲王不假事权”①的祖制,命其于十月初七日入值军机处。

杜翰:(1805—1866),字继园,山东滨州人,杜受田长子。道光二十四年(1844)进士。咸丰三年(1853),因事降。此后服阕,补庶子。“文宗念受田旧劳,数月间迭擢工部侍郎,命在军机大臣上行走”②

由杜翰履历可知,其入值军机之真正原因,在于文宗感恩其父,故推恩于杜翰。那么其父杜受田又为何许人也?

杜受田(1788—1852),字锡之,山东滨州人。道光三年(1823)进士。道光十五年(1835)“直上书房,授文宗读”③。“文宗自六岁入学,受田朝夕纳诲,必以正道,历十余年。”④后来已成为君主的奕詝对其评价甚高:“杜受田品端学粹,正色立朝。皇考宣宗成皇帝深加依重,特简为朕师傅。忆在书斋,朝夕讷诲,凡所陈说,悉本唐、虞、三代圣贤相传之旨,实能发明蕴奥,体用兼赅”⑤;“朕自六岁入学读书,仰蒙皇考特谕杜受田为朕讲习讨论,十余年来,启迪方多,恪勤罔懈,受益良多。”⑥

杜受田不仅尽心启沃这位未来的皇帝,而且还在奕詝与奕䜣两位皇子争夺帝位之时,更是助自己的爱徒以一臂之力。《清史稿》杜受田传载:“至宣宗晚年,以文宗长且贤,欲付大业,犹未决。会校猎南苑,诸

① (清)赵尔巽等撰:《清史稿校注》卷一百二十一,国史馆校注,台湾商务印书馆1999年版。

② (清)赵尔巽等撰:《清史稿校注》卷三百九十二,杜受田传,国史馆校注,台湾商务印书馆1999年版。

③ (清)赵尔巽等撰:《清史稿校注》卷三百九十二,杜受田传,国史馆校注,台湾商务印书馆1999年版。

④ (清)赵尔巽等撰:《清史稿校注》卷三百九十二,杜受田传,国史馆校注,台湾商务印书馆1999年版。

⑤ 王钟翰点校:《清史列传》卷四十一,杜受田传,中华书局1987年版。

⑥ 王钟翰点校:《清史列传》卷四十一,杜受田传,中华书局1987年版。

皇子皆从，恭亲王奕䜣猎禽最多，文宗未发一矢，问之，对曰："时方春，鸟兽孳育，不忍伤生以干天和。"宣宗大悦，曰："此真帝者之言！"立储遂密定，受田辅导之力也。"①

道光三十年（1850），年仅十九岁的奕詝即位，杜受田又全身心辅佐新皇，其"虽未入枢廷，国家大政及进退大臣，上必咨而后行。"②皇帝本人亦称杜受田于"朕即位后，周咨时政利弊，民生疾苦，亦能尽心献替，启沃良多。每召见时，于用人行政、国计民生，造膝敷陈，深资匡弼。"③但好景不长，杜受田于咸丰二年（1852）在勘灾途中不幸病逝，并留有"念贼氛未靖，河患未平，尤以敬天法祖，勤政爱民，崇节俭，慎好恶，平赏罚为言"之遗疏，可谓忠心一片。咸丰帝得知此事，悲痛异常，写下了这样一段话："忆昔在书斋，日承清诲，铭切五中。自前岁春，懔承大宝，方冀赞襄帷幄，谠论常闻。讵料永无晤对之期，十七年情怀付与逝水。呜呼！卿之不幸，实朕之不幸也！"④师徒之情可谓尽显笔端。杜受田灵柩返京，"上亲奠，抚棺哭甚哀"⑤。追赠太师，并赐谥号文正。"嘉道以来，汉大臣追赠太师者仅公一人"，"盖非惟追怀典学之勤，亦以报其拥戴之勋也"。⑥"及柩归，命恭亲王奠送，遣官到籍致祭，饰终之典，一时无与比。"⑦不仅如此，咸丰帝还将此隆恩推与杜氏家人。前文所述

---

① （清）赵尔巽等撰：《清史稿校注》卷三百九十二，杜受田传，国史馆校注，台湾商务印书馆1999年版。

② （清）赵尔巽等撰：《清史稿校注》卷三百九十二，杜受田传，国史馆校注，台湾商务印书馆1999年版。

③ 王钟翰点校：《清史列传》卷四十一，杜受田传，中华书局1987年版。

④ 王钟翰点校：《清史列传》卷四十一，杜受田传，中华书局1987年版。

⑤ （清）赵尔巽等撰：《清史稿校注》卷三百九十二，杜受田传，国史馆校注，台湾商务印书馆1999年版。

⑥ 李岳增：《春冰室野乘》，文海出版社1967年版，第131—132页。

⑦ （清）赵尔巽等撰：《清史稿校注》卷三百九十二，杜受田传，国史馆校注，台湾商务印书馆1999年版。

之"文宗念受田旧劳,数月间迭擢工部侍郎,命在军机大臣上行走"①,当为此意。

穆荫(1814—1871),字清轩,托和络氏,出身满洲正白旗。官学生,由内阁中书充军机章京,迁侍读。咸丰元年(1851),以五品京堂候补入值军机。

穆荫以五品京堂候补(从五品)如此低微之官职入值军机处,在雍、乾、嘉道四朝是前所未有的,由此引起朝野一片哗然。咸丰帝为此特颁谕旨批驳了诸臣的质疑,方将此事平息。穆荫于咸丰元年(1851)三月入值军机后,又开创了诸多先例,入值当年十二月便升为国子监祭酒,按清制:"非科甲不与斯职"②,虽"部臣执奏,特旨仍授之。"③咸丰末期,穆荫虽非大学士,却为领班军机,此与《清史稿》中所载之"任军机者,自亲王外,其领袖者,必大学士"的规制又极不相符,尽管雍正朝也出现过非大学士之丰盛额任领班军机之例外,但雍正朝毕竟为军机处制度草创时期,出现此种例外并不为奇。综合以上集于穆荫一身之三种特例,可见其亦为咸丰帝亲重之臣。

(2)同治朝军机大臣

同治一朝共十一位军机大臣(详见本书附录一),其中除恭亲王奕䜣作为两宫太后发动辛酉政变的联合者以亲王入主军机处外,其他十位军机大臣几乎均合乎前述之两项入值条件。如军机大臣桂良、宝鋆、文祥、沈兆霖不仅官职、品级符合军机大臣入值条件,而且四位大臣皆于咸丰帝北狩热河期间追随恭亲王奕䜣留守京师,他们与奕䜣内政外交思想颇为相近,并为奕䜣充任辅政亲王摇旗呐喊,成为太后垂帘与亲

---

① (清)赵尔巽等撰:《清史稿校注》卷三百九十二,杜受田传,国史馆校注,台湾商务印书馆1999年版。

② (清)赵尔巽等撰:《清史稿校注》卷三百九十四,穆荫传,国史馆校注,台湾商务印书馆1999年版。

③ (清)赵尔巽等撰:《清史稿校注》卷三百九十四,穆荫传,国史馆校注,台湾商务印书馆1999年版。

王军机大臣辅政体制建立的坚定支持者，故成为同治朝首批就任的军机大臣。军机大臣曹毓英虽未随奕䜣留守京师，但作为行在领班军机章京，“毓英乃日输密于奕䜣，䜣以是亲之”①，亦成为同治朝首批军机大臣群体的重要人物。以上五位军机大臣在两宫太后与亲王军机大臣奕䜣之间，更为后者所亲重，此为其入值军机处之重要条件。军机大臣沈桂芬、汪元方、胡家玉亦属此类情况。余下两位军机大臣李棠阶、李鸿藻则为两宫太后特别是慈禧所亲重。

李棠阶（1798—1865），汉族，字树南，河南河内（今沁阳）人。道光二年（1822）进士，出身贫寒，精通理学。同治元年（1862），两宫太后与恭亲王奕䜣起复有影响的官员，素有“正学名臣”之称的李棠阶应诏来京。因其常年在乡，对地方民乱详情有较为深刻的认识，故于五月即上奏折《条陈时务之要疏》（内容详见后文第四章第二节），颇受两宫太后赏识，②连擢大理寺卿、礼部侍郎、左都御史、署户部尚书。此时，慈禧太后有意令理学名臣且为帝师的倭仁入值军机处，但其以“授读难兼顾，辞而荐李棠阶自代”③。故此，李棠阶得以于同治元年（1862）闰八月入值军机处。但李棠阶于军机大臣任上，为人“拘谨，奕䜣不乐与谋，虽居政府，而权不属也”④。在此后的何桂清、胜保案的处理过程中，李棠阶亦与慈禧太后处于同一战线，助其同奕䜣在最初隐秘的政争中获胜。⑤

李鸿藻（1820—1897），汉族，字兰孙，直隶高阳人。咸丰二年（1852）进士。十年（1860），“上择儒臣为皇子师”⑥，李鸿藻由彭蕴章推

① 费行简：《近代名人小传》，沈云龙主编《近代中国史料丛刊》第78辑，第98页。

② （清）赵尔巽等撰：《清史稿校注》卷三百九十八，李棠阶传，国史馆校注，台湾商务印书馆1999年版。

③ 费行简：《近代名人小传》，沈云龙主编《近代中国史料丛刊》第78辑，第90—91页。

④ 费行简：《近代名人小传》，沈云龙主编《近代中国史料丛刊》第78辑，第95页。

⑤ 宝成关：《奕䜣慈禧政争记》，吉林文史出版社1990年版，第195—204页。

⑥ （清）赵尔巽等撰：《清史稿校注》卷四百四十三，李鸿藻传，国史馆校注，台湾商务印书馆1999年版。

荐,进京特诏授大阿哥读,此后“傅穆宗十余年,尽心启沃。”①穆宗即位,奉太后懿旨入值弘德殿,与慈禧太后颇为信任之重臣倭仁过从甚密,两宫太后对李鸿藻自是信任有加。同治四年(1865)十一月,因军机大臣李棠阶病故出缺,而此时正值慈禧太后与恭亲王奕䜣第一次政争高潮之后(详见后文第四章第一节),倍受挫辱的恭亲王奕䜣“愈形谨饬”、“深自敛抑”,获胜一方慈禧太后亦由此次政争过程认识到更应于军机处培植力量,于是慈禧太后掌握了对这一席军机大臣任命的主导权。以上诸项条件的结合,使李鸿藻于军机处出缺的两日之后即得入值枢垣。对此任命,李鸿藻虽以弘德殿任重为由推却,但两宫太后却以弘德殿添加人手而坚持原议②。

由以上两例特别是李鸿藻入值军机处,以及其于日后在军机处与恭亲王奕䜣、沈桂芬等多次交锋(详见本文第四章),足见慈禧太后于军机处培植力量,利用其牵制恭亲王奕䜣之深意。以上两位军机大臣在两宫太后与亲王军机大臣奕䜣之间,则更为前者所亲重,此为其入值军机处之重要条件。

综合以上可见,军机大臣选任之另一重要条件——必为统治者亲重之臣,于咸丰一朝并无重大变化。但于同治一朝,却因适应太后垂帘与亲王军机大臣辅政体制的建立与发展,该条件略有变化,即存在着太后与亲王军机大臣亲重之双重标准,此中亦体现着慈禧太后与恭亲王奕䜣在该政治体制建立发展过程中的激烈政争。

二、咸同朝军机大臣入值年龄结构分析

由咸同朝军机大臣群体的入值年龄结构可知,就有明确生卒年记

---

① (清)赵尔巽等撰:《清史稿校注》卷四百四十三,李鸿藻传,国史馆校注,台湾商务印书馆 1999 年版。

② 据《清李文正公鸿藻先生年谱》(上)记载可知,添加之人手正是由李鸿藻密保之詹事府右中允翁同龢。详见《清李文正公鸿藻先生年谱》(上),台湾商务印书馆 1970 年版,第 144 页。

载的25位军机大臣而言,40岁以前入值的军机大臣有4人,41至50岁入值的有10人,51至60岁入值的有7人,61至70岁入值的有3人,71岁以上入值的仅有1人。① 以上虽属不甚完全的统计数据,但还是代表了咸同朝军机大臣的绝大多数(已超过了全体的93%),在很大程度上反映了咸同朝军机大臣群体的入值年龄结构特征。从现代的行政学与人才学的角度分析,他们的入值年龄结构是呈正态分布的。咸同朝军机大臣群体平均入值年龄为49岁,41至60岁入值者为17人,约占统计总数的68%,如果加上接近这一年龄阶段的38岁2人,61岁2人,该阶段人数则达到21人,约占统计总数的84%强,其中接近41至50岁入值者为12人,约占统计总数的48%,接近51至60岁入值者则为9人,约占统计总数36%;而35岁以下入值者、65岁以上入值者则各占统计总数的8%。

由以上统计数据可见,清代虽对军机大臣入值年龄没有明确规定,但军机大臣之选任基本上是以41至60岁这一年龄阶段为选任标准。究其原因,该选任标准则是由军机大臣职任性质、所处地位及其工作职责所决定的。其一,军机大臣职任性质:如前所述,军机大臣"常日值禁廷以待召见",且每日寅时即需入值,每日"召见无时,或一次,或数次",退值时间亦并无固定,散直后如遇驿递奏折续到,皇帝或随时召见军机大臣,或不即时召见军机大臣,如军机大臣当值于军兴时期,即便散值,但遇有急奏亦必须即时处理。是其入值也早,散值也晚,召见跪拜,礼数频繁。加之军机大臣又为兼职,本任及其他兼职工作亦须完成。故言军机大臣职任繁重绝非虚语。而军机大臣职任于内忧外患频仍之咸同两朝则更为繁重。例如任职于咸同两朝的军机大臣文祥,其自订年谱对此即多有记载。如文祥追随奕䜣留守京师议和期间,"夜则

① 这一统计并不完全,参见本书附录1可知,咸丰朝军机大臣邵灿、焦祐瀛因查找相关史料,未见其明确生卒年月,故未计其中。

进城守御,昼则出城办抚","衣不解带,目不交睫者七十余日"①。总理各国事务衙门设立后,军机大臣职任则更加繁巨,文祥对此曾有如下记述:"军务夷务纷至沓来,军机处恒夜半散值,自此披星戴月,习以为常。"②故此,统治者对选任之军机大臣的年龄、身体素质必有一定要求。年力富强、身体健壮、精力充沛应为军机大臣选任之首要条件。其二,军机大臣所处地位及其工作职责:由军机大臣诸多重要职掌可见,他们虽不能完全等同于明以前之宰相,但其所处的地位及其所承担的工作职责在清中央行政管理体制中,却是至关重要、不可替代的。作为辅佐皇权、参与中枢最高决策的重要群体,在入值条件的把握上,一定的年龄要求是非常有必要的。军机大臣年龄过轻,则涉世不深、阅历不丰,缺乏政治经验,而威望亦显不足,无法胜任该职;军机大臣年龄过大,则精力有限,缺乏干劲、冲劲,得过且过,亦无法胜任繁重的工作任务。综合以上两点,军机大臣之选任基本是以41至60岁年富力强、政治经验丰富、干劲实足者为常经。

三、咸同朝军机大臣民族、出身概况分析

1. 咸同朝军机大臣民族分布情况

清朝是中国古代历史上几个为数不多的少数民族入主中原的特殊朝代之一,如何以人数较少、文化落后的少数民族统治中原文化大族是统治者面临的首要问题。为此,清朝历代统治者在政治、经济、文化等诸多领域,均进行了卓有成效的改革,以适应这一统治需要。军机大臣群体作为能够参与清代中枢决策的特殊政治精英群体,其民族成分情

---

① (清)文祥:《文文忠公事略》,沈云龙主编:《近代中国史料丛刊》第22辑,第113页、115页。

② (清)文祥:《文文忠公事略》,沈云龙主编:《近代中国史料丛刊》第22辑,第118页。

况可谓直接反映了统治者对于民族问题的政策取向。有学者便指出：雍正帝首创军机处，主要原因之一即是打破民族畛域的理念，在中枢决策机构中实现满汉并重，为实现清王朝长治久安服务①。那么他的后继者们又是如何贯彻这一政策，对这一政策又因时、因地作了哪些调整呢？本节试对此问题做以分析。

咸丰元年(1851)三月十六日，给事中苏廷魁奏称："内阁侍读穆荫开缺，以五品京堂候补入值军机，实乃超擢太骤，易启幸进之门，俟赛尚阿回京后，仍令该员回章京当差。"针对此奏，咸丰帝特颁下谕旨说出了这样一段耐人寻味之语："穆荫系军机章京行走多年，尚称熟悉，故令随同学习，藉资造就。……夫军机大臣，本为要任，满汉兼用，断不应稍有区别。朕用人行政，一秉大公，从无分于满汉。穆荫人亦中材，朕本欲添派满洲军机大臣，惟内断于心，亲加选擢……"②该谕旨可谓包容多重含义，而其中针对于军机大臣民族之分所引发的感慨，正体现了咸丰一朝皇帝对军机大臣民族取向之看法，即：军机大臣任命"从无分于满汉"，但仍欲首崇满洲("朕本欲添派满洲军机大臣")，只是满洲尚无合适人选而已(贯彻祖宗之成法，但今时已不同于往日)。

表1－3　乾隆朝任用军机大臣满汉族别员额差异统计表③

任用军机大臣族别情形	所占年份	百分比
满汉大臣同额　各二员	一年	22.04%
各三员	十二年	
汉大臣比满大臣多一员	一年	1.69%
汉大臣比满大臣多二员	一年	1.69%
满大臣比汉大臣多一员	十七年	28.81%

① 赵志强：《清代中央决策机制研究》，科学出版社2007年版，第297页。

② 《清文宗实录》卷三十，咸丰元年三月癸卯。

③ 傅宗懋：《军机处组织及职掌研究》，嘉新水泥公司文化基金会丛书1967年版，第159页。

续表

任用军机大臣族别情形	所占年份	百分比
满大臣比汉大臣多二员	二二年	37.29%
满大臣比汉大臣多三员	五年	8.48%
合计	五九年	100%

表1－4　咸丰朝任用军机大臣满汉族别员额差异统计表①

任用军机大臣族别情形	所占年份	百分比
满汉大臣同额　各二员	一年	27.27%
各三员	二年	
汉大臣比满大臣多一员	四年	37.36%
汉大臣比满大臣多二员	二年	18.18%
满大臣比汉大臣多一员	二年	18.18%
合计	十一年	100%

表1－4即体现了咸丰帝任命军机大臣的上述民族取向。在其统治的短短十一个年头当中，军机大臣中汉大臣多于满大臣时间居多，总计占咸丰朝时期的55%强，而满大臣多于汉大臣时间仅占18%。此与乾隆朝军机大臣任用员额族别之分配上可谓迥异其趣（见表1－3），在乾隆朝复设军机处后的五十九年当中，军机大臣中满大臣多于汉大臣时间居多，达四十四年之久，总计占乾隆朝时期的75%。其间，虽有汉大臣多于满大臣之时间，然不过两载，称其为例外，亦不为过。乾隆帝重满轻汉由此可见一般。在此，咸丰帝可谓领悟了其祖雍正帝创立军机处的真髓。但这一做法，实又属迫于内忧外患的无奈之举。

同治朝于军机大臣任用员额族别之分配上与咸丰朝相较又大有不同，计满大臣多于汉额之时间为92%强。此与困扰咸丰朝之内忧外患

① 傅宗懋：《军机处组织及职掌研究》，嘉新水泥公司文化基金会丛书1967年版，第162页。

渐平，慈禧太后垂帘与恭亲王奕䜣掌握军机，二者间之激烈政争不无关系。但考察同治朝的几位汉军机大臣沈兆霖、曹毓瑛、李棠阶、李鸿藻、胡家玉、汪元方、沈桂芬，除去胡家玉、汪元方仅任职一年影响不大外，其他几位军机大臣均属在内政外交上颇有见解，对同治朝乃至此后之光绪朝中枢决策有一定影响之人。

表 1－5　同治朝任用军机大臣满汉族别员额差异统计表①

任用军机大臣族别情形	所占年份	百分比
满汉大臣各三员	一年	7.69%
满大臣比汉大臣多一员	十一年	84.62%
满大臣比汉大臣多二员	一年	7.69%
合计	十三年	100%

2. 咸同朝军机大臣出身概况分析

表 1－6　乾隆朝军机大臣出身统计表

出身②	满八旗	汉八旗、汉人	蒙八旗	合计
进士	2人	12人	1人	15人
举贡	0人	1人	0人	4人
生员③	5人	1人	3人	9人
世爵④	2人	0人	1人	3人
其他⑤	10人	1人	1人	12人

① 傅宗懋：《军机处组织及职掌研究》，嘉新水泥公司文化基金会丛书 1967 年版，第 163 页。

② “出身”指清代文武官员的选举之途。其中，进士、举人包括满、蒙八旗中的翻译进士、举人。

③ “生员”包括廕生、廪生、官学生、文生员、翻译生员等。

④ “世爵”包括公爵、侯爵、云骑尉等。

⑤ “其他”则为其出身不属于以上各项者均列为其他。

表 1－7　咸同朝军机大臣出身统计表

出身	满八旗	汉八旗、汉人	蒙八旗	合计
进士	6 人	12 人	1 人	19 人
举贡	1 人	3 人	1 人	5 人
生员	1 人	0 人	0 人	1 人
世爵	1 人	0 人	0 人	0 人
其他	1 人	0 人	0 人	0 人

由表 1－6、1－7 可知，军机处自乾隆二年(1738)复设至咸同两朝的进一步深入发展之一百二十余年间，军机大臣之选任亦对其出身寓有一定条件，此点于汉、蒙军机大臣之选任方面表现尤为突出。如表中所列乾隆与咸同三朝汉军机大臣共 30 人，其中 28 人为进士、举贡出身，占总人数之 93% 强，而非此类出身者仅两人，足见清代统治者已将此出身视为汉军机大臣选任一项重要条件。因科举取士是中国古代知识分子唯一的进身之阶，故科举制度不免将当时之知识分子全部纳于其中，凡考中进士、举贡者，自可表示其学识已达到相当程度，由此成为选任军机大臣的一项重要条件。加之前论之军机大臣选任的官职、品级条件，可见清代统治者选任军机大臣既重其从政经验，同时亦重其学识水平。此外，对于满军机大臣选任之出身条件，亦可从表中可见一般，乾隆与咸同三朝共 29 位满军机大臣，其中进士举贡仅占 9 人，占总人数之 31%，而生员、世爵、行伍、笔贴式等其他出身人数则有 20 人之多，占总数之 69% 强，这正是清代“满汉一体，首崇满洲”国策在能够参与中枢决策的军机大臣选任当中的重要体现。

将表 1－6、1－7 两相对比，可见乾隆一朝至咸同两朝之一百余年间，军机大臣选任之出身条件已发生一定变化。即进士、举贡出身所占比例渐居绝对多数。此变化于满、蒙军机大臣选任过程中表现极为明显。如表 1－5 所示，乾隆一朝满军机大臣共 19 人，而进士、举贡仅 2 人，占总数之 11%，蒙军机大臣共 6 人，进士、举贡仅 1 人，占总数之 17%。与以上数字形成鲜明对比的则是汉军机大臣中进士、举贡所占比例，即其占总人数之80%强。显然，乾隆一朝满、蒙军机大臣，特别是满军机大臣选任的出身实况，并不符合上文所言之条件。而表1－7所示之咸同两朝军机大臣选任之出身情况与此相较则大相径庭，两朝满军机大臣共10人，而进士、举贡出身者为7人，占总数之70%强，而蒙汉军机大臣则全部出身于进士、举贡。两相对比可知，军机大臣之选任条件，历经百余年的发展，已渐趋于正规，学识能力已成为统治者选任军机大臣的重要条件之一。

四、咸同朝汉军机大臣籍贯分布及其特征

在咸同两朝27位军机大臣中，13位为旗籍，旗属分列满八旗、蒙八旗、汉八旗。其余14人为汉人，其省县籍贯按当时行政区划予以统计，如表1－8所示。

表1－8　咸同朝汉军机大臣籍贯分布一览表

籍贯名称	汉军机大臣籍贯所在人数	序次
江苏	6人	1
浙江	2人	2
山东	2人	2
江西	1	3
山西	1	3
河南	1	3
直隶	1	3
总计	14	

咸同朝汉军机大臣籍贯分布显示，政治中心地区多于非政治中心地区，经济、文化发达地区多于欠发达地区，南方多于北方，明显呈现出江南多、中原次之、边远地区少的显著特征。这一特征表明咸同朝汉军机大臣地域分布显然与各地区经济、学术、文化发展有着极为密切的联

系。如表 1－8 所示之江苏、浙江两省共有汉军机大臣 8 人，占咸同两朝汉军机大臣总数之 57% 强。该数据正好说明，清代的江南地区，因受明清两代经济重心南移的影响，较之北方则更显经济富足、人口密集、教育相对发达，经济、文化交流往来及其相互影响、相互促进的氛围浓厚，知识分子通过读书而走科举取士道路的社会风气和传统意识则表现得更为强烈。而区域文化的发达与相互交流，特别是受到政治文化中心的近距离熏染，更为经济、政治、文化相对发达的地区多出人才、出能力水平与综合素质较高的人才提供了极为有利的社会基础。同时，政治人才链的效应也在人文荟萃的底蕴与一些政治名人的属地性激励、影响作用下逐渐凝聚而成。而军机大臣作为能够参与中枢决策的重要群体，中央及各级地方人事任免过程中亦常见其身影。故此，他们具有上影响统治者及左右同僚，下则援引同乡、同科、同党的能量，此种能量作用下的裙带关系，事实上也是造成咸同朝汉军机大臣地域分布差别较大的一个不容小觑的重要因素。综上，咸同朝汉军机大臣分布较多的地方，相对而言均具有较好的人才成长，以及政治家生成的良好环境。但它只不过是一种历史的可能性因素，我们不能把它同历史的必然性紧密地联结在一起。即地域优势并不是政治核心人物生成的必然条件。

咸同朝汉军机大臣籍贯、地域分布除呈现出上述特征外，还呈现出另一重要特征——即同治一朝汉军机大臣籍贯、地域分布呈南北对等之状态。如表 1－9 所示，同治朝汉军机大臣共 7 人，其中南士沈兆霖、胡家玉仅在值 9 个月，汪元方在值 12 个月，即于军机处中并未形成气候，对中枢决策之影响甚至可以忽略不计。余下 4 位汉军机大臣曹毓英、沈桂芬与李棠阶、李鸿藻等籍贯则分属于南、北两方，而就其在值时间来看，则南士曹毓英与北士李棠阶对应，而南士沈桂芬则正与北士李鸿藻相对应。由本书所涉之李棠阶于何桂清、胜保案中，以及李鸿藻于同文馆之争、天津教案中之种种表现等，加之军机大臣汉大臣南北布局之安排不难看出清人胡思敬于《国闻备乘》、李慈铭于《越缦堂国事日记》，以及今人宝成关于《奕䜣慈禧政争记》、林文仁于《南北之争与晚清政局》①等文中所言之"南党""北党"并非虚言。同治一朝汉军机大臣于籍贯、地域分布之所以会呈现出这一特征，就其大环境而言，实是伴随太平天国农民战争蓬勃兴起之后，汉大臣集团地位因现实需要而急剧上升之一重要体现。伴随汉大臣于中枢政治运作中地位之提升，中国历代以来，相沿成习之地域成见亦一并复苏。就其现实原因而言则是由太后垂帘与亲王军机大臣辅政间之激烈政争导致汉军机大臣内部南北党立、斗争不断。

表1－9　同治朝汉军机大臣地域分布一览表

人名	南方	北方	在值时间
沈兆霖	浙江钱塘		咸丰十一年十月——同治元年七月
曹毓英	江苏江阴		咸丰十一年十月——同治五年三月
李棠阶		河南河内	同治元年闰八月——四年十一月
胡家玉	江西新建		同治五年三月——十二月
汪元方	浙江余杭		同治五年十月——同治六年十月
沈桂芬	江苏吴江		同治六年十月——光绪六年十二月
李鸿藻		直隶高阳	同治四年十一月——光绪十年三月

五、咸同朝军机大臣在任时间、革职离任原因分析

军机大臣的任期长短并不受制度限定，主要视统治者个人的需要和军机大臣与统治者的关系而定。现根据《清史稿校注》军机大臣年

① 参见胡思敬：《国闻备乘》卷二，中华书局2007年版，第64页；李慈铭：《越缦堂国事日记》，沈云龙主编：《近代中国史料丛刊续编》594－599辑，以南北冠于人或党称者，较为常见；宝成关：《奕䜣慈禧政争记》，吉林文史出版社1990年版，亦于文中涉及南北党之争，第300—315页；林文仁：《南北之争与晚清政局》一书则以同光两朝之南北党之争为研究主题，中国社会科学出版社2005年版。

表,将咸同朝军机大臣任职时间长短及革职离任原由分段分类统计如表 1－10、1－11 所示。

表 1－10 咸同朝军机大臣在任时间分段统计表①

任职时间	人数	所占百分比
1 年以下	7 人(3 人卒,1 人外任,3 人革)	25%
1—3 年	5 人(4 人外任,1 人革)	19%
3—5 年	3 人	11%
5—10 年	3 人	11%
10—15 年	4 人	15%
15 年以上	5 人	19%
总计	27 人	100%

表 1－11 咸同朝军机大臣离职原由分类统计表

军机大臣罢黜军机处原由类别	人数	所占百分比
卒于任上	10 人	37%
致仕	2 人	7%
授外职	5 人	19%
病老请辞	2 人	7%
降革	8 人	30%
总计	27 人	100%

综合表 1－10、1－11 统计显示,咸同两朝军机大臣任职 3 年以内人数达 12 人之多,计占总数之 44%,联系其离职原由类别来看,其中除 3 人(桂良、沈兆霖、汪元方)均为入值一年即卒于任外,其余 9 人或外任(共 5 人,即季芝昌、舒兴阿、邵灿、麟魁、瑞麟),或降革(共 4 人,即柏葰、景寿、焦祐瀛、胡家玉),卒于任之三人均为同治朝军机大臣,而外

① 表 1－10、1－11 以咸同两朝军机大臣在任时间为统计对象,时间虽跨越它朝,但亦在本表统计范围之内。

任、降革之9人除胡家玉外，均为咸丰朝军机大臣，特别是外任之5位军机大臣均为咸丰初年之军机大臣，与当时太平天国农民战争蓬勃兴起，朝廷正值用人之际，可谓密切相关。

咸同朝军机大臣任职10年以上人数多达9人，计占总数之33%，其中仅穆荫任职十年皆在咸丰一朝，其他8位军机大臣，任职大部分时间或在道光朝（如：祁寯藻、赛尚阿、何汝霖），或在同治朝（如：恭亲王奕䜣、文祥、宝鋆、李鸿藻、沈桂芬）。

咸同朝军机大臣降革者多达8人（即赛尚阿、柏葰、景寿、穆荫、杜翰、匡源、焦祐瀛、胡家玉），计占总人数之30%，其中咸丰朝占7人之多。这主要源于咸丰一朝处多事之秋，内忧外患接踵而至，朝局亦有较大变动，故咸丰朝军机大臣或因镇压农民战争不力被革（赛尚阿），或因朝局变动被革（辛酉政变中被革之景寿、穆荫、杜翰、匡源、焦祐瀛），抑或因统治者基于乱世而采用重典而被革乃至被斩首（柏葰）。此外也说明军机大臣虽位居高位，但正所谓高处不胜寒，反因高位而获罪越重。

以上诸例表明，政治较清明、稳定之时，军机大臣任事亦随之稳定，波动不甚频繁。而政治动荡之时，军机大臣亦随之变动愈益频繁，军机大臣之仕宦命运也随之变幻无常。

咸同朝军机大臣中因致仕而离职者，仅2人，计占总人数之7%，且2人致仕均有不得已之苦衷。如咸丰朝之领班军机大臣祁寯藻：因恭亲王奕䜣入值军机，并位列领班，祁寯藻作为原领班军机大臣不得不乞病休致。而其致仕后十一年方才去世，同治朝又复官，说明其致仕为不得已之举。① 同治朝军机大臣宝鋆：因甲申之变，军机大臣集体被罢免，而

---

① 据《咸丰同治两朝上谕档》第三册，第339页载："咸丰三年十月初七日内阁奉上谕，恭亲王奕訢著在军机大臣上行走。钦此。"《咸丰同治两朝上谕档》第四册，第350页载："咸丰四年十一月二十五日内阁奉上谕，祁寯藻奏病久不痊，恳恩开缺一折……八月间因病奏请开缺……若不允许所请转无由安其心。祁寯藻著准其开缺由大学士致仕……钦此。"

不得已致仕。①

咸同两朝军机大臣卒于任者多达十人，计占总数之37%。出现此种状况原因有二：一为咸同两朝军机大臣职任繁重，此点已于前文述及；二为卒于任之军机大臣多为宿望老臣，统治者对其极为信赖，不愿更换。

① 据《清德宗实录》卷一七九，光绪十年三月戊子条载："谕内阁，钦奉慈禧端佑康颐昭豫庄诚皇太后懿旨……军机处实为内外用人行政之枢纽。恭亲王等始尚小心匡弼，继则委蛇保荣，近年爵禄日崇，因循日甚。每于朝廷振作求治之意，谬执成见，不肯实力奉行，屡经言者论列……恭亲王奕訢、大学士宝鋆，入直最久，责备宜严。故念一系多病，一系年老，兹特录其前劳，全其末路。奕訢著加恩仍留世袭罔替亲王，赏食亲王全俸，开去一切差使，并撤去恩加双俸，家居养疾。宝鋆著原品休致。……"

第二章　咸同朝军机大臣职掌之历史嬗变

前文已述，军机处虽于雍正八年（1731）创立，但其成为定制，实始于乾隆二年（1738）复设军机处。此后，军机处经过乾隆朝六十年的发展，职权日趋完善，成为后世清代皇帝处理政事不可或缺的辅政机构。嘉庆朝重修会典之时，首次将军机处列入其中，且位列中枢，地位重要由此可见一般。而今人查阅《大清会典》中有关军机处的记载，则发现无论是嘉庆朝《大清会典》，还是光绪朝《大清会典》，其主要内容均为军机处（即军机大臣）职掌。但毕竟是会典的记载，既无相关具体实例，又未展现军机大臣职掌的动态变化过程，稍显粗略。而在乾隆与咸丰、同治三朝实录、上谕档等原始资料中，大量具体记载则为今人全面考察咸同两朝军机大臣职掌的内容及其动态变化提供了丰富的史料。本章即以乾隆与咸丰、同治三朝《清实录》、《上谕档》相关记载为基础，将咸同两朝军机大臣职掌与清代军机大臣职掌渐已完善的乾隆朝做一比较，以此探析咸同朝军机大臣职掌的历史嬗变过程。

第一节 乾隆朝与咸同朝军机大臣掌书谕旨职掌之异同

掌书谕旨为军机大臣最重要的职掌,位列《大清会典》军机大臣职掌之首。军机大臣所掌书之谕旨分为两类,即明发谕旨与寄信谕旨。现分别将乾隆朝与咸同朝明发谕旨与寄信谕旨之异同进行比较如下:

一、乾隆朝与咸同朝明发谕旨之异同

明发谕旨通称明发,依据《大清会典》记载:其包括三种类型,即(1)皇帝特降者,称为谕;(2)因大臣奏请而降者,称为旨;(3)因大臣奏请而即以宣示中外者,亦称为谕。此三种类型明发谕旨之各自格式,(1)、(3):谕为内阁奉上谕;(2):旨为内阁奉旨。无论谕与旨均各载其所奉之年月日,拟写述上。谕旨由钦定发下后,交内阁传抄,依次传于各部院。

明发谕旨的内容正如清人王昶所言:"巡幸、上陵、经筵、蠲赈,及内臣自侍郎以上,外臣自总兵知府以上黜陟、调补暨晓谕中外,谓之明发"①。即非机密、令中外咸知的内容采用明发形式。现将乾隆与咸同三朝之明发谕旨,各举一例,既可明了该谕旨之形式,又可对比二者有无变化。

乾隆四十一年(1776)正月二十二日内阁明发谕旨:

> 乾隆四十一年正月二十二日内阁奉上谕:黄检覆奏,查办归化城税务情形一案,不将派往会勘之司员评德、永龄,一并

① (清)梁章钜等:《枢垣记略》卷二十二,中华书局1984年版,第271页。

列名，止该司单衔具折，殊属非是。此案系户部奏请选派司员，前往会同黄检，赴彼查勘，其覆奏折，自应列司员在前，而黄检随之。即如侍郎等出差，与督抚查会事件，列衔例在督抚之前，查办案件奏事列衔在督抚之下，历来体制如此。吴坛派往安徽，会审控案，李质颖与之连衔具折，即其例也。盖内外官阶，不容稍紊，郎中员外，品级虽小于藩臬，而一经奉差，叙次即当在藩臬之上，且藩司虽系从二品，若降补京秩，仍不过用为郎中，是藩司之与部属，顶戴虽有觉悬殊，而内外不容凌越。今黄检具奏，不但不令奉差之司员前列，并且不署其名，竟若评德、永龄系伊带往随同办事者，有是理乎。黄检著交部察议。至此案查办情节，仍著该部议奏。钦此。①

咸丰九年(1859)二月十四日内阁明发谕旨：

咸丰九年二月十四日内阁奉上谕：彭蕴章奏，收获匿名书函，历陈苏州漕弊，请饬查办一折。匿名书函，例应销毁，惟刻本内有牵涉彭姓之处，虽未实指其人，自应奏请查办。江苏为钱漕最重之区，若绅衿以熟作荒，不完条漕，必至上亏国课、下朘民生，实属大干法纪。著何桂清、徐有壬确切查访，乡绅中实系何人，勾通官吏，以熟作荒，不完条漕。积惯舞弊者，务当破除情面，指名参奏，不得稍有瞻徇，自干咎戾。其刁生劣监，射利营私者，斥革惩办。至以熟作荒之弊，必有蠹吏从中勾串分肥，尤当严办。该地方官或有意徇私，或形同聋聩，均著从严参处。总须有犯必惩，以清弊源。至投递匿名书信，自称古吴老农，并有刻本传播，此风断不可长。著该督抚等，查系何

① 中国第一历史档案馆编：《乾隆朝上谕档》第八册，广西师范大学出版社 2008 年版，第 132 页。

人,如所言非虚诬,尚可从宽免究,傥有挟嫌诬害情弊,仍著治以应得之罪,以免效尤。钦此。[①]

同治十一年(1872)九月二十五日内阁明发谕旨:

同治十一年九月二十五日内阁奉上谕:彭玉麟奏,伤疾未痊,恳请开缺回籍一折。侍郎彭玉麟平日办事认真、勤劳夙著。前于陛见时,令其署理兵部右侍郎,以资倚任。兹据该侍郎奏称带兵江上,十有余年,伤疾未痊,仍恳回籍调理。览其情词恳挚,姑允所请。彭玉麟著开署兵部右侍郎缺,回籍调理。新授长江水师提督李成谋初膺重任,一切情形,未能尽悉。著该侍郎顺道驰赴长江一带,督同李成谋布置周妥,再行回籍。嗣后每年著巡阅一次,遇有应行参劾及变通之处,准其专折具奏。应需办公经费,著两江湖广各总督筹款奏明,交该侍郎支领,以副朝廷慎重江防之意。钦此。[②]

对比以上分属于乾隆与咸同三朝的三件明发谕旨可知,虽然这三件谕旨分属于不同朝代,相隔时间几近一百年,但从内容(仅从晓谕中外之性质)、形式上来说,均未发生重大变化。

二、乾隆朝与咸同朝寄信谕旨之异同

寄信谕旨通称为廷寄,亦称速谕或密谕。廷寄即不由内阁明降,而径由军机处寄发之上谕。

① 中国第一历史档案馆编:《咸丰同治两朝上谕档》第九册,广西师范大学出版社1998年版,第75—76页。

② 中国第一历史档案馆编:《咸丰同治两朝上谕档》第二十二册,广西师范大学出版社1998年版,第192页。

就其内容而言，包括："诰戒臣工，指授方略，查核政事，责问刑罚之不当者"①。意即："凡机事虑漏泄不便发抄者"②。廷寄之撰拟交发程序为：军机大臣面承后，撰拟谕旨进呈，发出即封入纸函，并钤办理军机处之银印，交兵部加封交于驿站驰递。其迟速皆由军机章京判明写于函外，或三百里、或四五百里、或六百里、或六百里加紧者驰递。其特点为既密且速。廷寄由雍正朝军机大臣张廷玉发明创造。自雍正朝始，一直为清代历朝军机处所沿用。

廷寄根据受谕者之官职不同，其形式分为两种：一为寄信经略大将军、钦差大臣、将军、参赞大臣、都统、副都统、办事领队大臣、总督、巡抚、学政，即寄信与军机大臣级别类似者，称为军机大臣字寄；二为寄信盐政、关差、藩臬，即寄信低于军机大臣级别者称为军机大臣传谕。此两种形式之寄信皆载奉旨之年月日，文末均有旨寄信前来之字样。

同上，仍各举乾隆与咸同三朝之寄信谕旨各一例，以此明确其变化。

乾隆三十四年（1769）六月十一日，军机大臣尹继善、刘统勋字寄各省督抚之寄信上谕：

> 大学士尹、大学士刘字寄各省督抚：
>
> 乾隆三十四年六月十一日奉上谕：杨廷璋覆奏，查验直省城工一折。据称：与藩臬两司亲赴查核，以期工归实用，帑不虚糜，核实办公之道，固应如是。至所称从前修葺，复稍残缺者十九处，应黏补者五处。此项城垣，修筑未久，何以复有残缺，及应需黏补之处，非当日经手之员，办理草率，即系浮冒开销，工无实济，恃向例不过保固三年，仅为敷衍。目前之计，幸逾例限，即可脱然无累。似此随修随损，势将何所底止，是从

① （清）梁章钜等：《枢垣记略》卷二十二，中华书局1984年版，第270页。

② （清）梁章钜等：《枢垣记略》卷二十七，中华书局1984年版，第326页。

前帑项，竟为徒费，而工作不几有名无实乎。且城墙自应坚厚牢筑，非寻常墙垣屋宇，及细巧工作可比，一经鸠葺，自当屹峙数十年，何以蒇功未几，又烦甃治。若不严以程限，将不肖之吏，相习效尤，止顾侵渔，而罔思巩固，岂朕发帑卫民之本意乎。著杨廷璋，将甫修旋缺复需黏补各城，逐一查明，系何年兴修，何员承办，如有应行整理之，即著经手之员，如式赔修。嗣后各省新修城工，总以三十年为率，如未逾年限，复需修整者，即照此著赔。其有原估砖工，酌改土城之处，并须加意确核，毋任丝毫冒滥。近日山东滨州等处，改筑土城，砖石各项，即有希冀混开者，经工部核驳。地方官遇有城工，辄思从中取利，恐不独山东一省为然，不可不留心查察，若仍漫无稽核，惟任劣员弊混，不特总办督办之大员，责有攸归，即该督抚亦难辞咎也。并将此通谕知之。

钦此。遵旨寄信前来。①

咸丰九年(1859)二月十四日，军机大臣字寄两江总督何桂清、江苏巡抚徐有壬之寄信上谕：

军机大臣字寄两江总督何、江苏巡抚徐：

咸丰九年二月十四日奉上谕：据彭蕴章奏，收获匿名书函，历陈苏州漕弊，请旨查办一折。已明降谕旨。令该督抚查明绅户内有何人以熟作荒，不完条漕，指名恭处，并将刁生劣监及勾通之蠹吏、徇私之州县分别查明惩办矣。苏郡为草粮最重之区，近年因被兵被灾，爰频加以纾民力，若绅户以熟作荒，必至小民以荒作熟，倘不严行禁绝，必至民久日多蠹吏与

① 中国第一历史档案馆编：《咸丰同治两朝上谕档》第五册，广西师范大学出版社1998年版，第805—806页。

有力之家分肥中饱，上亏国课，下朘民生，其害不可胜言。该督抚必当破除情面，彻底清查。至刻本内尚有州县收漕，概令漕总包办，净得余银，私造大斛大斗，踢斛淋尖，致有七折八扣名目，开仓数日，即索取漕规，视为定例。漕书经造广至田亩混立花户，且豫买丑米存顿开兑之处，以备起运，又有去任官员，占田包价，广东游民从而效尤，种种弊端，实为漕务大害。即如所称六年分元旱成灾，而经造捏造竹册，每亩索钱七百文，名为买荒，七年分上忙条银，每钱收钱二百八十八文，加倍征收，使非实有其事，何能似此言之确凿，至于捺贴誊黄涂抹成数尤堪痛恨。著何桂清、徐有壬严密访查，逐款禁革，必先上司不受漕规，然后能督率州县，州县皆知洁，已然后绅衿、书吏无从把持。该督抚等务当实力查办，不得畏难推诿，亦不准稍有瞻徇，庶可苏民困，而绝弊源，所有匿名书信并刻本均著发给阅看，将此谕令知之。

钦此。遵旨寄信前来。①

（说明：该寄信谕旨与前引之明发谕旨系为同一事件于同日颁发者。若将二者作一比较，可得其内容不同之要点如下：

1. 对彭蕴章所收匿名书函之处理乃属宣示中外之事，故采用明发谕旨方式予以颁布，故于寄信谕旨中不再书之。

2. 明发谕旨对“上亏国课、下朘民生”并未具体解释，而寄信谕旨中则指出：“苏郡为草粮最重之区，近年因被兵被灾，爰频加以纾民力，若绅户以熟作荒，必至小民以荒作熟，倘不严行禁绝，必至民久日多蠹吏与有力之家分肥中饱，上亏国课，下朘民生，其害不可胜言”，即在此中对“上亏国课、下朘民生”的来龙去脉，及其具体危害详加阐述。此外

① 中国第一历史档案馆编：《咸丰同治两朝上谕档》第九册，广西师范大学出版社1998年版，第74—75页。

寄信谕旨中又有"刻本内尚有州县收漕,概令漕总包办,净得余银,私造大斛大斗,踢斛淋尖,致有七折八扣名目,开仓数日,……"等匿名信之具体内容,在明发谕旨中则未提及。此皆为寄信谕旨之受命者乃具体承办之人,必使其了然详确,方能奉命行之也。)

同治二年(1863)三月四日,议政王军机大臣字寄热河都统瑞麟的寄信谕旨。

议政王军机大臣字寄热河都统瑞:

同治二年三月初四日奉上谕,瑞麟奏请开垦围场闲地,以资接济,并绘图呈览一折。热河驻防旗兵所需俸饷,因库款支绌,未能按月支放,众兵时虞困乏,自系实在情形。所筹招佃展垦荒地以济兵食,自属可行。著照该都统所拟,将围场四面边界荒地八千余顷,展出开垦,其押荒升课章程,即著妥议具奏。但事当创始,必须妥筹尽善,方可有利无弊。尤须不避嫌怨,认真兴办。所有此项荒地,著招募家计殷实素业稼穑之人,具呈认垦。不准滥招无业游民,致滋流弊。尤须画清界址,不准越垦,以息争端。其与民地毗连者,并当禁止侵占,方可日久相安。红桩以外前垦兵租地亩,历年较久,越垦成熟之地,竟至数百顷之多。著勘定界限,安设卡伦,以杜侵越之弊。图内所指伊亲王地,系何项地亩,于此次开垦荒地,有无妨碍。并著查明具奏,图留览。将此谕令知之。

钦此,遵旨寄信前来。①

对比以上三件寄信上谕可知,寄信谕旨由乾隆朝发展至同治朝,其列衔形式发生了重大变化。乾隆朝寄信谕旨的列衔为具体军机大臣的

① 中国第一历史档案馆编:《咸丰同治两朝上谕档》第十三册,广西师范大学出版社1998年版,第107—108页。

本职官及其人名，且列衔人数从单独列衔到二、三、四、五、六人的集体列衔不等，集体列衔又以其本职官的职位高低作为排列顺序，如上文列举之“大学士尹、大学士刘字寄各省督抚”，即是兼任军机大臣的大学士尹继善、刘统勋字寄各省督抚的寄信谕旨。据南开大学宋希斌博士考证可知：“雍正时期在廷寄上列衔之人是当时在军机处当值者，如军机大臣因故未当值，则不于廷寄上列衔。”①这一点同样也适用于乾隆朝的廷寄列衔。如《枢垣记略》所载：“乾隆三十六年二月驾巡山东，大学士尹继善、刘统勋、协办大学士尚书刘纶俱未随扈，经本处奏请面奉谕旨，清字寄信著尚书福隆安出名，汉字寄信著尚书于敏中出名。”②这一事例同时也印证了宋希斌博士所见：“汉军机大臣单独列衔在当时应是特例。”③单独列衔者多以满军机大臣为主。

至嘉庆二年（1797），此种列衔形式发生重大变化，该年九月初六日的寄信谕旨起首语为：“军机大臣字寄两江总督苏、漕运总督富、河运总督兰、山东巡抚伊、江苏巡抚康”④。自此，军机处廷寄列衔转变为军机大臣字寄字样。此种改变源于乾隆帝“惩于和珅专擅”，史载：“嘉庆二年阿文成公卒，九月太上皇召见枢臣于万寿山，谕和珅曰：‘阿桂宣力年久，且有功。汝随同列衔，事尚可行。今阿桂身故，单挂汝衔，外省无知，必疑事皆由汝，汝自揣称否？’词色严厉。嗣后遂止写军机大臣，不列其名，著为例。”⑤

以上两种列衔形式，可谓各有利弊，雍乾时期之列衔形式，将负责寄信之军机大臣一一列出，可使军机大臣权责明晰，由此防止军机大臣

① 宋希斌：《军机处职权变化研究》，博士学位论文，南开大学历史学院，2007年，第90页。

② （清）梁章钜等：《枢垣记略》卷十三，中华书局1984年版，第136—137页。

③ 宋希斌：《军机处职权变化研究》，博士学位论文，南开大学历史学院，2007年，第90页。

④ 中国第一历史档案馆编：《嘉庆道光两朝上谕档》第二册，广西师范大学出版社，第253页。

⑤ （清）陈康祺：《郎潜纪闻·二笔》卷三，中华书局1997年版。

擅传旨意，以专军机大臣之责。弊在于形式过于繁琐，且军机大臣的个人色彩浓烈。而嘉庆二年（1797）后之列衔形式则使廷寄格式渐趋规范，军机大臣个人色彩亦渐趋淡化，由此更加符合《大清会典》所言“谕军机大臣行者，既述，则封寄焉”①之原则，即军机大臣不过是代为寄信传旨的臣子而已，其作为皇权附庸不宜突出强调，可以说此种形式愈加适应了绝对皇权的君主专制制度。

同治朝军机大臣所书之寄信谕旨与前朝相较，其列衔形式又发生了重大变化。已由咸丰朝沿袭于嘉庆朝的“军机大臣字寄”改为“议政王军机大臣字寄”。据《枢垣记略》规制一所载：“咸丰十一年十月初一日本处奏，每日折报奉旨批发谨拟写“议政王军机大臣奉旨”字样，寄信谕旨拟写“议政王军机大臣字寄”字样，其交片行文一律办理。又谨按：两次垂帘训政，每日折报，奉旨缮批呈览，自咸丰十一年十月至同治四年三月则写“议政王军机大臣奉旨”，寄信则写“议政王军机大臣字寄”字样，以后均写“军机大臣奉旨”、“军机大臣字寄”字样。”②此列衔形式之变化，与同治朝军机处制度的重大变革密切相关。咸丰十一年（1861）九月三十日，慈禧太后与恭亲王奕䜣联合发动宫廷政变，史称辛酉政变。此后，对晚清政治格局产生深刻影响的太后垂帘与亲王军机大臣辅政体制正式确立。恭亲王奕䜣作为辅政亲王于十月初一日以议政王身份入主军机处，一改雍正以后即已形成的不准亲王、皇子入值军机处的定制。为突出议政王地位之尊崇，严格区别于其他军机大臣，在同治朝寄信谕旨的列衔形式上呈现出上述变化。同治四年（1865）三月，慈禧太后利用编修蔡寿祺弹劾奕䜣：“揽权纳贿，徇私骄盈，目无君上”之奏疏折辱奕䜣，并趁机削去其议政王名号，寄信谕旨的列衔形式亦随之发生变化，表明奕䜣于军机处之身份地位已不同于往昔。

① 《钦定大清会典》（嘉庆朝）卷二，文海出版社1990年版。

② （清）梁章钜等：《枢垣记略》卷十三，中华书局1984年版，第137页。

第二节　乾隆朝与咸同朝军机大臣军事职掌之异同

军事职掌乃清代军机大臣诸职掌之本源，皆因雍正年间设立军机处最直接原因即为“西北军兴，军报频繁”。军机大臣之最初职掌，即为“综军国之要，以赞上治机务”，其后随政治演进，派生出军机大臣诸多职掌，但军事职掌仍为军机大臣之首要职掌。查乾隆与咸同三朝实录可知，自乾隆二年（1738）军机处复设至咸同时期，此职掌变化并不显著，相同之处显多于不同，现将三朝军机大臣军事职掌之异同比较如下。

一、乾隆朝与咸同朝军机大臣军事职掌相同之处

1. 军粮、军饷、添置军械之拟议

如前述，军机处为雍正时期出征与准噶尔作战而设置，其最初职掌即为发动战争做好一系列军需准备，而军需中最为重要者即为军粮、军饷、军械。此三大类军需筹备为军机大臣所掌议，试举例如表2－1。

表2－1所列皆为乾隆与咸同三朝，军机大臣或自行议奏、或会同大学士、九卿、户部等议奏军饷、军粮、军械等诸军需事宜之谕旨。由此可知，从乾隆朝到咸同两朝，历经百余年，军机大臣掌议军需事宜之职掌却鲜有变化。

表 2－1 乾隆朝与咸同朝军机大臣拟议军需事例表

乾隆朝		咸丰、同治朝	
谕旨内容	资料来源	谕旨内容	资料来源
军机大臣等议覆，钦差兵部尚书班第、川陕总督张广泗、四川巡抚纪山等奏筹划军粮事宜。	《清高宗实录》(五)卷三百一十三，乾隆十三年四月庚辰。	现在军务未竣，所有续拨军饷，自应宽为筹备。著宗人府、御前大臣、大学士、军机大臣会同户部详议具奏。	《清文宗实录》卷六十九，咸丰二年八月庚寅。
班第奏请续运马驼粮饷，以备接济大兵之用。朕已交军机大臣议覆准行。	《清高宗实录》卷四百八十四，乾隆二十年三月乙酉。	奕山奏遵议添设官兵并筹饷制械等章程一折。前因署河南巡抚瑛棨奏请添设黑龙江马队官兵，经军机大臣、兵部户部遵旨会议，请先行添设一千名，其月饷马匹器械等项，均令该将军酌度办理。	《清文宗实录》卷二百七十八，咸丰九年三月戊寅。
军机大臣等议覆，前任四川总督刘秉恬奏称，木果木军营彻出之兵，应需帐房、锣锅、鸟枪、腰刀、长矛弓箭等项。现飞饬军需局，如数制造，迅速解营应用。但鸟枪一项，为攻剿所必需，刻不可缓，一面饬局尽力制办，先行赶解，一面飞咨护陕西抚臣毕沅，将该省各营鸟枪，调集四五千杆，解川应用。……	《清高宗实录》卷九百三十八，乾隆三十八年七月丙子。	文煜奏，东省余兵、饷米银两连同前欠，请饬部核议，准于正项内支给核销一折。山东省添募余兵，经军机大臣、会同户部议覆，所需月饷，令该抚另行筹款支给。	《清文宗实录》卷三百一十，咸丰十年三月丁丑。

2. 军营编制、战略战术之筹议

军机大臣不仅掌议军饷、军粮等军需事宜，且掌议直接关系战争成败的军营编制、战略战术等问题。军营编制之例，如乾隆五十五年(1790)三月，山东巡抚觉罗长麟奏称："兖州镇沙沟营，地冲差繁，除分汛外，存城都司一员，经制外委一员。又范县营存城守备一员，遇公出，即无员弁在营料理，请将该二营，各添设额外外委二员，以资差操，即于各该营兵内考拔。"此折交由军机大臣掌议，经军机大臣议覆通过。① 再如咸丰八年(1858)十二月，军机大臣彭蕴章等筹议"以江南江宁城守营副将庆文，为河南归德镇总兵官。改河南选缺南汝光道为调缺，加兵备衔。升归德营为归德镇，设总兵官一员驻府城。左右营游击、都司各一员，中军守备二员，千总四员，把总六员，经制外委四员，额外外委八员，马兵五百八十名，步兵一千一百二十名"②一事获得咸丰帝批准通过。同治朝亦有此例，如同治元年(1862)五月，议政王军机大臣会同吏部等部，议准署陕甘总督沈兆霖覆奏的甘肃善后章程中就涉及军营编制问题："一、改设巴燕戎格厅城及所属各要隘都司二员、守备二员、千总三员、把总一员，并添驻兵一千二百五十名；一、招练上下郭密，上十族、下八族番兵，共一千名。选择千百户训练，统归营员调遣；一、凡巴燕戎格厅属有警，责成西宁河州两镇总兵官，就近整兵救援。"③

此外，军机大臣亦掌议军队作战之战略战术，如乾隆十二年(1747)四月，军机大臣议覆通过纪山所奏征讨金川的战略战术原则，指出："应分路夹攻，将川西、川南分为两路，派总兵、副将带领汉土官兵，或直捣巢穴，或分击前后。更驻兵木坪，以为两路声援。于绰斯甲拨兵堵截隘口，以分金绰二酋之势。至所奏或系大兵齐集，或俟有隙可乘，即行进剿等语。伏思兵贵神速，敌气既慑，我力方锐，则一发制胜，所向成功，

① 《清高宗实录》卷一千三百五十一，乾隆五十五年三月壬寅。

② 《清文宗实录》卷之二百七十一，咸丰八年十二月乙巳。

③ 《清穆宗实录》卷二十七，同治元年五月戊子。

但必计出万全。此时庆复已经到川,应令商酌妥办。至川西川南两路,应派总兵二员。现有松藩总兵宋宗璋奏请出口,而新调建昌总兵许应虎又奉旨听该督抚委用,应即派分两路。又称统领应居中调度,请移驻雅州督师进剿。查本年二月内,臣等因纪山奏派马良柱为统领,恐其未必胜任,是以议令纪山亲行。计此时庆复已到成都,一应军务,既有总统大臣,纪山应在省调度粮饷,提督印信仍交新任武绳谟。"①咸丰二年(1852)十一月,当太平天国农民起义军已入长江,直逼武昌、汉阳两郡,对于此时的清政府来说,长江下游江防最为紧要,为保住此处关隘,军机大臣曾奏请:"宜用木筏收束江面。如闸口式,使贼船不得畅行,再于隘口击之,其法各于江面较窄之处,多用木筏横截彼岸,连以铁钩,防贼冲越,覆以湿土,防贼焚烧,彼岸既阻,贼船必由此岸鱼贯而下,我兵即于闸口设防。系平坦处,则多设炮位,系高阜处,则多安滚石,彼过一船,我击一船,每数十里,或一二百里,安设一闸。若贼过第一闸,则将上闸木筏多用火具烧燃,顺流放下,使贼船至第二闸时前有闸阻,后有筏烧……"②

由以上几例可知,从乾隆时期到咸同时期,军机大臣皆有对臣工上奏的有关军营编制、战略战术的奏折拟具处理意见的职掌,且多数建议都能应用于战场,对战局有着不容忽视的影响。然其效果如何,则另当别论,后文即对此进行比较。

3. 掌管武官人事及奖惩

由《大清会典》所载:"文武官特简者,承旨则进其名单、缺单,差特简者亦如之;凡大臣之换防于西北两路者,则稽其班,书其名以备览,旬有五日而更之。凡文武官员记名者遇缺则奏其名"③可知,军机大臣掌管武官人事包括以下三种情况:

(1)皇帝钦命武官者,军机大臣则承旨进其名单、缺单;

---

① 《清高宗实录》卷二百八十八,乾隆十二年四月甲子。

② 《清文宗实录》卷七十七,咸丰二年十一月己巳。

③ 《大清会典》(光绪朝)卷三,文海出版社 1992 年版。

(2)由军机大臣稽查西北两路驻防大臣的换防班次;

(3)军机大臣每遇出缺,则将记名人员缮单呈骤。

上述武官人事问题,在乾隆朝、咸同朝实录中,皆可见其实例,如乾隆三十七年(1772)十二月谕旨:"昨高晋覆奏,保举堪胜水师总兵人员折内,有游击孟兆熊一员。据称:现在送部,尚未回任,并将应否再行送部之处奏闻请旨,孟兆熊前于该部带领引见时,业准其豫保注册。今高晋复保其谙练水师,该员甫经引见人才局面,鉴阅未久,已交军机处记名候简,自可毋庸再行送部。"①

前引乾隆十二年(1747)四月例中亦有"查本年二月内,臣等因纪山奏派马良柱为统领,恐其未必胜任,是以议令纪山亲行"②之语。再如同治元年(1862)四月谕旨:"已革副将苗金开,著开复原官勇号,并著交军机处记名,遇有总兵缺出,请旨简放。"③

此外,武官之奖惩亦由军机大臣负责办理。如乾隆三十五年(1770)闰五月三日颁布谕旨中有:"此次云南军营官兵,应行议赏议恤之案,著兵部会同军机大臣查核办理"④。同治三年(1864)六月二十九日谕旨中称:"军兴以来,十有余载,从前在事诸臣为国宣勤,矢志灭贼,或积劳身故,未竟全功,或临难捐躯,无亏大节,类多卓著劳绩,为我国家有功死事之臣。现在江宁克复,首逆歼除,该故员等赍志以终,未克躬逢其盛。追怀忠荩,良用恻然,宜加身后之荣,以表生前之绩。著议政王军机大臣查明从前已故有功诸臣,开单呈览,候旨施恩。"⑤

指挥战争获得胜利者对其论功行赏自不待言,对违反军纪者、败军之将则要追究其责任,军机大臣在此中亦扮演重要角色。如乾隆十三年(1748)七月二十一日,乾隆帝颁布谕旨,命军机大臣问讯,因乘夜撤

① 《清高宗实录》卷九百二十三,乾隆三十七年十二月丙子。

② 《清高宗实录》卷二百八十八,乾隆十二年四月甲子。

③ 《清穆宗实录》卷二十六,同治元年四月庚辰。

④ 《清高宗实录》卷八百六十,乾隆三十五年闰五月戊申。

⑤ 《清穆宗实录》卷一百零七,同治三年六月戊戌。

营而遗失军械的总兵马良柱。① 而咸丰朝军机大臣则参与了对败将赛尚阿、徐广缙、杨文定、讷尔经额等人的罪名定拟。②

4. 掌议边防事宜

由表2－2可知，自乾隆朝至咸同两朝，军机大臣亦有掌议边防事宜之职掌，其掌议之内容包括有关边防要塞的军事建制、西北两路将军换防事宜、设兵屯田等事项。乾隆与咸同三朝于此项亦无甚差别。

表2－2 乾隆与咸同朝军机大臣掌议边防事例表

乾隆朝		咸丰、同治朝	
谕旨内容	资料来源	谕旨内容	资料来源
乌鲁木齐都统索诺木策凌奏，乌鲁木齐地方，延袤三千余里，自改设道府州县，安驻兵民三万余户以来，繁庶无殊内地，有应行增改事宜。……一、济木萨地方，为迪化州属入境首站，向设县丞，应改为知县；一、古城地方，距奇台县九十里，为乌里雅苏台、巴里坤、伊犁等处往来冲要，应增设理事通判。……得旨，军机大臣会同该部议奏。	《清高宗实录》卷九百四十四，乾隆三十八年十月庚寅。	议政王军机大臣会同吏部等部，议准署陕甘总督沈兆霖覆奏甘肃善后章程：一、改设巴燕戎格厅城，及所属各要隘都司二员、守备二员、千总三员、把总一员，并添驻兵一千二百五十名；一、招练上下郭密，上十族、下八族番兵，共一千名。选择千百户训练，统归营员调遣；一、凡巴燕戎格厅属有警，责成西宁河州两镇总兵官就近整兵救援。……从之。	《清穆宗实录》卷二十七，同治元年五月戊子。

① 《清高宗实录》卷三百一十九，乾隆十三年七月癸卯。

② 《清文宗实录》卷八十一，咸丰三年正月壬子；卷八十九，咸丰三年三月乙丑；卷一百零九，咸丰三年十月戊子。

续表

乾隆朝		咸丰、同治朝	
谕旨内容	资料来源	谕旨内容	资料来源
驻劄西北两路新疆办事将军大臣，向系三年更换，但新疆地方，最为紧要，驻劄大臣到任后，相度情形，一切机宜，甫能熟谙，若遽易生手，殊与事体无益，第久留彼处，不令携带家眷，未免心存内顾。嗣后除伊犁将军、参赞大臣、领队大臣、乌里雅苏台将军、参赞大臣俱听其携眷前往外，其塔尔巴哈台、喀什噶尔、科布多等处参赞大臣、叶尔羌、阿克苏、库楞等处办事大臣有愿携眷口者，一体听其带往。……所有应行赏给携眷路费之处，著军机大臣量加核减议奏。	《清高宗实录》卷一千二百九十八，乾隆五十三年二月甲辰。	先是伊犁将军奕山等奏，遵议新疆兵制，未易骤事更张，下军机大臣会同户部议。至是奏，查原奏称，伊犁额设满汉营，及四部落官兵一万五千六百员名，分驻九城四爱曼及各卡伦地方，控制夷回、镇抚边屯最关紧要，未可骤更。驻防满汉之兵，皆远年内地移眷前来，住经数代，生齿繁衍，迁归旗籍，所费不赀。所奏均属实在情形。惟回疆八城换防之兵，是否有可变通，应令与各大臣等体察情形，商同办理。从之。	《清文宗实录》卷一百四十三，咸丰四年八月壬戌。
军机大臣议覆，伊犁将军保宁奏定伊犁惠远城添兵事宜：一、伊犁系极边之地，驻兵年久，生齿日繁，应于惠远城满营，增步甲额缺四百名，由闲散余丁内挑取，派员教演连环鸟枪。其马甲缺出即由此内挑取。钱粮动用伊犁租税支给：一、惠远城护军校、前锋、委前锋等共四百四十名，每岁戍守巡边，差使甚繁。应于披甲人内挑取六十名，令与前锋一体当差，仍食原饷。……	《清高宗实录》卷一千三百四十九，乾隆五十五年二月丁丑。	先是塔尔巴哈台参赞大臣英秀奏称：塔尔巴哈台原设绿营换防官兵一千二十九员名，屯工七处，耕种兵七百名，差操兵三百名。遵拟变通兵制，酌裁浮费。请于该处屯兵内，酌撤兵二百一十名，差操兵内，酌撤兵九十名。……下军机大臣会同户部议。	《清文宗实录》卷一百五十一，咸丰四年十一月癸未。

乾隆与咸同三朝军机大臣军事职掌未有变化者，除以上列举各例外，亦有审讯战俘一则。如乾隆二十年(1755)六月十八日，《清高宗实录》中即记载："兵部堂官以解到逆俘，跪奏请旨，命刑部将巴朗、孟克特穆尔即行正法，罗布藏丹津交军机大臣等审讯。"①而《清文宗实录》中亦记载："广西军营生擒逆首洪大泉一犯，现经赛尚阿派员押解到部。著军机大臣会同刑部严审定拟具奏。"②

以上为乾隆与咸同三朝军机大臣军事职掌相同、相似之处，虽此类相同之处较多，但仔细比较，其亦有些许不同之处。

二、乾隆朝与咸同朝军机大臣军事职掌不同之处

如前所述，军事职掌作为雍乾以来历代军机大臣之首要的、基本的职掌，其变化并不显著。笔者通过对乾隆与咸同三朝实录、上谕档中与此相关事例进行比对后，仅发现两处与军机大臣军事职掌相关而并非军事职掌本身的不同之处，因其亦能从一定角度反映该职掌之变化，故将其列举如下：

1. 军机大臣筹议之战略战术应用于战场的实际效果不同

前文已述，从乾隆朝到咸同两朝，军机大臣皆有对臣工上奏的有关军营编制、战略战术的奏折拟具处理意见之职掌，且多数建议都能够应用于战场，对战局有着不可忽略之影响。然其效果(主要指皇帝对此战略战术的信任程度)如何，则不尽相同，试举例说明。

如乾隆十三年(1748)，用兵金川，经略大学士、军机大臣傅恒被派往前线统兵作战，其于该年十二月十五日，向乾隆帝奏请战术安排事宜：

> 接到岳钟琪等报匣，系报攻杀塔高山梁等处军情。查近日岳钟琪所奏，连有攻克，军势渐振。但党坝之士气稍扬，则卡撒之声势尤不可少懈，必宜乘机奋击，使贼酋两地兼顾，方

---

① 《清高宗实录》卷四百九十　，乾隆二十年六月庚申。

② 《清文宗实录》卷五十九，咸丰二年四月丁酉。

易克捷。臣至卡撒，当鼓励军营，及时攻剿。倘此处地势不便，臣即往党坝查勘，从此直捣勒乌围，并飞速行文，令大兵不必复往卡撒，即于中途分道直趋党坝，军粮即行运往。现在莎罗奔与郎卡，俱在勒乌围，一举而二贼可擒，是亦一策。至卡撒，仍令大张声势，俟后起兵到，分拨夹攻，此时未便悬拟，俟臣到营商度。①

此外傅恒还就战马、军粮筹备等诸多军需事宜向皇帝奏请，乾隆帝在接到上述诸奏折之后，对其做出了如下评价："览经略大学士傅恒所奏，筹酌军营进取诸务，事事周详妥协，洞中窾要，深为嘉悦。"对于傅恒所提出之战术安排，乾隆帝表示赞赏："将来径趋党坝，直捣勒乌围，而于卡撒一路，大张声势，严密防御，贼酋已在网中，自可收犁庭扫穴之效。"②由上不难看出，乾隆帝对军机大臣傅恒极其信任，对战局稳操胜券之信心可谓溢于言表。

反观咸丰一朝，则与乾隆朝之事相差悬殊，例如：咸丰九年（1859）十月，"英人串犯内地"之时，首席军机大臣彭蕴章就已率众军机大臣会议防夷御夷之策，会议最终形成一良策，即"宣泄河水以制夷船"，其具体实施方法体现在军机大臣彭蕴章、穆荫等的奏折中：

窃惟防夷之策，在筑炮台以利轰击，尤在泄水势以遏其往来。本年天津海口，经钦差大臣僧格林沁安设铁闸木排，遂能击毁夷船多只，大获胜仗，可见阻遏夷船不使进口，已著有成效。该夷被创之后，难保不再图窥伺，天津海口既不能久驻重兵，而经费有常，尤恐难乎为继。查上年大沽炮台失守，夷船由海河直达天津，其时津郡已在夷人掌握之中，剿之则不能进攻，抚之则徒为迁就，此皆无守之故也。臣等再四思维，惟有泄水之法，使夷船浅阻不能深入，则炮台防兵更可得手。大沽距郡百里，即使夷兵登陆，必不敢远离其船，直抵天津，夷人失

① 《清高宗实录》卷三百三十，乾隆十三年十二月乙未。

② 《清高宗实录》卷三百三十，乾隆十三年十二月乙未。

其所恃,可不战而自屈矣。

伏思上年屡奉谕旨,令于南、北运河泄水。并经前尚书朱奉标等奏:请掣动卫河等水以制夷船。复命僧格林沁等悉心酌办。嗣因夷船退出,未及详议经久章程。臣等悉心采访,南运河沧州南二十五里捷地堤,有向东大石闸一座,闸之东现有河形,因年久淤塞,若挑挖深通,导之东流,至海岸平洼入海。再于天津城西芥园上下,开引河一道,令水由城西入南洼,则南运河之水可减矣;北运河杨村筐儿港闸口基址尚在,若一律挑通,则水由东淀入海,而北运河之水可减矣;南北运河之水既泄,而大、小西河之水,于天津城北西沽地方汇入北运河。每遇盛涨,水势浩淼,亦须设法旁泄。查城东稍北旧有减水河,名贾家口,通陈家沟入东淀。此处略为挑浚,导之东流,则西河之水可减矣;又查郡城东南马家口以下,亦可开导引河,引水入南洼,白塘口以下旧有古闸,亦宜开浚,则海河之水可减矣。

以上各口,或修理旧闸,或建筑土坝,无事则闭,有事则启,来源既分,则下游易浅。虽海潮既强,而涨落有时,夷船断不能贸然直入。如此办理,于守御之策益有把握,将来即可稍撤防兵,以节经费。或虑河水旁趋,恐于农田有碍,不知南、北运河各有减水小河,原因夏秋水大,藉以疏消。今因其故道良为开通,并建立牌坝,以时启闭,不惟无损于农田,兼可以弥水患,诚举两得之事也。相应请旨敕下僧格林沁、恒福,遴派干员周历履勘,实心经理,及早兴修,不得草率了事。至此项工程,系就本有河道挑挖深通,及修理旧闸,建筑土坝,工费似不甚巨。或作证开销,或由官绅捐办,应由该大臣等酌量奏明办理。①

彭蕴章作为首席军机大臣对皇帝施政之影响不言而喻。此次彭蕴章所献之防夷御夷之策,被咸丰帝所采纳,交于前线武官具体实施、操作,此条建议体现在咸丰九年(1859)十月初三日的廷寄谕旨中:

---

① (清)贾桢等编:《筹办夷务始末》(咸丰朝),中华书局1979年版,第1661—1662页。

彭蕴章等奏，豫筹天津海防，仍请宣泄河水以制夷船一折。据称：夷人被创以后，难保不再图窥伺，惟有泄水之法，使夷船不能深入，则炮台防兵，更可得手。上年屡经议泄南北运河等水，旋因夷船退出，未及详议。今查南运河水，应将沧州捷地堤淤河挑通，导之入海，再于天津城西，开引河一道，令入南洼，则南运河之水可减；北运河水，应挑通杨村筐儿港，令由东淀入海，则北运河之水可减；大小西河水，应挑浚天津城东减水河，使之东流，则西河之水可减；再于马家口以下，开道引河，引水入南洼，并开浚白塘口，则海河之水可减。以上各口，或修理旧闸，或建筑土坝，无事则闭，有事则启，来源分则下流易浅，夷船断难深入，于守御之策，较有把握等语。海口久驻重兵，深恐经费难继，果能宣泄河水，使夷船不复能入大沽，直抵津城，则地险可恃，即可稍撤防兵。著僧格林沁、恒福、查照该大臣等所议，派委妥员，分投履勘，傥将各闸坝修建，实能减泄河水，有裨守御，即著乘此冬令水涸之时，赶紧筹办。此项工程，系就原有河道挑挖，工费自不甚钜，或作正开销，或由官绅捐办。并著僧格林沁等、酌量奏明办理。原折著钞给阅看。将此谕令知之。①

前线僧格林沁恒福等接到廷寄后，丝毫不敢怠慢。在原有实地调查的基础上，于六天后上疏，阐述此法于实际操作中将面临的困难，请求朝廷协助解决，其奏折原文如下：

查海防事务，关系重大，必须为经久之计，方为筹划万全，可以遵守。上年夷船退出，奴才僧格林沁会同前署督臣瑞麟，创建炮台，修筑营垒。本年正月到防后，复行添置防具，一切铁枪、铁链、水雷，凡有可以设法之处，随时与奴才恒福会商办理。五月间，夷船闯入海口，查其船身轻便，喫水只五六尺，并不待大潮方可行走。击退后，至今数月，奴才等无日不以防务

① 《清文宗实录》卷二百九十六，咸丰九年十月己亥。

为忧，即无日不以布置为念。因思海河之水如能宣泄，使夷人诡谲伎俩无所复施，方为得法。屡经探访舆论，以天津海河，为直隶各河下哨，汇而入海。河面宽七八十丈至百余丈不等，海口水势，深者四五丈，浅者二三丈，每遇风大潮涌，长水至一丈有余，即平潮亦长水七八尺，其潮长时，均过天津以上，直达杨村，实苦无御潮之法，是以未敢议办。

今奉圣训指示周详，奴才等查彭蕴章等所奏，将沧州捷地堤，天津南洼，及杨村筐儿港、减水河、马家口、白塘口等处，或修理旧闸，或建筑土坝，以泄海河之水，既可阻滞夷船，又可节省兵费，洵为通盘筹划，一劳永逸之谋。第运河之水，可以泄使旁流，而海河之潮，难以禁其顶托。其沧州等处，奴才恒福于五月间，亦曾派员前往密查。据称：上年有挑浚捷地堤石闸之议，民间似以为未便。即天津府城以东之马家口、白塘口似可减泄水势，使潮水不达天津，而全河之水注于一隅，深恐不能承受，致有漫溢之虞。若由此二处挑通河道，引水入海，平溜时固可泄水，而涨潮时海水又复涌进，是于海河之外，又增一道海河矣。

奴才僧格林沁于道光二十一年，同赛尚阿查看直隶各处海口，曾至大河口。该处海口上溯九十里，上哨并无来源，涨潮之时，商贩大船可以藉潮浮送至六十里之官家庄。是潮势之涨落，实非人力所能施，昼夜图维，无从着手。究竟抵御潮水有无良策，及各处闸坝能否挑通？有益防务，而又不累民间，必须逐细履堪，且能熟悉河务工程，行止方能定局。相应请旨简派熟悉河务大员带同熟悉天津情形之京员，驰赴天津，会同奴才恒福亲旨履勘。如果可以兴办此项工程，再由奴才僧格林沁等妥为筹议。①

在这份奏折中，前两部分名为褒扬咸丰帝及彭蕴章等诸位军机大

① （清）贾桢等编：《筹办夷务始末》（咸丰朝），中华书局1979年版，第1664—1665页。

臣急前线将士之所急，想前线将士之所想，为他们及时提供了“既可阻滞夷船，又可节省兵费，洵为通盘筹划，一劳永逸之谋。”实则贬损皇帝及诸军机大臣提出的两全之策乃纸上谈兵、无法实施。皆因“海河河水宽深，潮水涨落并无一定，非人力所能施。沧州等处挑浚堤闸，前层查办，民间多称未便”①。基于此，僧格林沁指出此法“实非人力所能施，昼夜图维，无从着手”，本大臣实无此能力，“相应请旨简派熟悉河务大员带同熟悉天津情形之京员，驰赴天津，会同奴才恒福亲旨履勘。如果可以兴办此项工程，再由奴才僧格林沁等妥为筹议。”显然，军机大臣们绞尽脑汁想出的良策，并未从根本上解决僧格林沁等忧念的根本问题——“察其船身轻便，水只五六尺，并不待大潮方可行走。”即英人先进之科学技术、武器装备，岂是宣泄河水就能应付得了的。

这一奏折呈递之后，皇帝和军机大臣们也意识到此一防夷御夷的良策确有不切实际之处，在随后颁下的廷寄谕旨中指出：“京中并无可派之员”，“倘多窒碍，即著无庸办理。”②“宣泄河水以制夷船”之策就此搁置，不了了之。

上述之例，其战术效果不甚理想，咸丰帝却对军机大臣所奏之战术安排，较为信任，欣然接纳，并应用于前线作战。前文所举咸丰二年(1852)军机大臣奏请“宜用木筏收束江面”，以剿杀太平天国之战术，由咸丰帝所言：“惟当如何运用，何地安设，尤须层层虑及，方免疏虞。著徐广缙、常大淳、陆建瀛、杨文定、蒋文庆、张芾各就江面情形，悉心体察，不必拘定如此办法”③可知，咸丰帝对军机大臣们所提出的战术安排并不十分信任，要求前线将领不必拘泥此法，应因时因地制宜。

由以上诸例可见，乾隆与咸丰朝之军机大臣，其对战局所作之战略部署、战术安排的实际效果、更重要的是皇帝对以上诸项的信任程度可谓相差悬殊。分析其中原因，主要有以下两点：

其一为军机大臣自身素质不同。众所周知，清王朝依靠军事起家，至乾隆时期，清朝建国已逾百年。在这一百余年间，大小战事不断，由

① (清)贾桢等编：《筹办夷务始末》(咸丰朝)，中华书局1979年版，第1666页。

② (清)贾桢等编：《筹办夷务始末》(咸丰朝)，中华书局1979年版，第1666页。

③ 《清文宗实录》卷七十七，咸丰二年十一月己巳。

此上至皇帝、各级臣工，下至八旗、绿营士兵皆对军事、战争耳濡目染，身临其境者更占多数。作为赞襄机务、掌议军事诸重大事项的军机大臣，于此间熟悉之程度自不待言。如乾隆朝著名的军机大臣傅恒、尹继善等皆军事经验较为丰富，深受乾隆帝信任。且雍乾时期之军机大臣正如前章所述，并无内外官、中央地方官员之分，由此雍、乾两朝军机大臣中不乏熟悉军事之武官，以及谙熟政情之地方官员。此种情况于嘉庆后发生重大转变，军机大臣皆“于满汉大学士、尚书侍郎京堂内特简”①，既无武官、又无地方官吏。至咸丰朝，这些中央大员、满洲亲贵又因承平日久，多养尊处优，暮气日沉，几无乾隆朝傅恒、尹继善等如此知兵善战者。更为重要的是，雍、乾两朝尚处于清王朝上升时期，政治尚属廉明。嘉、道两朝之后，清王朝之政治呈江河日下之势，咸丰朝领班军机大臣彭蕴章“在枢府日，唯阿取容，从无建白，外间戏以‘彭葫芦’称之”②，大学士、军机大臣柏葰“以一品大员，乃辜恩藐法”，“竟以家人求请，辄即撤换试卷。”③正是基于此，乾隆与咸丰两朝之军机大臣的为官素质不尽相同，自然由他们所提出的有关战争的战略部署、战术安排，其效果必将大相径庭。

其二为军机大臣对敌情了解之程度不同。纵观乾隆与咸丰两朝军队作战所面临的敌人，前者是中国古代统治者所面临的被他们惯称为“蛮夷”的素敌，而后者则不仅是腹背受敌，且面临其中的一方是中国近代历史、乃至中国历史上规模最大的农民战争——太平天国农民战争的起义者；另一方则是位列世界第一、二的两大资本主义强国——英国与法国的殖民主义者。因此，乾、咸两朝的军机大臣对各自所面临的敌人情况了解程度自然有所不同。且咸丰一朝虽距第一次鸦片战争已逾十年，但朝廷上下仍做着天朝上国的迷梦，不思进取，对世界大势尚懵懂无所知，政治腐败、民怨沸腾，以上诸点皆是导致乾隆、咸丰两朝军机大臣于战略部署、战术安排上，发挥两种截然相反作用的重要原因。

而以上两点同样也可用于说明同治朝军机大臣于军事、外交方面，

① 《大清会典》(光绪朝)卷三，文海出版社1992年版。

② 章士钊：《热河密札疏证补》，《文史》第二辑，第94页。

③ 《清文宗实录》卷二百七十六，咸丰九年二月甲寅。

与咸丰朝军机大臣相较有重大进步。皆因同治朝军机大臣大多有镇压太平天国农民战争前期惨败，以及英法两国进军京师、咸丰帝北狩热河的惨痛经历，基于自身本已具备之各方面素质，于战略部署、战术安排方面发挥了咸丰朝军机大臣所不可比拟之作用。因此方面资料较少①，故仅能列举最具说服力、且最为熟识之例，即军机大臣文祥于同治十三年(1874)十月二十八日上奏之《敬陈管见折》，在该奏折中，军机大臣文祥较为先见地认识到尚未强大之日本对中国的威胁，并颇有远见地将其确定为中国海防、海军建设的假想敌，极为难能可贵(本文第四章第三节对此奏折将予以详析)。

2. 军机大臣于所议军需事宜之详略程度不同

对比乾隆与咸同三朝实录中有关军机大臣军事职掌之记载，最为直观之不同，即为乾隆朝军机大臣所议之军需事宜可谓事无巨细，无所不包。而发展到咸同两朝，则变得较为粗略。试举几例说明，如：

乾隆六年(1741)二月三十日谕旨："绥远城建威将军补熙等奏，上年遵军机大臣议，将生息银两，停止借与官员，开铺生息。现贮息银，请于明年正月起，遇兵丁白事，赏银八两，俟生息再多，红事亦赏银六两。得旨。著照所请行。"②

乾隆十三年(1748)十月六日谕旨："军机大臣等议覆。船厂将军永兴奏报，该处派兵一千名、拨协领二员、佐领防御十二员、骁骑校十二员、管领。每兵给马三匹、锣锅帐房、豫备整齐等语。查永兴料理时，尚未接到臣等原议。不知该兵等由京分起，自驿站前往，是以给马过多，锅帐亦属多备，应移咨永兴，或二人合给马三匹，或一人给马二匹，锅帐等酌减。并委官一同来京，候各兵起程时，将原马及帐房锣锅等带回。

① 傅宗懋先生分析指出军机大臣策划战事之资料较少的原因为：道光三十年十一月戊戌，祁寯藻奏上军机处章程九条中有"逐日改定草稿。应责成每日该班章京，与领班章京，公同检齐焚销"一款，而军机大臣策划战事之资料即属此类，故现存资料较为罕见。参见傅宗懋：《清代军机处组织与职掌研究》，嘉新水泥公司文化基金会丛书1967年版，第359页。

② 《清高宗实录》卷一百三十七，乾隆六年二月乙丑。

至棉甲，永兴已经给发，京中无庸重给。……得旨。依议速行。”①

乾隆十四年(1749)八月二日谕旨：“军机大臣议覆山西驿站马匹一折。内阿里衮所奏，倒过马二百九十三匹，照每岁倒毙二分之例除销外，其余一百七十七匹，每匹应银七两五钱，共需银一千三百二十七两五钱，均属无项可销。又称安台州县，俱令备养余马，原将一岁中倒毙买补银两，通融支领，豫养在棚等语。前此军兴之际，山西安台州县无多，阿里衮乃将通省州县各驿之马协济，又将一岁中倒毙买补银两，通融支领。则州县之办理，已宽然有余，不至赔垫。今复请将额外倒毙之马，赏给存公银两，俾弥补有资，是其措词已自相矛盾，且冀宁道黄祐乃朕之所素知，并非干练之员，派伊往查，则其不能确实可知。阿里衮即据此入告，殊非秉公查核、据实陈奏之道。著传旨申饬，折并发。”②

乾隆三十一年(1766)十二月二十七日谕旨：“军机大臣等议覆，盛京户部侍郎瓦尔达条奏，……一、奉省王公庄头，往往以盗典主地，在部自首，及询问时，俱称系伊已故之祖父伯叔经手之事，恃无应坐罪之人。希冀白彻地亩，请嗣后遇此等事，令伊等回明该王公，即于宗人府具呈查明，咨行臣部办理。一、各部京员，多系赁房居住，当差甚为拮据。请动项于空地造官房二百六十间，每间每月一钱五分取租，归还原款，如自愿置房者听，均应如所请。从之”③

以上诸例，皆为乾隆朝军机大臣所议军需事宜中较为详细之事例，军需事宜中大到粮饷筹备，小到兵丁红白喜事赏银，皆为军机大臣所议。诸如此类，《清高宗实录》中可谓比比皆是，不胜枚举。反观清文宗、穆宗实录中，有关记载相对较为粗略。此外，乾隆朝军机大臣所议军需事宜中，有关军马之筹备、分配、饲养(如例3)等谕旨则更是不计其数。而在《清文宗实录》、《清穆宗实录》中，此类事项之筹议仅零星几例。④

究其根本原因，在于军机大臣诸多职掌皆渐成于乾隆一朝，其军事

① 《清高宗实录》卷三百二十六，乾隆十三年十月丁亥。

② 《清高宗实录》卷三百四十五，乾隆十四年八月戊寅。

③ 《清高宗实录》卷七百七十五，乾隆三十一年十二月癸亥。

④ 据笔者统计，《清文宗实录》、《清穆宗实录》中，有关此类事项之谕旨仅有六例。

职掌虽属例外,形成于雍正朝军机处草创之时,至乾隆初年复设军机处仅有五年时间。凡制度初建之时,其制必详,所有相关事例一并在讨论之列,且记录详细。此制发展至咸同两朝,已历经一百二十余年,自然拣其重要之事论议并记载。此外,雍正、乾隆两位皇帝精力充沛、日理万机、宵旰忧劳、事必躬亲,两朝军机大臣亦勤谨。两朝战事频繁,军机大臣军事职掌最受皇帝重视,故有关军需事宜之筹议最为详细。

第三节　乾隆朝与咸同朝军机大臣司法职掌之异同

《大清会典》载:军机大臣有“谳大狱,得旨则与”①之职掌,此即军机大臣参与案件审讯之司法职掌。事实上,军机大臣之司法职掌远非此一项,尚有其他种种。本节即以乾隆与咸同三朝实录中所记载之相关案件为例,将三朝军机大臣司法职掌逐项进行比较,以此明确军机大臣司法职掌之内容及其历史嬗变。

一、乾隆朝与咸同朝军机大臣司法职掌相同之处

1. 参与审讯

参与违法案件之审讯是军机大臣最基本的司法职掌,乾隆与咸同三朝实录中,有关此类记载较为丰富。如乾隆十五年(1750)七月九日,军机大臣会同亲王等审讯之案例:“陈大受参奏丁忧粮驿道明福一案,交庄亲王会同军机大臣等审讯。”②乾隆三十五年(1750)六月七日,军机大臣会同刑部审讯之案例:“据明山奏,查审伪造实收押借银两一案。提讯武举刘永祚坚称实收来历,并不知情。现在分咨提督衙门、直隶总督将案内之李先理、董乃文、刘敬承等解赴甘省,并请饬交四川鹔督,将守备张大猷解往,并案质审等语。此案假捏实收、哄借银两、殊干法纪,

① 《大清会典》(光绪朝)卷三,文海出版社 1992 年版。

② 《清高宗实录》卷三百六十八,乾隆十五年七月己酉。

自应彻底根究，按律治罪。但案犯隔属数省往返稽查，徒延时日，除董乃文、刘敬承二犯，现交提督衙门就近访拏外，著传谕明山，即将刘永祚，派委妥员押解来京交军机大臣会同刑部审讯。”①

至咸同两朝，亦有类似案例，如咸丰十年（1860）三月五日，军机大臣会同刑部审理之案例：“巡城御史托克托布等奏，巡捕营千总霍瑞祥自缢，验有冤呈，牵涉刑部司官及营员交通舞弊、婪赃曲法一折。著军机大臣会同刑部严刑审讯。”②同治二年（1863）二月九日，议政王军机大臣会同大学士、刑部审讯之案例：“刑部奏，已革兵部侍郎胜保押解到部，请派大员会同审讯一折。著派议政王军机大臣、大学士会同刑部审讯按律定拟具奏。”③

由以上诸例可见，自乾隆朝至咸丰、同治朝，军机大臣皆有参与案件审讯之司法职掌，此中亦存在些许变化，后文详析。

2. 调查传问

参与审讯案件乃军机大臣最基本的司法职掌，而调查案情、传问查证则为案件审讯之必要手段，此为军机大臣审讯案件衍生出的又一司法职掌。乾隆与咸同三朝于此无显著变化，如：

乾隆三十四年（1769）五月四日，“明善家人刘七等勒索漕规一案。明善已经到京，其随带各家人现交军机大臣等会同刑部查审。所有把总涂国玺、随丁魏杰、书役吴宾焦永安等俱应送京质对定案。著传谕高晋即遴派妥员，将涂国玺、并案内证佐人等隔别管押，迅速解京质讯。”④

咸丰二年（1852）七月五日，“本日袁甲三明白回奏一折，据称讷尔经额于差次向载铨双膝请安一节，系闻之御史端昌云其弟彦昌所目睹。又书元收受文秀银两一节，系闻自前署刑部侍郎曾国藩、前任刑部郎中吴廷栋、现任刑部郎中吴德清等语。著派大学士裕诚会同军机大臣传

① 《清高宗实录》卷八百六十二，乾隆三十五年六月辛巳。

② 《清文宗实录》卷三百九十，咸丰十年三月己巳。

③ 《清穆宗实录》卷五十七，同治二年二月乙酉。

④ 《清高宗实录》卷八百三十三，乾隆三十四年五月乙酉。

到该员等查询具奏。除曾国藩现出试差外,著直隶总督饬令吴廷栋迅即来京,听候查询。"①

同治元年(1862)六月二十一日,"前因贼匪窜入陕境,叠陷商雒渭南孝义镇安等厅县,巡抚瑛棨未能先事筹防,任贼出入。提督孔广顺与贼相左,节节退避。总兵阎丕敏、道员李祝龄等轻弃要隘。叠经潘祖荫、卞宝第朱潮等先后奏参,朱潮折内并有商州知州曹熙贪缘馈送各情,当经谕令瑛棨等查明覆奏。嗣后瑛棨奏称:曹熙本应回任,绝无收受馈送之事,并请究问原奏之人得自何人,分别严究等语,语多负气,殊失大臣之体。因命议政王军机大臣将朱潮传至军机处,面加询问。"②

3. 定拟罪名

案犯罪名定拟为军机大臣一重要司法职掌,此职掌分为两种情形:一为军机大臣审讯案犯后,由军机大臣定拟罪名;一为其他部门审讯案犯后,交由军机大臣复核定拟罪名。如表2-3所示,乾隆与咸同三朝于此无明显变化。

表2-3 乾隆朝与咸同朝军机大臣定拟罪名案例表

朝代／类型	乾隆朝	咸丰、同治两朝
军机大臣审讯、定拟罪名之案例。	刑部郎中熊启谟,控告游击任承绪无故统凶入室锁辱一案。任承绪著革职锁拏,交军机大臣严审定拟具奏。③	刑部奏,已革兵部侍郎胜保,押解到部请派大员会同审讯一折。著派议政王军机大臣大学士会同刑部审讯按律定拟具奏。④

① 《清文宗实录》卷六十五,咸丰二年七月癸丑。

② 《清穆宗实录》卷三十二,同治元年六月壬申。

③ 《清高宗实录》卷八百八十七,乾隆三十六年六月戊戌。

④ 《清穆宗实录》卷五十七,同治二年二月乙酉。

续表

朝代 类型	乾隆朝	咸丰、同治两朝
其他部门审讯、军机大臣复核定拟罪名之案例。	据钟音审奏，营兵李得璋等伤差夺犯，分别定拟一折。已批交行在军机大臣会同该部核拟事奏矣。①	昨据总管内务府大臣奏，审明太监田进幅进内偷窃多赃，定拟罪名请旨一折。当交军机大臣覆核具奏。②

4. 收受、呈览保存供词

军机大臣既有参与审讯、调查讯问、核拟罪名之司法职掌，收受地方官员初审所得之案犯供词，乃至呈览、保存审讯后所得供词之职任，亦为军机大臣司法职掌之重要组成部分。

表2－4 乾隆朝与咸同朝军机大臣收受、呈览保存供词案例表

朝代 类型	乾隆朝	咸丰、同治两朝
地方官员初审所得之案犯供词咨送军机处案例	昨据都察院奏，山西职员王岚控告孟教材等负欠诬告、占妄霸奸各款。……著将王岚原呈，及所开款迹，钞寄穆和蔺、冯光熊阅看，按照所控情节，逐一就近讯取供词，咨送军机处，归案办理。	为呈送事，窃照本部院，……具奏讯明逆情供情一折，相应抄录各该逆节次供词，洪仁玕亲笔供单，咨呈军机大人。

① 《清高宗实录》卷八百九十一，乾隆三十六年八月辛卯。

② 《清文宗实录》卷二百八十四，咸丰九年五月丙午。

续表

朝代 / 类型	乾隆朝	咸丰、同治两朝
呈览保存供词之案例	甘省逆回案内，革职通渭县知县王悽于县城失事时，躲避仓房，不能守城杀贼，效节捐躯。据刑部定拟斩决，请即于该处正法。经朕特降谕旨，令阿桂等将该犯解至行在审讯。今据福康安委员将该犯解到，当交军机大臣，会同刑部讯取供词进呈。①	天津民教滋事一案，迄今多日，尚未办有端倪。本日已明降谕旨，令李鸿章驰赴天津，会同曾国藩、丁日昌、成林办理，令毛昶熙回京矣。曾国藩等奏讯取已革天津府县确实亲供，并由军机大臣将亲供等件呈览。②

由表2－4所示案例可知，军机大臣收受、呈览保存供词之司法职掌历经乾隆与咸同三朝无明显变化。

二、乾隆朝与咸同朝军机大臣司法职掌不同之处

1. 军机大臣审讯案件范围扩大

查乾隆与咸同三朝实录中，有关军机大臣参与审讯案例可知，军机大臣参与审讯之案犯包括宗室成员、军事将领、各级官员、少数民族、战犯、普通民人等等。而《清文宗实录》中，尚有两例以内务府所管辖之太监作为案犯对象，军机大臣或参与对其罪名定拟、或参与对其审讯之工作。

如前引之咸丰九年（1859）五月二十七日，总管内务府大臣审明太监“田进幅进内偷窃多赃”一案，交由军机大臣复核，并定拟太监田进幅罪名③一例。再如：咸丰十年（1860）闰三月十六日，军机大臣会同内务

① 《清高宗实录》卷一千二百一十四，乾隆四十九年九月丁巳。

② 《清穆宗实录》卷二百八十八，同治九年八月己酉。

③ 《清文宗实录》卷二百八十四，咸丰九年五月丙申。

府大臣审讯太监张府私藏军器案①。

遍查《清高宗实录》中，有关军机大臣独立审讯、或参与审讯、或定拟罪名之案例，并无涉及太监犯案之内容。由此可知，较之乾隆朝，至咸同两朝之时，军机大臣参与审讯案件范围正逐渐扩大。军机大臣作为清代皇帝最为信赖的秘书班子、审讯机构，扩大其审讯案件之范围实是历史发展的必然趋势，同时亦是军机处自身发展的必然趋势。

2. 军机大臣会同审理案件逐渐增多，咸同两朝几无军机大臣独立承审之案件

由《大清会典》所载："奉旨交审事件，如特交军机大臣审办者，即由本处传讯，其应刑讯者，或就内务府公所，或就步军统领衙门公所提讯，其皁役刑具，皆于刑部传用，如会同刑部者，或刑部堂官前来会讯，或就刑部会讯，临时酌定"②可知，皇帝交由军机大臣审讯之案件，包括军机大臣独立承旨审讯与会同刑部共同审讯之案件两类。事实上，军机大臣参与审理之案例还包括与大学士、亲王、宗人府、内务府等共同审理之案例。

查《清高宗实录》中军机大臣审讯之案例，其中由军机大臣会同刑部审讯之案件居多，而军机大臣独立承审之案件则相对较少，但仍占一定比例，正如表2－5所示，乾隆朝各时期均不乏此类案例。

表2－5 乾隆朝各时期军机大臣独立承审之案例表

时期	军机大臣独立承审之案例
乾隆朝早期 乾隆十六年(1751) 九月二十八日	泾州生员朱绍恺等，赴都察院首告平凉县人甘普妖言聚众、假号仙会、谋为大逆等情已经交军机大臣审讯。③

① 《清文宗实录》卷三百十三，咸丰十年闰三月庚戌。

② 《钦定大清会典》(嘉庆朝)卷二，文海出版社1990年版。

③ 《清高宗实录》卷三百九十九，乾隆十六年九月辛卯。

续表

时期	军机大臣独立承审之案例
乾隆朝中期 乾三十四年(1769) 四月九日	巡视东漕范宜宾奏称:江南巡漕御史明善家人王二勒索漕规银两,致涂姓把总情急自刎身故,王二已经明善遣令回京。……著步军统领衙门即严拏务获,交军机大臣严刑审讯。①
乾隆朝晚期 乾隆六十年(1795) 九月十七日	都尔嘉前在黑龙江将军任,因拣选官用貂皮贱价收买,希图便宜,复向伊亲随马甲索取皮张,殊属不堪。著即将伊革职,交军机大臣另行审讯定拟外,所遗右翼前锋统领员缺,著景熠补授,景熠所遗员缺,著特成额补授。②

由上述三个案例可见,军机大臣独立承旨审讯之案件并不少见,几乎遍布于乾隆一朝各个时期。而遍查《清文宗实录》、《清穆宗实录》,却几无此类案件,惟有三例交由军机大臣独立复核之案例:

一为咸丰八年(1858)四月十六日,军机大臣复核定拟刑部所审“胡大诱拐舞儿吓偪成奸一案”③;一为前文所列举之军机大臣复核定拟太监“田进幅进内偷窃多赃”一案;一为咸丰九年(1859)十一月三十日,刑部审理之“湖北民人萧汶秀殴伤胞叔萧怔礼身死罪名一案”,当交军机大臣核议具奏④一例。

此外,咸同两朝实录中再无军机大臣独立复核定拟之案例,更无军机大臣独立承旨审讯之案例。究其根本原因可认为:伴随军机处制度的不断完善,咸同两朝军机大臣参与审讯之案件范围正逐渐扩大,专业性也随之不断增强,这就意味着军机大臣独立呈审案件的难度正在加大。故至咸同两朝之时,几无军机大臣独立承审之案件,而会同审理之

---

① 《清高宗实录》卷八百三十二,乾隆三十四年四月辛酉。

② 《清高宗实录》卷一千四百八十七,乾隆六十年九月乙丑。

③ 《清文宗实录》卷二百五十一,咸丰八年四月辛酉。

④ 《清文宗实录》卷三百一十,咸丰九年十一月乙未。

部门、人员亦随之增多。

3. 军机大臣所涉案件中皇帝参与程度不同

如若详查乾隆与咸同三朝实录中有关军机大臣所涉案例,便会凸现出一点,即乾隆朝与咸同两朝,军机大臣所涉案件中,皇帝参与程度有极大的不同。此点集中表现在两个方面:

一为叩阍案例的多寡以及皇帝对此类案件的处理方式不同

叩阍为:"叩击宫门,指官吏、百姓到朝廷诉冤"之意,即为俗语中之告御状。由于清代交通条件、宫廷禁卫森严所限,普通百姓少有去京城叩击宫门、面见皇帝诉冤之机会。此种情况于乾隆朝稍有变化,皆因乾隆帝在位期间多次出巡,仅巡游江南就多达六次。在其出巡途中,百姓便有了叩阍之机会。而正如前文所言,因军机大臣"掌书谕旨,综军国之要以赞上治机务",故"军机大臣皆随往入值,行在所亦如之。"①因此,乾隆帝于出巡途中每遇有百姓叩阍案件,即交由具"谳大狱"职掌之军机大臣办理,其重视程度不言而喻。查《清高宗实录》中,乾隆帝于出巡途次,交由军机大臣审埋之叩阍案件竟有八例之多(如表2-6所示)。

表2-6 乾隆朝军机大臣审理之叩阍案例一览表

时间	叩阍案例	资料来源
乾隆四十五年(1780)正月二十九日。	朕本日在中水途次,有民人张存道在道旁持黄纸呈状叩阍。随令军机大臣会同山东巡抚国泰讯问。	《清高宗实录》卷一千零九十九,乾隆四十五年正月戊申。

① 《大清会典》(嘉庆朝)卷三,文海出版社1990年版。

续表

时间	叩阍案例	资料来源
乾隆五十一年(1786)三月二日。	军机大臣等奏,讯问叩阍之陕西府谷县已革监生刘尔璂。	《清高宗实录》卷一千二百五十,乾隆五十一年三月丙午。
乾隆五十三年(1788)三月六日。	本日有湖北荆门州民人蔡士仁在道傍叩阍。当即令军机大臣讯问。	《清高宗实录》卷一千三,乾隆五十三年三月戊辰。
乾隆五十四年(1789)闰五月七日。	昨在密云途次,有叩阍之四川夔州府太平县民人马攀凤一名,当交军机大臣审讯。	《清高宗实录》卷一千三百三十,乾隆五十四年闰五月壬辰。
乾隆五十五年(1790)七月丁未日。	昨密云途次,有叩阍湖南民人童高门,即交军机大臣会同刑部讯问。	《清高宗实录》卷一千三百五十九,乾隆五十五年七月丁未。
乾隆五十七年(1792)三月十日。	朕本日行抵秋澜,有道旁叩阍贵州民人杨秀锦,随令军机大臣讯取供词进呈。	《清高宗实录》卷一千三百九十八,乾隆五十七年三月己卯。
乾隆五十七年(1792)三月十六日。	本日有道旁告状人,湖南辰州府凤凰厅生员刘大鸿及里民刘胜学等喧喊递呈。当交军机大臣询问所控情节。	《清高宗实录》卷一千三百九十八,乾隆五十七年三月己酉。
乾隆五十七(1792)四月五日。	本日正定道旁,有告状民人童佩玉一犯,当令军机大臣审讯。	《清高宗实录》卷一千四,乾隆五十七年四月癸卯。

反观咸丰、同治两朝，查《清文宗实录》，此类叩阍案件，更准确地说应为叩阍未遂案件仅有两例。一为咸丰帝即位之初，即道光三十年（1850）九月八日，有人奏称："广西巡抚郑祖琛酿乱欺饰，请严核功罪一折"中，"称广西盗匪充斥，该抚专务弥缝，迨经参奏查问，覆奏尚涉含混。至失守二城以后，又复将偾事员弁，奏请革职随营。其八府绅民，航海叩阍。前此岂无见闻，何以不据实陈奏，种种迹近欺罔。"其中，有"其八府绅民，航海叩阍"一句，显然，联系上下文可知，此八府绅民航海叩阍，并未达到叩阍之目的。尽管如此，此事毕竟通过官员奏折传至咸丰帝耳中，咸丰帝下令两广总督徐广缙按照"所参各款，秉公查核，据实奏参。"①而另一叩阍案例则为，咸丰九年（1859）十月四日，御史林之望上奏奏折中称："怀远县民人胡文忠，……全家被难，卖女来京，以地方大冤未伸，欲行叩阍，并呈递书函，经该御史劝阻，旋在会馆自缢。"故御史林之望代奏此折。而据胡文忠书函内称："胜保以酒色行乐，不顾生民涂炭，张泷投诚复叛，……胜保、翁同书剿办皖匪，日久无功，地方糜烂已极。"咸丰帝阅毕该折后，认为"胡文忠所指各情，未必无因。"②故作出指示，令江宁将军和春、两江总督何桂清遴派妥员，前往江北密行访查，发现问题，一并据实具奏。

查《清穆宗实录》中，无叩阍案例。

综上可知，乾隆朝叩阍案例显多于咸、同两朝，乾隆帝亦较其后世皇帝更为重视对此类案件的处理。究其原因，显然前文已经指出一点，即乾隆帝屡屡出巡，给普通百姓提供了难得的叩阍机会。咸丰、同治两朝皇帝以及两宫太后几乎是足不出户，普通百姓即便是想叩阍，亦难得此机会。遂出现了"八府绅民，航海叩阍"、胡文忠"以死迫伊代奏一折"③之叩阍之难，难于上青天的情形。此种形势之下，乾隆朝叩阍案例多于咸同两朝就不足为怪了。

---

① 《清文宗实录》卷十七，道光三十年九月丙申。

② 《清文宗实录》卷二百九十六，咸丰九年十月庚子。

③ 《清文宗实录》卷二百九十六，咸丰九年十月庚子。

此外,乾隆与咸同三朝统治者对叩阍案例的态度亦是其中一因。如前述,乾隆帝几乎把出巡途次所遇之叩阍案件,全部交由军机大臣审理,表明了他对该类案件的重视程度。咸丰帝则迫于内忧外患的困扰,根本无暇顾及此类"锱铢"小事,即便是叩阍案件费尽周折传入其耳,他也是仅将此类案件交由地方官员处理。长此以往,百姓欲叩阍而诉冤无门,由此形成恶性循环,以至于此类案件绝迹。当然,亦应看到同治一朝无叩阍案例,并不完全由此原因。

导致叩阍案例出现频率高低的最根本原因应为清王朝的衰腐程度。联系表2-6可知,乾隆朝军机大臣所审理之叩阍案例皆于乾隆末期集中出现,此时的清王朝虽处于康乾盛世,其政治已渐呈江河日下之势,各类矛盾日益尖锐,百姓无处申冤,遂把希望寄托于皇帝一人身上,试图通过叩阍方式洗脱冤情,乾隆帝的出巡以及对此事的重视也为他们提供了机会。至咸丰朝,内忧外患更加激剧了本已尖锐的阶级矛盾,普通百姓再欲通过叩阍方式,面见帝王洗脱冤情,因咸丰帝的足不出户,更重要的是此时的咸丰早已迫于内忧外患,根本无暇顾及此类小事,诉冤无门,以致叩阍案件绝迹。同治朝无叩阍案例,一方面由于上述原因,另一方面,自辛酉政变后,在内政外交两方面均实行了新政,这在一定程度上缓解了内外各类矛盾,也直接导致叩阍案例几近绝迹。

一为皇帝自身素质对军机大臣所涉案件的影响程度不同。

乾隆帝是中国历史上最著名的皇帝之一。他雄才大略,文治武功,与其祖父康熙帝、父亲雍正帝共同缔造了中国历史上著名的康乾盛世。他是史上中国帝王中寿命最长的皇帝,亦是在位最久的皇帝,号称"十全老人"。基于其自身所具备的素质,决定了他对身边军机大臣所涉案件的参与、影响程度是清代后世皇帝所无法超越的。正如其所言:"朕于庶狱庶政,往往因此而触彼,即始而见终,岂谓诚则生明,盖由更事多而成见不存之故耳。"①在此试举其中典型一例——军机大臣阿桂负责

① 《清高宗实录》卷一千二百五十三,乾隆五十一年四月庚寅。

审理之富勒浑婪索案说明之。

早在富勒浑婪索案尚未交与军机大臣审理之前，乾隆帝就已开始密切关注两广总督富勒浑的操守问题，并令广东巡抚孙士毅暗加查访此事。[1] 当孙士毅查明富勒浑家人殷士俟等确有招摇婪索之重大案情后，乾隆帝随即指出："若谓富勒浑于该犯如此婪索，竟同木偶，若罔闻知，夫谁信之？此即童稚尚不可欺，安能逃朕之洞鉴乎。即此一节，富勒浑之罪，已不可逭。……孙士毅接奉此旨，即派委妥干道府大员将富勒浑解往浙江交与阿桂等，秉公质讯审办。……著阿桂等就近彻底查究，据实定拟具奏，毋得少有徇隐。"[2]由此，将富勒浑一案升级，交由军机大臣审理。

此后，乾隆帝仍然继续跟进该案。据《清高宗实录》记载，在此期间，乾隆帝发布与此案相关之谕旨竟达三十二件之多。在此仅举其中几例，以助我们对此问题的分析。如乾隆五十一年(1786)五月二十七日，传谕军机大臣阿桂等"于富勒浑解到时，逐款详晰质讯，务期水落石出。"并告诫阿桂："富勒浑虽系阿桂族孙，但事关大员婪索重案，阿桂自当秉公研鞫，断不敢稍存回护之见。"因此乾隆又做出了"舒常日内想已抵浙会同审办矣，至曹文埴、伊龄阿上年办理海昇一案，颇能持正，此案亦著伊等会同办理。曹文埴、伊龄阿皆系晓事持正之人，必不至少有阿比，调停其间也"[3]的安排。乾隆五十一年(1786)五月二十二日，乾隆帝又指令军机大臣阿桂途经浙江时，应"提集富勒浑进京时经过之嘉兴、严、衢各地方官到省，剀切开导，令其据实供出……富勒浑家人在粤，招摇滋事，及在浙有无勒索门包之处。"[4]此案经阿桂审理，将各犯分别定拟罪名，并交军机大臣会同三法司覆拟已毕。此时，即乾隆五十一年(1786)闰七月十日，乾隆帝又指出其中办理不妥之处："惟折内将

① 《清高宗实录》卷一千二百五十一，乾隆五十一年三月癸亥。

② 《清高宗实录》卷一千二百五十四，乾隆五十一年五月丙辰。

③ 《清高宗实录》卷一千二百五十五，乾隆五十一年五月己巳。

④ 《清高宗实录》卷一千二百五十五，乾隆五十一年五月甲子。

家人李世荣问拟绞候,殊未平弁。殷士俊、李世荣,俱借主人名目,招摇滋事,厥罪惟均。而李世荣则系富勒浑家人,尤非殷士俊长随可比,且沿途婪索,昨又据常青查出,由浙赴闽,及由闽赴粤时各州县,得受银两数目,不为不多,其罪无可少减。所有李世荣一犯,将来定议时,著与殷士俊一例定拟绞决。①

综上可见,从富勒浑一案浮出水面到交由军机大臣审理,乃至最后定拟案犯罪名等一系列过程之中,乾隆帝均能做到知人善任、明察秋毫、宽严并济、刚柔兼施,最后不仅成功破案,在吏治肃清上也较好地起到了惩一儆百的作用。与其相比,咸丰帝则无论从智力、体力、阅历等各方面均无法与其曾祖父相提并论。查《清文宗实录》中,有关军机大臣所涉案例中,咸丰帝对案件的参与程度远远低于乾隆帝。同治一朝,因皇帝年幼、两宫太后尚缺乏政治经验,故这种参与程度更无法与乾隆帝相比较。

综上所述,乾隆与咸同三朝,军机大臣所涉案件中皇帝参与程度不同亦为军机大臣司法职掌一重要变化。

第四节　乾隆朝与咸同朝军机大臣外交职掌之异同

鸦片战争后签订的中英《南京条约》改变了清代于乾隆二十二年(1757)制定的闭关政策,此后特别是咸丰十年(1861)设立总理各国事务衙门,军机大臣的外交职掌与乾隆朝相较随之发生了极为深刻的变化。本节即以乾隆与咸同三朝军机大臣外交职掌为研究对象,比较其异同。

---

① 《清高宗实录》卷一千二百六十,乾隆五十一年闰七月辛巳。

一、乾隆朝与咸同朝军机大臣外交职掌相同之处

1. 掌拟外交文书

如本章第一节所述，掌书谕旨为军机大臣最重要之职掌，而谕旨之中自会涉及对外事务，且皇帝又常令军机大臣代理藩院、地方督抚缮拟咨覆、外交檄文等，以上两点即为军机大臣掌拟外交文书之职掌。而如下文所述，乾隆与咸同三朝于此处并无显著变化。如乾隆三十七年（1772）八月十四日，乾隆帝命军机大臣代理藩院缮拟咨覆："昨俄罗斯萨纳特衙门，为收留土尔扈特渥巴锡等，有移咨理藩院来文。朕命军机大臣咨覆。"①乾隆三十六年（1771）七月，乾隆帝命军机大臣代地方督抚缮拟檄文："据李侍尧奏，接准安南国王来咨，请移滇省黄公缵等一事。其措词较前恭顺。自可无庸过为责备。而黄公缵等业径分别安插极北地方，距滇甚远。莫若谕彼知悉。……"②

中英《南京条约》签订后，乾隆朝所制定、实行之闭关政策发生了重大变化，但军机大臣缮拟外交文书之职掌却并未随之改变，下文两例即说明了这一点。咸丰四年（1854）九月十九日，咸丰帝命军机大臣代地方督抚缮拟檄谕："前因廓尔喀国王呈递表文，请派兵随同剿贼。当即谕令谆龄檄知该国王无须派兵助剿。该大臣接奉后，自应将谕旨大意择要宣示，乃本日奏到檄谕拟底，于寄信谕旨不知慎密，全行钞录，实属糊涂，不谙体制，且所拟檄语，是否已传知该国王，折内亦未声明，更属含混。已谕军机大臣代拟檄谕一道，该大臣接奉后，即钞录晓谕该国王。……"③咸丰十年（1860）三月八日，咸丰帝命军机大臣咨覆英法两国："昨据何桂清奏，夷酋意在胁制夷商，并接收英佛各酋照会公文呈览

① 《清高宗实录》卷九百一十三，乾隆三十七年八月丙子。

② 《清高宗实录》卷八百八十八，乾隆三十六年七月癸卯。

③ 《清文宗实录》卷一百四十五，咸丰四年九月乙酉。

一折。业经谕令军机处，按照来文情节，分别咨覆该大臣转覆该酋矣。”①

咸丰十年(1861)十二月初十日，咸丰帝发布上谕正式批准恭亲王奕䜣等于京师设立总理各国事务衙门，但是军机大臣缮拟外交文书之职并未伴随这一崭新外交机构的建立而发生显著变化。如恭亲王奕䜣于咸丰十年(1861)十二月二十四日上奏之《总理衙门未尽事宜拟章程十条呈览折》中指出：“机密紧要事件，或由臣等密奏，或由兼领之军机大臣面奏，不必另行具折，以昭慎密。俟军机大臣承书谕旨后，其机密要件，仍交军机处收存。”②再如光绪十年(1884)三月十三日恭亲王奕䜣被开去一切差使后，十六日暂行佩带总理各国事务衙门印钥之宗室麟书领衔奏称：“查各国交涉事件，向由外省督抚奏报，汇总于军机处。咸丰十年……设立总理各国事务衙门，以王大臣领之，军机大臣一并兼管，……自设立衙门后，恭亲王原系特派换约之大臣，英、美、法三国专与恭亲王照会论事，文祥以军机大臣兼管，所有大小事务皆亲自裁决。其每日应办事宜，仍令总办章京等亲赍军机处呈回，以定行止。厥后……臣衙门行走堂官时有添派，而办事规模均照设立之时相沿未改。每日军机大臣散值后，必有两三人到署商同办理。各国使臣于紧要之事，每声明专与恭亲王军机大臣面晤辩论。此二十余年来，臣衙门办理公事之大概情形也。至交收伊犁一案，创用电奏、电旨办法。凡电报到臣衙门，即译送军机处进呈，请旨后再由臣衙门电覆……”③

读恭亲王奕䜣与宗室麟书原奏可知，总理各国事务衙门设立之后，外交文书仍由军机大臣掌拟。

---

① 《清文宗实录》卷三百零九，咸丰十年三月壬申。

② (清)贾桢等编：《筹办夷务始末》(咸丰朝)，中华书局1979年版，第2718页。

③ 台北故宫现存军机档，院字第二七七二箱，转引自傅宗懋《清代军机处组织及职掌之研究》，嘉新水泥公司文化基金会丛书1967年版，第389—390页。

2. 参议对外交涉事宜

军机大臣掌议大政,"综军国之要以赞上治机务",故得以参议对外交涉事宜。乾隆与咸同三朝与此处虽有变化,但从总体来看则并无根本性变化。

如乾隆二十四年(1760)十二月十二日颁布的谕旨中即显示,经军机大臣讨论通过两广总督李侍尧所奏:"一、禁止夷商在省住冬;……一、严禁外夷雇人传递信息积弊;……一、夷船泊处,请酌拨营员,弹压稽查。"等诸防范外夷规条。① 又如咸丰八年(1858)五月十三日颁布的朱谕中,咸丰帝则命军机大臣与巡防王大臣等前来,从长和衷商议对英法两国军队战、抚事宜。②

咸丰十年(1861)虽设立总理各国事务衙门,涉外事宜多直接交由总理各国事务衙门大臣讨论、处理,但该衙门不过是处理具体涉外事务之行政机构,而军机大臣所处之军机处则为中枢决策机构,因此总理各国事务衙门大臣讨论之涉外事宜所形成的处理结果仍交由军机大臣覆议,形成中枢决策。此外,总理各国事务衙门自同治元年(1862)至光绪十年(1884)期间,军机大臣中亦有多人兼任总理各国事务衙门大臣(参见本书第四章表4-6),甚至军机大臣全员兼任总署大臣(如光绪二年至七年(1876—1881)之间,恭亲王奕䜣、文祥、宝鋆、沈桂芬、李鸿藻、景廉、王文韶、左宗棠等军机大臣全部入值总理各国事务衙门③)。故此类军机大臣可谓参与涉外事宜筹议、决策、具体执行、实施之全程(本书第四章对此问题将予以详析)。前文所引之宗室麟书等所奏之折也正说明了此点。综上可见在总理各国事务衙门设立之后,军机大臣参议对外交涉事宜之职掌无根本性变化。

---

① 《清高宗实录》卷六百零二,乾隆二十四年十二月戊子。

② 《清文宗实录》卷二百五十四,咸丰八年五月丁亥。

③ (清)赵尔巽等撰:《清史稿校注》卷一百八十四,国史馆校注,台湾商务印书馆1999年版。

二、乾隆朝与咸同朝军机大臣外交职掌不同之处

第一次鸦片战争后，中外不对等外交渐为国与国间之对等外交所取代，中外交涉日益纷繁，加之第二次鸦片战争后总理各国事务衙门之设立，军机大臣的外交职掌亦伴随上述变化而有所改变，其变化主要体现在以下两个方面：

1. 中外照会往来

军机处为清代中枢决策机构，并非具体办事机构，故其虽掌议对外交涉事宜、掌拟外交文书，但自乾隆二年（1738）军机处复设开始，诸如中外之间照会往来之具体涉外事宜则并不由其负责，皆由地方督抚与各国之间直接交递。例如乾隆十五年（1750）五月五日颁发之谕旨中有："两广总督陈大受奏，广东钦州龙门一带，界连安南国之白龙尾海面，内地商贩往来，遇有失事，或不肖员弁，规避处分，指称夷洋诿卸。查接管卷内，有被劫之案三件，俱经前督硕色讯系夷匪，照会安南国王，令其严饬获解。"①又如乾隆四十六年（1872）十一月六日颁发之谕旨中有："刘秉恬奏，接据安南国王来咨，酌拟照会文稿檄饬一折。所办是，已于折内批示。安南臣事本朝，素称恭顺。……刘秉恬所奏现在飞饬文武各属巡防侦探，遇有并无牌照窜回游民，即行截拏解省严审，所办甚属妥协。至其所拟该国照会文稿，措词亦尚属得体，其中稍有字句应行删节者，已令军机大臣酌改发回。该署督即遵照缮写发往。"②

乾隆一朝中外间照会往来皆由地方督抚直接交递，由以上两例便可知晓。其中例2表明军机大臣仅助地方督抚酌改照会文稿，照会发回督抚，由其直接交递属国。道光二十年（1840），伴随着非属国关系英

① 《清高宗实录》卷三百六十五，乾隆十五年五月辛未。

② 《清高宗实录》卷一千一百四十五，乾隆四十六年十一月丁卯。

国的入侵，此种照会形式稍有变化，中外之间照会主要由两江总督兼五口通商大臣直接交递。而在第二次鸦片战争中此种情况又略有变化，俄国率先打破常规，于咸丰八年(1858)签订的《天津条约》中获得外交照会可直达军机处之特权，“嗣后两国不必由萨纳特衙门及理藩院行文，由俄国总理各国事务大臣或径行大清之军机大臣，或特派之大学士，往来照会，俱按平等。设有紧要公文遣使送京，交礼部转达军机处。”①而对于英法等国，则仍照原例办理。下文两例即说明了此种情况。

例1：俄使伊格给军机处照会　求勿禁与美人相见及通信

为照会事：

前次天津所立和约，第二条内称：遇有文案，本国使臣与中国特派大学士或军机大臣，俱按平等互相行文，不必行理藩院等语。乃于六月二十八日，仍由理藩院行文至本大臣，此事不合和约之道。乞贵处告知理藩院，嗣后不可仍由该院行文至本大臣，以符和约。……

军机处给俄使伊格照会(答上照会)

办理军机大臣为咨行事：

今据礼部送来咨文一件，知系贵大臣以嗣后不可由理藩院行文，并欲与美国人相见通信往来之事。查六月二十五日，据顺天府咨呈：办理老君堂美利坚使馆委员禀称，有贵国之人平姓一名，到彼看视，并言即欲搬进。此等系属寻常馆务，是以仍由理藩院行文贵大臣咨查，其有关紧要之件，自应按照和约，由本处径行礼部转行知照，或由钦派大臣行文办理。……②

例2：咸丰十年(1860)闰三月十八日上谕中有：

① 中国史学会编：《第二次鸦片战争》第二册，上海人民出版社1978年版，第551页。

② (清)贾桢等编：《筹办夷务始末》(咸丰朝)，中华书局1979年版，第1551—1552页。

何桂清奏,英佛二国公使投递照会,据情代奏一折。……至佛使照会内,有以军机大臣不自行覆给照会,为简慢之处。不知道光三十年英国投文与军机大臣穆彰阿等,其时即由两江总督陆建瀛代为答覆。因军机原不管通商之事,此时照旧例办理,并非简慢。①

咸丰十年(1861)总理各国事务衙门设立后,中外之间照会往来则由该衙门专责办理。例如:咸丰十一年(1861)五月三十日,奕䜣作为总理各国事务衙门管理大臣,就内地货物出口又入口纳税办法照会英使普鲁斯法使布尔布隆。②

2. 会同拟议外国使臣觐见礼仪之对象发生变化

乾隆时期,外国使臣觐见皇帝之礼仪,亦须军机大臣参与拟议。《清高宗实录》、台湾故宫现存军机档中对此有一定记载。如《清高宗实录》乾隆五十八年(1793)八月七日的谕旨中就有这样一段记录:

昨因英吉利国使臣,不谙礼节。是以拟于万寿节后,即令回京。所有应赏物件,谕令留京王大臣,于传见后,在午门外颁赏。今该使臣等,经军机大臣传谕训戒,颇知悔惧。本日正副使前来,先行谒见军机大臣,礼节极为恭顺。伊等航海远来,因初到天朝,未谙体制,不得不稍加裁抑,今既诚心效顺,一遵天朝法度,自应仍加恩视,以遂其远道瞻觐之诚。该使臣祝庆先行回京时,王大臣等毋庸传见,仍令在馆舍住宿。所有京中各处,前拟令其瞻仰处所,及筵宴赏赉事宜,俱俟回銮后,再行降旨遵行。将此再行传知留京王大臣,并谕金简伊龄阿

① 《清文宗实录》卷三百一十三,咸丰十年闰三月壬子。
② (清)贾桢等编:《筹办夷务始末》(咸丰朝),中华书局1979年版,第2926页。

知之。①

此段记录表明英国使臣马嘎尔尼等,因觐见中国皇帝不谙礼节,使乾隆帝龙颜大怒,令军机大臣传谕训戒。英国使臣颇识时务,于八月七日"先行谒见军机大臣,礼节极为恭顺。"由此,才使乾隆皇帝龙颜稍展。此节中英国使臣先行谒见军机大臣,实是就觐见礼仪问题,询以军机大臣。

此后,军机处奏准英使进表仪节,其中规定,是日:"恭请皇上御龙袍褂,升澹泊敬诚殿宝座,……臣等带领英吉利国正、副使臣,在阶下向上跪捧表章。臣福长安随接表章由中路行走,至殿内地平下跪献。臣丰绅殷德接捧由西踏跺带至地平前中间槛内,向上行三跪九叩首礼,毕。及令其入于西边二排之末,各行一叩首礼。"②

据王开玺先生考证,八月十三日这天,即乾隆帝83岁寿庆之日,英国使臣马嘎尔尼等确按此仪节单规定,并缅甸国使臣等行庆贺礼。③

由以上诸例可证,军机大臣至少参与拟议并奏请英国使臣觐见礼仪。台湾故宫现存军机档所存下列档件可资以为证。嘉庆二十一年(1816)闰六月十六日,山东道监察御史朱桂桢奏:"窃照英吉利国遣使入供,前奉谕旨令军机大臣会同礼部内务府酌议进表一切礼仪……现在礼部在该衙门预备筵宴派司员办理亦极周密,惟臣风闻向来礼部筵宴暹罗、高魔使臣,往往筵宴未毕,即有各司跟随家人及承办厮役人等竞前搬抢果品食物,经礼部屡次饬禁终未尽止……此次英吉利国人贡……若该部厮役人等仍前效尤殊不足以昭体制……"④该例表明军机

---

① 《清高宗实录》卷一千四百三十四,乾隆五十八年八月丁卯。

② 《中英通史二白周年学术讨论会文集》,第213页。转引自王开玺:《马嘎尔尼跪谒乾隆帝考析》,《历史档案》1999年第2期。

③ 《清高宗实录》卷一千四百三十四,乾隆五十八年八月癸酉。王开玺先生有关该问题的考证参见王开玺:《马嘎尔尼跪谒乾隆帝考析》,《历史档案》1999年第2期。

④ 台北故宫现存军机档院字第二七五一箱。转引自傅宗懋:《清代军机处组织及职掌之研究》,嘉新水泥公司文化基金会丛书1967年版,第436页。

大臣会同礼部等议奏觐见礼仪。

至咸丰十年(1861)总理各国事务衙门设立后,该制逐渐发生变化。据《大清会典》所载:各国使臣觐见大清皇帝之仪,归总理各国事务衙门办理之事为:"各国使臣入觐,先奏请觐所及日期";"皇帝入殿阁,则引导使臣入";"使臣呈递国书,代陈御案";"代奏使臣随带翻译所译话语";"皇帝询问其国主起居,谕慰该使,皆由王大臣宣告";"觐见毕,王大臣引导使臣退出"。①

《大清会典》上述规定表明,总理各国事务衙门设立后,逐渐掌议外国使臣觐见礼仪,当然议定之礼仪仍需交由皇帝以及军机大臣做出最后决策,而且部分兼任军机大臣之总理各国事务衙门大臣参与定拟外国使臣觐见礼仪等。总之,总理各国事务衙门在其中起到礼部、理藩院一部分作用,即军机大臣会同拟议外国使臣觐见礼仪之对象发生了变化。

综上可见,因军机大臣所处之军机处为清代中枢决策机构,故第一次鸦片战争后,特别是总理各国事务衙门设立后,对军机大臣之外交职掌虽存在一定影响,但始终并未影响军机大臣掌拟外交文书、参与讨论、决策涉外事务之最根本的外交职掌,军机大臣之外交职掌并未发生实质性变化。

咸同两朝军机大臣职掌之历史嬗变,要如以上各节所述。此外,清代军机大臣之职掌,除以上所述之外,尚有"议大政……凡试题钦命者,豫期,以其上届之题缮单以进御;皇帝举巨典,纪成宪,有旨考证,则书其事之本末进焉……"②等等。因其于咸、同两朝变化不甚明显,以无关宏旨,故不例述。唯就其中之议大政职掌,犹有应予说者。

笔者认为军机大臣议大政之职掌,应包括以下三种情形:一为军机大臣就某大政自行拟议;一为军机大臣奉旨与大政所涉之部院堂官共

① 《大清会典》(光绪朝)卷九十九,文海出版社 1992 年版。

② 《钦定大清会典》(嘉庆朝)卷三,文海出版社 1990 年版。

同拟议；再则形成最后决策之时，亦有与最高统治者即皇帝，就诸大政进行讨论形成决策之情形，当然此决策权握于皇帝手中。与乾隆朝相较，咸、同两朝于以上三种情形均有一定变化。

军机大臣就某大政自行拟议之处，变化在于亲王军机大臣位列首席。乾隆朝之首席军机大臣无论身份、地位皆无法与其同日而语，此必影响军机大臣就某大政自行拟议之结果。此外，咸丰十年（1861）总理各国事务衙门设立后，同治朝约有半数之军机大臣先后兼任总理各国事务衙门大臣（详见本文第四章表4－6），这些军机大臣可谓全程参与当世最为首要之涉外事务的筹议、讨论乃至决策；军机大臣奉旨与大政所涉之部院堂官共同拟议之处，变化在于权臣于此中发挥之作用不同。当然此变化亦包含已述之亲王军机大臣在此中作用之变化，此外则为诸如咸丰末期肃顺等权臣于其中作用之变化。现以军机大臣会同其他部院堂官审理案件为例，查《清文宗实录》，咸丰六年（1856）十二月二十四日，咸丰帝委"派御前大臣、军机大臣、肃顺会同查讯"昭乌达盟兵丁赏银未经放给一案。① 此案中首次出现除亲王外，未列官（职位）衔之大臣即肃顺会同军机大臣办理。此外发生于咸丰朝的清末两大著名案件，"戊午科场案"与"户部宝钞案"审理过程中，载垣、端华、肃顺等权臣于其中发挥了军机大臣所不能比拟之作用，特别是"戊午科场案"全程几无军机大臣参与；军机大臣与最高统治者即皇帝，就诸大政进行讨论形成决策之情形于同治朝变化最为明显。辛酉政变后，清王朝建立太后垂帘与亲王军机大臣辅政体制，该政治体制是自雍正八年（1731）清廷设立军机处后未曾有之体制，其对议政之结果产生重大影响（有关该体制具体细节问题详见于本书第四章第一节）。

① 《清文宗实录》卷二百一十六，咸丰六年十二月丁未日。

第三章　军机大臣与咸丰朝之内忧外患

咸丰一朝虽仅存续短短十一年，但却是清代历史乃至中国历史转型过程中承上启下之关键时期。此皆因该朝已具有制度革新的诸多特征，王先谦于《东华续录》中称："上膺大任之艰，当通变之时，以创为守，其势犹难。"凡兵、漕、钱、盐、河、铜等"新章之更革，无不与时为推移"①。政治、经济、民族关系、中外关系等一系列体制都发生着深刻的变化。而太平天国农民大起义、第二次鸦片战争的相继爆发，使内忧外患的紧迫形势成为咸丰一朝变局的最大特点。李鸿章称之为"三千余年一大变局"②。那么，在此前所未有之变局中，作为清王朝"威命所寄"的"执政之府"③军机处，其制度发生了怎样的变化？"总揽军国大计"、"襄赞机务"之军机大臣又在此变局中发挥了怎样的作用呢？

---

① (清)王先谦:《东华续录》(咸丰朝)。

② 《李文忠公奏稿》卷十九。

③ (清)赵尔巽等撰:《清史稿校注》卷一百八十三，国史馆校注，台湾商务印书馆1999年版。

第一节 咸丰朝军机处制度之变革

一、打破"亲王不假事权"之制

前文已述,清代自雍正以后就形成了不准亲王、皇子入值军机处的定制,即"亲王不假事权"之制。此为不准宗室干预政事之意,目的在于防止宗室势力强大而由此削弱皇室。清代自雍正朝军机处设立至同治朝恭亲王奕䜣入主军机处之间,共出现了三个亲王入主军机处的特例:

一为雍正朝的怡亲王允祥。据《清史稿》军机大臣年表载:怡亲王允祥于雍正七年入值军机处,八年五月薨。[①] 而据赵志强先生考证,怡亲王允祥并未入值军机处。[②] 本文亦采用此观点。

一为嘉庆朝的成亲王永瑆。嘉庆四年(1799)正月,成亲王永瑆入值军机处,但时隔仅八个月,嘉庆帝便以"本朝自设立军机处以来,向无诸王在军机处行走。……是以暂令成亲王永瑆,入直办事,但究与国家定制未符"[③]为由,令其退出军机处。

一为咸丰朝的恭亲王奕䜣。咸丰三年(1853)十月,正值太平天国农民战争风起云涌,大清王朝处于生死存亡之际,咸丰帝迫于时局压力,不得不违背祖制,命恭亲王奕䜣在军机大臣上行走。但是,咸丰五年(1855)七月,咸丰帝即以其办理皇太后丧仪"疏略"为由,将奕䜣逐

---

① (清)赵尔巽等撰:《清史稿校注》卷一百八十三,国史馆校注,台湾商务印书馆1999年版。

② 赵先生指出此原因有二:一为军机处设立于雍正八年(1731)十二月,而怡亲王于八年(1730)五月就已病逝。二为嘉庆四年(1799)十月丁未谕旨:"本朝自设立军机处以来,向无诸王在军机处行走。正月初闲,因军机处事务较繁,是以暂令成亲王永瑆,入直办事,但究与国家定制未符。"见《清仁宗实录》卷五十三,嘉庆四年十月丁未。参见赵志强:《清代中央决策机制研究》,科学出版社2007年版,第328—329页。

③ 《清仁宗实录》卷五十三,嘉庆四年十月丁未。

出军机处。

在这三个特例中，恭亲王奕䜣入值军机处时间最长，且与成亲王永瑆罢黜军机处原因不同，即并非有违亲王入值军机处此一祖制而被罢黜。这一关键性问题说明亲王入值军机处此时已被朝廷内外所认可，"亲王不假事权"之制已被打破。辛酉政变后，两宫太后即援引该例，令议政王奕䜣入主军机处，从而确立了太后垂帘与亲王军机大臣辅政体制，此后亲王入主军机处遂成定制，影响晚清历史长达四十余年之久（详见本书第四章第一节）。

二、确立军机大臣、章京兼任总理各国事务衙门大臣、章京之制

1. 军机大臣兼领总理各国事务衙门大臣（以下简称总署大臣）

咸丰十年（1861）十一月初三日，留京与英法联军议和的奕䜣、桂良、文祥疏上《统计全局酌拟章程六条呈览请议遵行折》（以下简称《统计全局折》，该折后附章程一中有："请设立总理各国事务衙门，以王大臣领之，军机大臣承书谕旨，非兼领其事恐有歧误，请一并兼管。"①奕䜣等请派军机大臣兼任总署大臣的原因有二：一因前折所言之"军机大臣承书谕旨，非兼领其事恐有歧误，请一并兼管。"②二则因中俄《天津条约》规定：嗣后俄国致中国的照会等文件，径行军机大臣或特派大学士。俄国如此，其他各国效仿俄国则是迟早之事。"若将来照会等件径行军机处，诸多窒碍。"因此，不如令军机大臣兼领总署，专管此事。实际上，各国在与奕䜣等交涉之时，得知办理抚局事务的文祥系军机大臣，都很重视。此后，"设各国使臣有照会军机处文件，亦可由臣文祥于总理处接收，并与会晤，不至再行饶舌。"③

---

① （清）贾桢等编：《筹办夷务始末》（咸丰朝），中华书局1979年版，第2676页。

② （清）贾桢等编：《筹办夷务始末》（咸丰朝），中华书局1979年版，第2676页。

③ （清）贾桢等编：《筹办夷务始末》（咸丰朝），中华书局1979年版，第2708页。

咸丰帝对此并无异议。[①] 此后，军机大臣兼领总署大臣遂成定例。据统计，历届总署大臣六十人中，同时兼任军机大臣者有十九人，[②]其中五人为本文研究所涉之咸同朝军机大臣。对此，傅宗懋先生亦指出："军机大臣半数以上兼任总理衙门大臣，自总理衙门成立后，即形成了一种常规，否则即为例外情事。"[③]这些兼领总署事务的军机大臣，位高权重，同时主持两个机构的工作，不仅便于军机处与总署在外交事务上能够协调一致，而且也使军机处的权力在原来基础上有所增强（本文第四章第三节将对此予以详析）。

2. 于军机章京中每班挑取八员在总理各国事务衙门额外行走，专门查取调阅机密文件

前引奕䜣等奏折中又有涉及军机章京一项："其（总理各国事务衙门）应设司员，拟于内阁部院军机处各司员章京内，满汉各挑取八员，轮班入值，一切均仿照军机处办理，以专责成。"[④]十二月初十日，咸丰帝颁布上谕批复了奕䜣等所奏章程，其中对于总理各国事务衙门章京（以下简称总署章京）做出了如下规定："应设司员，即于内阁、部院、军机处各司员章京内，满汉各挑取八员，即作为定额，无庸再兼军机处行走，轮班办事。"[⑤]即强调军机章京不得兼任总署章京。

奕䜣、文祥等收到该谕旨后，再上《各省新闻纸应分别咨送章京司员请仍兼本衙门办事折》，力陈军机章京兼任总署章京之重要性："虽有新设衙门，其机密要件，臣等原拟于禁城内，祈赏给公所一区，以为收存各要件之地，但恐各国驻京人闻知，知总理衙门在禁城内别有公所，必

① 参见本章第三节所引咸丰十年十二月初十日上谕。

② 吴福环：《清季总理衙门研究》，新疆大学出版社 1995 年版，第 64—67 页。

③ 傅宗懋：《清代总理衙门与军机处之关系》，载《中国近代现代史论集》第七编，台湾商务印书馆 1986 年版，第 208 页。

④ （清）贾桢等编：《筹办夷务始末》（咸丰朝），中华书局 1979 年版，第 2674 页。

⑤ （清）贾桢等编：《筹办夷务始末》（咸丰朝），中华书局 1979 年版，第 2692 页。

将生心来往。是以拟将寻常事件留存公署，其有关紧者即存军机处，以昭严密。若无军机章京兼行，遇有检查事件，恐费周章，致无头绪。”①但咸丰帝阅毕该折后，仍坚持原议，指出：“现在总理衙门，既有军机大臣兼领，似亦可饬章京往返查核要件。阁部司员既请无庸本衙门止差，隶礼兵两部，接发文件，似亦可令该部兼行司员专司其事，该部堂官亦当与闻。若如所请，军机处兼行章京，两处行走，应归何处查核勤惰，并保举参劾如何办理？以上数层，著再行覆奏。”②接到该谕旨后，奕䜣、文祥等于十二月二十四日，再上《覆奏章京司员兼行走折》，申明军机章京必须兼任总署章京之缘由：“惟总理衙门，夷人随时往来接晤，机密紧要之件，断不可留存在署，必须收集军机处，以昭严密。其外省情形，前拟章程内，有照各部奏咨之议。而事宜慎密者，向例奏而不咨，此次亦应援照办理，未可悉行咨报。若军机处章京不在枢垣行走，该章京既不能进直房，亦无从稽查经理。如总理衙门无军机章京，虽有兼领之军机大臣，遇有饬查要件，恐该章京事无责成，亦不免有推诿之弊。且如总理衙门之员，未便令赴衙门回事，此臣等所以有兼司行走之请也。如恐章京时赴衙门，与部院司员狎习，或致漏泄军机处之事，即请将定额十六员，悉于内阁部院司员内挑取，另于军机章京挑取满汉各四员，作为总理衙门额外行走，专管交涉及检查机密文移，即在军机处兼管其事，不必常川到衙门，亦可无误。如不令军机章京兼总理衙门差使，虽不免有窒碍之处，臣等亦当设法另行办理。”③奕䜣、文祥于奏折内对此解释极为清楚，并且做出一定让步，在此情形之下，咸丰帝允准了奕䜣的奏请，于十一年(1861)正月初六日颁布的谕旨中正式批准，于军机章京中每班挑取八员在总理各国事务衙门额外行走，专门查取调阅机密文件。④ 双方之所以在军机章京兼任总署章京问题上几经交涉，主要原因

---

① (清)贾桢等编：《筹办夷务始末》(咸丰朝)，中华书局1979年版，第2709页。

② (清)贾桢等编：《筹办夷务始末》(咸丰朝)，中华书局1979年版，第2710页。

③ (清)贾桢等编：《筹办夷务始末》(咸丰朝)，中华书局1979年版，第2719页。

④ (清)梁章钜、朱智：《枢垣记略》卷十三，中华书局1984年版，第135页。

即在于军机章京职司机密，皆因其日常职掌为“缮写谕旨，记录档案，查核奏议”①，故军机处重要档案文件多经其手，军机章京如兼任总署章京可使总署与军机处保持信息通畅，对总署来说极为有利。但军机大臣与军机章京均兼任总署之职，显然是处于中央集权地位的君主所最不愿见到的。然而，迫于时局压力，咸丰帝不得不同意奕䜣、文祥所请。自此，军机章京兼任总署章京遂成定例。

三、军机处其他规制之完善

1. 拟定军机处章程

咸丰帝即位之初便命首席军机大臣祁寯藻与诸军机大臣会议拟定军机处章程事宜，道光三十年(1850)十一月十日，祁寯藻奏上军机处章程九条，其内容如下：

> 一、军机处应立用印簿。于用印之日，满汉章京内，轮派一员监印，登簿画押，用过印封印花数目，于下一次请印时核对；一、兵部送来印花数目，应与用过数目，详细核对；一、字寄中遇有机密查办事件，于承旨后，派章京一二员，在堂上缮写密封呈递，发下后，仍由堂上用印，封交兵部领去，将底稿押封封记，俟查办事竣，再行拆封登档，如有漏泄。查明缮写之章京严参；一、逐日改定草稿。应责成每日该班章京，与领班章京，公同检齐焚销；一、每日明发谕旨同奏折，交内阁发钞，寄信印封夹板，交兵部驿递，速议事件，交各该衙门领去，应严饬各衙门，仍遵照旧有堂谕，承领事件人员，未到传领时，不得进军机直房，违者参处，并严禁各衙门人员，不许在军机堂，并章京直房阶外附近处所，站立窃听；一、方略馆值宿章京，佩戴请

① 《大清会典》(光绪朝)卷三，文海出版社1992年版。

印金牌,接收各处文书,关系较重,应责令稽查馆上库上一切事务,不得旷班贻误;一、军机堂章京直房苏拉人等,由堂司随时稽查,其方略馆供事苏拉厨役,应责令满汉提调收掌各员,认真稽查,毋许任意出入,滋生事端,仍密访,如有串通在外闲人,将补授官员等事,争先送信报喜者,即行革役究办;一、隆宗门内军机章京直房后身,另有小门空院,恐供事等于此传递透漏消息,应请将此门封闭,以昭慎重。一、军机册档二分,一存方略馆,一存圆明园,该章京等在内该班,不及兼顾园中直房,应片行圆明园八旗值宿官兵,小心守护,如有应行取用档案,单交片提取,派员领回。①

该章程几乎全部针对于军机处另一重要职官军机章京的日常工作,其宗旨即为防止章京工作过程中泄漏机密。章程一、二即为军机章京于请印时须注意之事项。章程中所涉及之印信即为雍正十年(1732)三月初三日颁布的军机处钤封印信,其后于乾隆初年换铸,上篆由满、汉文书写之"办理军机事务印记",两旁镌刻有年月字号。该印据《枢垣记略》规制一载:"藏大内,印钥以领班之军机大臣佩之。有应用之官文书,值日章京亲到内奏事房向内监请印,向军机大臣请印钥启用,用毕即行送进。凡请印钥必以金牌为质。金牌以金为之,广约五分,厚约一分,修约两寸,上镌"军机处"三字,值日章京佩之,封印后领班章京佩之。若随扈出京,则于出京之前一日将印请出,交领班之军机大臣管带,回銮之日即行送进。"②该章程则对军机章京用印、监印、印花核对等事项做出了具体规定。

章程三、四、五为军机章京于草拟谕旨时需注意之事项。据嘉庆朝《大清会典》记载:"军机章京,掌分办清、汉字之事。缮写谕旨、记载档

① 《清文宗实录》卷二十一,道光三十年十一月戊戌。

② (清)梁章钜等:《枢垣记略》卷十三,中华书局 1984 年版,第 129 页。

案、查核奏议"①,据此可知,草拟谕旨为军机章京最重要的职责。事实上,军机处初设之时,谕旨皆由军机大臣负责撰拟,而自乾隆四十五年(1780)始②,除特别重要的谕旨仍由军机大臣亲自草拟外,其他谕旨几乎全赖由军机章京负责草拟。祁寯藻等所制定之章程三、四、五则对章京缮拟寄信谕旨、明发谕旨做出了具体规定。寄信谕旨须章京"在堂上缮写密封呈递"、堂上用印。章京撰拟之草稿应"逐日改定",废弃之草稿由领班章京与值班章京"检齐销毁",以防漏泄。章程五还特别强调了各办事衙门,应"仍遵照旧有堂谕③,承领事件人员,未到传领时,不得进军机值房,违者参处,并严禁各衙门人员,不许在军机堂,并章京直房阶外附近处所,站立窃听",以此防止机密漏泄。

其余六、七、八、九条章程则针对佩带请印金牌的值宿章京、章京值房苏拉人等、封闭隆宗门内军机章京直房后身另有小门空院、存放军机

---

① 《钦定大清会典》(嘉庆朝)卷三,文海出版社 1990 年版。

② 据(清)赵翼:《簷曝杂记》卷一载:乾隆初年,拟旨为军机大臣分内之事,"迨傅文忠公恒领揆席,满司员欲藉为见才营进地,文忠始稍假之。其始不过短幅片纸,后则无一非司员所拟矣。文端见满司员如此,而汉文犹必自己出,嫌于揽持,乃亦听司员代拟,相沿日久,遂为军机司员专职。"(清)赵翼:《簷曝杂记》卷一,中华书局 1982 年版,第 1 页。

③ 此中所称"旧有堂谕",即嘉庆五年(1800)十一月十八日谕旨中所规定:"军机处为办理枢务承写密旨之地,首以严密为要。军机大臣,传述朕旨,令章京缮写,均不应稍有漏泄。自去年正月以后,军机处颇觉整饬严肃,闲杂人等亦觉稀少,近日又觉废弛,军机处台阶上下,窗外廊边,拥挤多人,藉回事画稿为名,探听消息,折稿未达于宫庭,新闻早传于街市,广为谈说,信口批评,实非政体,必应严定章程,以昭法守。此后军机大臣,止准在军机处承写本日所奉上谕,其部院稿察,不准在军机处办理。本管司员,不准至军机处回事,军机章京办事之处,不准闲人窥视。自王、贝勒、贝子、公、文武满汉大臣,俱不准至军机处,同军机大臣谈说事体,违者重处不赦。自今日,每日著都察院科道一人轮流进内,在隆宗门内北首内务府官员直房监视,军机大臣散后,方准退直。如有前项情毙,即令直班科道参奏,候旨严惩。若科道旷班,或推故早散,亦准军机大臣指名参奏。再此后有通谕王公大臣之事,俱在乾清门外阶下传述,不准在军机处传旨。此旨通谕中外各衙门敬谨凛遵,违者不恕。"《清仁宗实录》卷七十六,嘉庆五年十一月丙申。

册档之圆明园内八旗值宿官兵等作出了防止泄密的诸多规定。

2. 进一步完善军机章京考选规则

前已述及，军机章京因地处枢密，撰拟谕旨，故其“位分虽低，隐握实权，势耀煊赫；仅稍次于军机大臣而已。然则谓清代政本在军机处，而军机处政本在军机章京亦未为不可。”①但在雍乾时期，军机章京这一职官并未得到充分重视，特别是对于军机章京的选用尚无明确规定。其时，章京既无定员，亦不带领引见，一切均由军机大臣选而用之。嘉庆一朝是军机处规制建立和完善的重要时期，有关军机章京职责、考选、员额等规制皆于此时渐趋完善。嘉庆四年(1799)正月，即明文规定军机章京的额缺，以及选用之法：“军机处为机密要地，向来行走章京，未定额数，俱由军机大臣挑补，并不带领引见。因思各衙门各旗官员，即笔帖式、骁骑校、护军校等微员，无不由引见补授。军机章京职事较重，岂有转不带领引见之理？嗣后，满汉章京，各定为十六缺，由内阁、六部、理藩院堂官，于司员、中书、笔帖式等官内，择其人品端方、年力富强、字画端楷者，交军机大臣带领引见，候朕简用。其记名人员，遇有缺出，按次陆续充补。此次应挑之满汉章京，即照新例办理。”②

五年(1800)八月，嘉庆帝又颁令谕旨，禁止出差人员率意请带军机章京③。十一年(1806)十一月，颁定谕旨申明军机章京升迁保举之法，“至军机处司员，自雍正年间定制以来，均系以本衙门额缺，承办军机处事务，其升迁保举，悉由本衙门堂官注考，相沿已久。若以计典独归之军机处，更定官制，事多格碍。惟军机司员内，其办事勤慎，又能兼理部务者，自当列之上考。其祗在军机处行走而于部务未能谙习者，本衙门堂官不得意存迁就，滥行保荐，军机大臣尤不得授意各部院堂官扶同荐

① 邓之诚：《谈军机处》，载王钟翰：《清史杂考》附录一，中华书局1963年版，第277页。

② 《清仁宗实录》卷三十七，嘉庆四年正月乙亥。

③ 《清仁宗实录》卷三十八，嘉庆五年八月乙亥。

举,以昭公慎。”①十六年(1811)二月,颁布谕旨,申定军机章京回避之例:“军机为枢密重地,满汉章京,趋公执事,先以谨慎为本。从前御史吴邦庆条奏大员子弟不准充补军机章京,经军机大臣议覆,自道员以上子弟,皆令回避。……朕思谨慎与否,总视乎其人,而防闲之道,亦必当定以限制。嗣后文职京官三品以上、外官臬司以上、武职京官副都统以上、外官总兵以上、其亲子弟均不准在军机章京上行走。其行走在先者,亦无庸随时具奏,即令照例回本衙门当差,诚端系道员之子,无庸回避。”②此回避之例虽经道光帝于嘉庆二十五年(1820)十月颁旨废除③,但据《枢垣记略》载:“查自咸丰八年后历次交片,各衙门保送军机章京,均声明大员子弟仍照例不得保送。”④可见此例虽废,但军机章京的考选保送仍需遵循该回避之例。

至此,军机处有关军机章京之规制已渐趋于完备。咸丰元年(1851),即位仅一年的咸丰帝求贤若渴,招贤纳士,对处于枢密之地的军机章京的考选亦倍加重视,因此新皇帝又在嘉庆、道光帝制定的章京考选规制基础上,颁布新的谕令,进一步完善了军机章京的考选规则。其内容如下:

> 军机处为丝纶重地,满汉章京,缮写谕旨,允宜慎重考选。嘉庆年间,叠奉仁宗睿皇帝谕旨,令各衙门堂官,于司员中书笔帖式,择其人品端方,年力富强,字画端楷者,出具切实考语保送。并限其额数,又定滥保处分。圣训煌煌,永垂法守。现当保送军机章京之时,著各该堂官认真拣选,必须先取人品,并察看年力文字,照例咨送,毋许徇情冒滥。军机大臣传集考试,著将试卷弥封,公同校阅,拟定次第,带领引见,候旨记名。

① 《清仁宗实录》卷一百四十五,嘉庆十一年十一月癸酉。

② 《清仁宗实录》卷二百三十九,嘉庆十六年年二月丙戌。

③ 《清仁宗实录》卷二百三十九,嘉庆二十五年十月庚戌

④ (清)梁章钜等:《枢垣记略》卷十三,中华书局1984年版,第135页。

如该员等充补之后,怠惰不职,即咨回原衙门当差。傥查有舞弊营私劣迹,即著该大臣等据实严参,朕必宽其失察之咎。如徇隐姑容,经朕察出,惟该大臣等是问,并将滥保之各衙门堂官一并议处。该章京等内廷供职,向例核其劳绩,甄叙从优,当如何砥厉廉隅,以图报称,嗣后各宜倍加谨饬,于一切交游书札,均须慎密,毋得仍蹈积习,致干重罪。①

该谕旨在嘉庆朝所定军机章京选用之法的基础上,又进一步完善了其考选细则,以及章京日常工作中应注意之项,其主要包括以下几方面内容:

第一,规定各部院保送军机章京之时,必须首先考察被保举人员的道德品质,其次因撰拟谕旨工作的特殊需要,其年力富强、字画端楷与否亦为重点考察对象。

第二,对被保举人员进行集中考试,密封考卷,由军机大臣集中判阅,并拟定次第,以此为序带领引见,并候旨记名。

第三,被保举人员充任军机章京后,如工作中出现差池,例"怠惰不职"、"舞弊营私"等,不仅将章京退回原职,且追究保举官员之责。

第四,军机章京任职内,应遵守军机处保密制度,并"向例核其劳绩,甄叙从优。"

3. 军机章京额外行走员额变更

如前所述,雍、乾时期,军机章京额数并无一定,自嘉庆四年(1799)始,满汉章京,各定为十六缺。"满汉章京各分为两班,每班各八人,其八人内各以一人领班,国语谓之达拉密,由军机大臣拣派资深望重者为之。"②而"自嘉庆四年(1799)以后,每班章京不得过八人,至是始有先

① 《清文宗实录》卷四十二,咸丰元年闰八月庚子。

② (清)梁章钜等:《枢垣记略》卷十三,中华书局1984年版,第130页。

因署缺即留于额外行走候补之员。又:二十一年(1816)冬,军机大臣奏明行走之强逢泰不占额缺,于是每班八人之外,复有额外章京一员。"① 而咸丰一朝,所历时间虽短,却始终处于内忧外患、风雨飘摇之中。因此,地处枢密之地的军机章京自然公务繁忙,额数短缺。咸丰三年(1853),正值太平天国农民战争如火如荼之时,军机处奏:"现在军务较紧,请添传记名汉章京四人在额外行走"②。奏准。自此,额外章京人数打破了嘉庆二十一年(1816)的一员定制。至咸丰七年(1857)十一月十二日始,额外章京减至二员。至同治十一年(1871)十月二十二日,停传额外章京。

综上可见,作为清王朝"威命所寄"的"执政之府"③军机处,虽至咸丰朝已有一百二十余年的发展历史,制度已渐趋完善、成熟,但内忧外患的紧迫形势,使咸丰帝不得不对其进行一系列的制度变革。迫于农民大起义的巨大压力,他打破了"亲王不假事权"之制,拣选亲王入主军机处,以利于军机大臣更好地辅佐皇权、参与中枢决策,此举也为同治朝军机处制度更深层次的变革埋下了伏笔;而西方侵略者的入侵又使咸丰帝不得不令其亲重的军机大臣、军机章京兼任总署之职,这又在一定程度上说明了皇帝及军机大臣们的中外观念正在发生转变。

第二节 军机大臣与咸丰朝内政之变革

清代军机大臣作为处于枢密之地的亲重之臣,其对中枢决策的影响程度不言而喻,概而言之,其影响中枢决策的方式主要包括以下几种:

---

① (清)梁章钜等:《枢垣记略》卷十三,中华书局1984年版,第131页。

② (清)梁章钜等:《枢垣记略》卷十三,中华书局1984年版,第131页。

③ (清)赵尔巽等撰:《清史稿校注》卷一百八十二,国史馆校注,台湾商务印书馆1999年版。

一、“见起”议事。军机大臣于每日辰时召见入对，称为“见起”，又称见面。在此过程中，军机大臣会应皇帝之询问而阐述自己对政事的意见、看法，以此襄赞皇帝形成对政事的决断，最后由军机大臣承旨书谕。此是军机大臣参与并影响中枢决策的一种途径。由军机大臣承旨而书写之谕旨包括明发与寄信两种，明发谕旨交由内阁抄发，此中或有内阁之改动。而寄信谕旨则是军机大臣秉承皇帝旨意，不经内阁而径直寄信相关官员。因此寄信谕旨完全可看作是皇帝与军机大臣对政事的最终处理意见。

二、会议议事。如本文第二章所述，军机大臣有“议大政、谳大狱”之责，凡遇军国大事，多饬交军机大臣会同宗室、大学士、御前大臣及各部院臣工商议，形成处理意见。他们的意见或成为皇帝做出最终决断之参考，或经皇帝批阅后直接成为最终之决断。如咸丰三年(1853)二月十三日，军机大臣等会议太仆寺卿李维翰奏请暂停养廉以充军饷之事，所奏之“武职自三品以上停给二成，文职自一品至七品暂给廉银六成，八品以下免其停扣……”，朱批为“从之”。① 由此可见，会议议事亦是军机大臣参与中枢决策的一种重要途径。

三、奏折言事。奏折作为一种重要的上行文书自康熙朝正式出现后，经雍、乾两朝的进一步发展，其制日趋完善，各级臣工上奏之折亦随之在国家政治生活中发挥较重要的作用。早在康熙五十年(1711)正月，康熙帝就于谕旨中明晰指出实行奏折制度之意义所在：“尔等皆朕所信任，位至大臣，当与诸省将军、督抚、提镇一体于请安折内，将应奏之事，各罄所见，开列陈奏。所言若是，朕则择而用之。所言若非，则朕心既明，亦可手书训谕，而尔等存心之善恶诚伪，亦昭然可见矣。……尔等果能凡事据实密陈，则大贪大奸之辈，不知谁人所奏，自知畏惧，或有宵小诳主窃奏恩威者，亦因此顾忌收敛矣。”②军机大臣亦能通过奏

---

① 《清文宗实录》卷八十五，咸丰三年二月戊子。

② 《清圣祖实录》卷二百四十九，康熙五十年正月壬子。

折向皇帝密陈政事、建言献策、发表意见，因他们皆为统治者亲重之臣，故其奏折多能受到非比寻常的重视，如咸丰朝首席军机大臣文庆所奏之《实行团练，任官督率折》，同治朝军机大臣文祥所奏之《敬陈管见折》等，均受到了统治者的重视，由此迅速付诸实施。此亦是军机大臣影响中枢决策的重要途径。

本书三、四章即以军机大臣与咸丰同治两朝重大变革间的互动关系为例，考察咸丰同治朝军机大臣群体在中枢决策方面对两朝诸多变革即政治、经济、军事、外交等变革的影响，于此中探讨咸同朝军机大臣是如何参政、议政、和辅佐皇权。

一、军机大臣与咸丰初年镇压农民战争之失败

第一次鸦片战争后中国社会发生了巨大的变化。一方面，由于西方资本主义势力的入侵，使中国社会的自然经济结构开始解体，原有的经济秩序遭到破坏，大批农民和手工业者纷纷破产，社会生活动荡不安；另一方面，本国封建统治者又把鸦片战争失败的负担转嫁给广大人民群众，特别是加强了对农民阶级的搜刮，再加上连年的自然灾害，更加深了人民的苦难，所有这些都激化了国内原有的阶级矛盾。正是在这种形势下，咸丰元年(1851)，以洪秀全为领袖的太平天国农民战争爆发了。

这场农民战争历时十四年之久，势力范围波及十八个省份，几乎席卷了大半个中国，并于咸丰三年(1853)建都天京，正式确立了与清王朝对峙的新生政权。此后他们颁布了最能体现太平天国社会理想和此次农民起义特色的纲领性文件《天朝田亩制度》，以及具有资本主义色彩的改革方案《资政新篇》，建立了从中央到地方的各级农民政权，颁布实施了一系列有利于农民的各项政策，猛烈地打击了封建地主阶级的势力，极大地削弱了清朝中央政府的统治力量。同时，他们也沉重地打击了外国侵略势力，由此，太平天国农民战争具备了以往中国历次农民战

争所未有的诸多新特点,它将中国旧式农民战争推向了顶峰,在世界农民战争史上亦占有一席之地。这样一场气势磅礴、史无前例的农民战争自然令咸丰帝及军机大臣们措手不及,以至于战争初期,清军连遭惨败,一蹶不振。其原因则主要体现在以下三个方面:

问题之一:遣将

清王朝是少数民族建立政权并入主中原,这就决定其在政治上采取的是首崇满洲、重满抑汉的民族压迫政策。此点不仅体现于平民百姓的日常生活之中,在官场上尤为如此。清廷高级官缺设置,表面上是实行满汉复职制度,满员、汉员各一,十分平等。但实际上,早在清初即已规定:"各部院衙门堂司,悉令满洲掌印","历来各衙门引钥皆系满尚书佩带,凡以班次优崇,俾资统摄"①,汉员不过"相随画诺,不复可否"②。而此种首崇满洲、重满抑汉的民族压迫政策在军事指挥权的分配上,表现得更为突出。年代久远的康雍乾时期姑且不论,就近代发生的第一次鸦片战争,清廷亦是"以满大臣掌兵权,汉人不过为之副而已。当时满人之任督抚者,常逾十二三人"。③ 本文所涉及之咸丰朝,年轻的皇帝虽于即位之初就已标榜:"朕用人行政,一秉大公,从无分于满汉。"④但军事上重满抑汉的状况并未发生根本变化。

太平天国农民战争爆发后,咸丰帝与军机大臣们仍循旧例,于咸丰元年(1851)三月九日,派出大学士、军机大臣赛尚阿统率全军,镶黄旗蒙古都统巴清德、镶白旗满洲副都统达洪阿协同办理的最强大阵容。此后,满将乌兰泰、讷尔经额、琦善等皆被派往前线镇压农民战争。但是,此时的满洲亲贵因长期闲居京师,多养尊处优,暮气日沉,故这些满臣"出辄挫败,辜恩误国,比比皆然。而效命疆场,至死不变者,乃在可

① 《大清会典》(光绪朝)卷二十七,文海出版社1992年版。

② (清)赵翼:《簷曝杂记》卷二,中华书局1982年版,第34页。

③ (清)佚名:《咸同将相琐闻》,《清代野史》第三辑,巴蜀书社1987年版,第32页。

④ 《清文宗实录》卷三十,咸丰元年三月癸卯。

疑可畏之汉种"①。经过两年多的战争,太平天国农民起义不但未被镇压下去,反而如燎原之势,迅速燃烧蔓延到长江南北。至咸丰三年(1853),太平天国农民起义军已于天京建都,正式建立了与清王朝对峙的新生政权。气急败坏的咸丰帝将打了败仗的满将赛尚阿、讷尔经额等统统送上军事法庭,或判无期,或处以极刑,亦难解其心头之恨。以往的失败,业已使清政府内部一些头脑较为清醒的满洲亲贵、重臣日渐认清了一个事实:即完全依靠满蒙亲贵和八旗兵,是无论如何也不能将太平天国农民起义彻底镇压下去了。那么,放眼大清王朝,谁又是领兵之将?谁又能将如火如荼的农民起义镇压下去?无将可遣此时业已成为咸丰帝与军机大臣们所面临的严峻问题之一。

问题之二:调兵

镇压太平天国农民大起义的战争一经打响,咸丰帝即命军机大臣寄信各省督抚调兵驰赴广西战场(如表3-1所示)。表中所显示这一时期,共计调兵一万三千六百名,由于地理远近等各种因素,这些援兵由各省赶到战场还尚须时日。上述统计也仅是镇压太平天国农民战争初期的调兵人数,此后咸丰帝又多次命大学士、军机大臣、九卿、会同户部议奏添兵折奏,源源不断地派驻兵赶赴战场。至太平天国定都天京,咸丰帝已调动了十八行省精兵约计十万。在览阅了军机大臣同惠亲王等合词覆奏的"添兵剿贼"一折后,此时的咸丰帝终于松了一口气,似乎看到了向其招手的胜利,兴奋地指出:"现在钦差大臣向荣统带各路大兵,并续到之陕甘兵,咨调之云南、贵州、湖北等省官兵。钦差大臣琦善、帮办军务陈金绥、胜保等统带京火器营,及吉林、黑龙江马队,并西安等处驻防,直隶、山东、山西、陕甘各处官兵,分路攻剿,怡良、慧成复带福建、陕甘精兵,星驰会合,南北两路,并力进攻,……谅不难克期埽荡。"②

---

① (清)佚名:《咸同将相琐闻》,《清代野史》第三辑,巴蜀书社1987年版,第32页。

② 《清文宗实录》卷八十六,咸丰三年二月甲辰。

表3-1 咸丰朝初期镇压太平天国农民战争各省调兵人数一览表

时间	调兵人数	资料来源
道光三十年(1850)九月初八日	军机大臣寄谕裕泰等选派精兵两千名迅赴广西。	《清政府镇压太平天国档案史料》第1册,第43页。
道光三十年九月十八日	著准新任广西提督向荣率亲兵600名赴军营,会同剿办。	《清政府镇压太平天国档案史料》第1册,第54页。
道光三十年九月二十四日	军机大臣寄谕贵州巡抚乔用迁著即挑选精兵两千迅赴广西。	《清政府镇压太平天国档案史料》第1册,第57页。
道光三十年九月二十七日	军机大臣寄谕云贵总督程矞采调兵两千名驰赴广西协剿。	《清政府镇压太平天国档案史料》第1册,第65页。
咸丰元年(1851)正月初五日	军机大臣寄谕贵州巡抚乔用迁再选精兵一千名驰赴广西。	《清政府镇压太平天国档案史料》第1册,第153页。
咸丰元年三月初五日	军机大臣寄谕两江总督陆建瀛于安徽各营即选精兵一千名赴广西。	《清政府镇压太平天国档案史料》第1册,第270页。
咸丰元年四月初六日	军机大臣寄谕贵州巡抚乔用迁著即于安义镇拣选精兵一千名驰赴广西。	《清政府镇压太平天国档案史料》第1册,第368页。

但是镇压农民所需兵源问题并未就此得到有效解决,因为咸丰三年(1853)太平天国定都天京之后,即开始了英勇的北伐与西征,北伐军以精兵两万直指清王朝的统治中心——北京,西征军则溯长江而上。面对两路大军,此时的咸丰帝最为头痛的问题就是手中无兵,因此时的八旗、绿营劲旅尽已分属于向荣统率之江南大营,和琦善统率之江北大

营,他们的共同目标是太平天国的国都天京,故不能对其过分削弱。放眼望去,北方各省剩余的精兵强将业已全部用于对抗北伐部队,以此保卫他最为关心的京师。而抵御西征部队,他却无兵可调,对此他也只好无奈地任长江中下游各省市自生自灭。那么如何增加兵源,以有效应对农民大起义此时亦成为咸丰帝与军机大臣们所面临的另一严峻问题。

问题之三:筹饷

除良将、强兵外,充裕的军饷亦为战争取得最后胜利之重要保障。但是自镇压太平天国农民战争开始,饷银拮据这一问题就已日益凸现。而饷银匮乏的元凶即为清王朝落后的财政体系,因其财政收入的主要来源依次为地丁、钱漕、关税、盐课,我们知道地丁钱粮,即农业税收入是极为有限的,且又受制于清代永不加赋的祖制,故清代年财政收入几乎永远是固定的,即年入约四千万两,而每年的固定支出亦约为四千万两。量入为出是这种财政体系最为基本的特征,亦是其最大的弊端,皆因它直接导致了此种财政体系缺乏扩张性、缺乏弹性。一旦遭遇天灾人祸,统治者处理不善即会引发财政危机,这在咸丰一朝表现就极为明显。仅在镇压太平天国农民战争的头九个月,清王朝即已消耗饷银六百二十余万两。[①] 至咸丰二年(1852)末,“糜饷已至二千九百六十三万余两。”[②]而咸丰三年(1853),内务府向咸丰帝奏报,库存仅余四点一万两。[③] 庞大的军费支出业已与财经日竭形成尖锐的矛盾。这样,咸丰朝的中央财政危机就在军兴三年之际爆发了。

而咸丰帝此时又收到“惠亲王等奏请添派重兵前往剿贼一折”,面对此折,他已无计可施,只好将“所有军饷、自应宽为筹备”、“至该部各项例发经费内,应如何酌量裁汰,以备军需之处”,“著大学士、军机大

---

① 第一历史档案馆藏户部片,咸丰元年十月六日。转引自何瑜:《晚清中央集权体制变化再析》,《清史研究》1992 年第 3 期。

② 《清文宗实录》卷九十七,咸丰二年六月己丑。

③ 《清代档案史料丛编》第一辑,中华书局 1978 年版,第 19 页。

臣、九卿、会同户部速议具奏。”①此后，军机大臣又参与了多次有关饷银的筹议（见表3-2），可谓招数用尽，但即便是自康熙以后各朝赖以解决财政困难的捐输之法，此时亦不足恃，尽管咸丰帝将捐例一再减成，但咸丰三年（1853）户部于此项收入也仅为六十七万余两，仅占户部当年总收入的14.89%。② 于前朝尚行之有效的捐输之法，此时亦已成强弩之末，难当大用。其他各法更是对大清王朝这前所未见的财政危机无济于事。此时，正如厘金的创办者雷以諴所言：“有饷无兵尚可招募，有兵无饷更难支持”③。故饷银筹措已成为军兴三载后，皇帝与军机大臣们所面临的最为严峻的问题。

表3-2 咸丰朝初期军机大臣参与饷银筹议一览表

官兵减俸减饷	先是太仆寺卿李维翰奏请暂停养廉以充军饷，命军机大臣等会同该部议奏，至是议上，武职自三品以上停给二成，文职自一品至七品暂给廉银六成，八品以下免其停扣。……④
	先是叶尔羌参赞大臣常清奏筹划新疆南路八城全局，酌裁防兵以减经费，并折徵加铸，以济兵饷。命军机大臣会同户部兵部议，至是会奏。⑤
	昨据军机大臣议覆礼部侍郎杜乔羽奏请汰冗兵一折，内称各省徵调官兵，未必尽皆精锐，应由各省督抚及带兵大员，于徵调之初，到营之后，认真简阅，裁汰疲弱等语，自为撙节军饷起见。著官文等按照所议，认真办理，毋得视为具文。原折著钞给阅看。将此由六百里加紧各谕令知之。⑥
捐纳改革	军机大臣会同户部奏，议覆推广京员捐输章程，准令荫生旗员，改捐对品文职。……⑦

① 《清文宗实录》卷八十四，咸丰三年二月己卯。

② 罗玉东：《中国厘金史》，商务印书馆1936年版，第7页。

③ 王延熙等辑：《皇清道咸同光奏议》卷三十七，文海出版社1969版，第1985页。

④ 《清文宗实录》卷八十四，咸丰三年二月戊子。

⑤ 《清文宗实录》卷一百五十八，咸丰五年二月己亥。

⑥ 《清文宗实录》卷一百五十八，咸丰五年二月壬子。

⑦ 《清文宗实录》卷一百一十四，咸丰三年十二月壬申。

续表

钞法改革	先是福建巡抚王懿德奏筹行钞法,以济急需。命军机大臣会同户部议奏。……①
	兹据巡防王大臣、大学士、军机大臣、户部合词吁请,实已询谋佥同。著即照所议,由户部制造钱钞,颁发中外,与现行银票,相辅通行……。②
	本日据军机大臣会同户部详议钞法章程一折,民间完纳钱粮,自咸丰六年上忙起,凡应搭官票,改换宝钞,议令直隶、山东、河南三省先行遵办。……③
征借各省钱粮	前据国子监司业崇福奏请借徵山西省一年钱粮,以济军饷。朕以事关民瘼,议属创行,而军饷急需,又难缓待,特命军机大臣、大学士会同户部速议具奏。兹据恭亲王奕䜣等合词议覆,该司业所奏,度地权时,亦系济急之一策,其指陈除弊各条,均尚周密,请照所议。责成山西巡抚藩司妥速办理,并推广陕西、四川一律照办。④

上述三大严峻问题如不及时解决,必将导致清王朝在与太平天国农民起义者的对决中败下阵来,清王朝的统治也会随之最终覆亡。为挽救摇摇欲坠的封建统治,咸丰朝的军机大臣们不得不顺应时代潮流"变以求通"。

二、军机大臣与"亲用汉人"策

如前所述,当风起云涌的农民起义军如潮水般涌来之时,满蒙将领早已不似自己祖先那般骁勇善战,他们"出辄挫败,辜恩误国,比比皆然"。面对军兴几年来清王朝所遭遇的一切失败,统治阶层内部头脑较为清醒的满洲亲贵、重臣开始思考满臣自身所存在的种种问题,从而主

① 《清文宗实录》卷六十四,咸丰二年六月丁未。

② 《清文宗实录》卷一百零六,咸丰三年庚申。

③ 《清文宗实录》卷一百五十九,咸丰五年二月甲辰。

④ 《清文宗实录》卷一百一十,咸丰三年十月戊戌。

张在战争中重用汉臣。首席军机大臣文庆就是这一提法的首倡者。

文庆(1796—1856),字孔修,费莫氏,出身满洲镶红旗,族中"代有传人,四世凡有大学士数人"[①],其祖父为嘉庆朝两广总督永保(温保)。文庆为道光二年(1822)进士,十七年(1837)以户部侍郎入值军机处,十九年(1839)因查办热河亏空案内拟罪未晰而罢值军机。二十七年(1847),以兵部尚书复入军机处。二十八年(1848)授吏部尚书,兼步军统领,后任总管内务府大臣,复罢职军机处。道光帝临终之时,命其与穆彰阿、赛尚阿、何汝霖等并为顾命大臣。文庆长期供职于内廷,"能断大事",为政经验丰富。他"醇谨识大体,宣宗、文宗知之深",故于太平天国农民战争正酣之时,即咸丰五年(1855),命其第三次入值军机处。文庆出身满洲世宦之家,"累世显贵,气度浑融,能断大事",因此"为八旗王公所敬信",即便是当时权倾一时的郑亲王端华、怡亲王载垣,以及肃顺都敬畏文庆,此三人虽"渐进用事,然独严惮公","虽被裁抑,弗敢怨也"。[②] 文庆曾五典乡试、两典会试,门生故吏尤多,其中包括中兴名臣曾国藩、李鸿章、郭嵩焘、沈葆桢等,因此文庆在汉族官僚中亦有极高的威望。

咸丰五年(1854),清廷所派遣之满臣赛尚阿、讷而经额等因失律已先后被谴,为此,首席军机大臣文庆力主在战争中任用汉臣,他认为:"当重用汉臣,彼多从田间来,知民疾苦,熟谙情伪。岂若吾辈未出国门、懵然于大计者乎?"[③]且"常密请破除满、汉畛域之见,不拘资格以用人。"[④]曾国藩、胡林翼、袁甲三等汉臣皆得到他的护佑与提拔。曾国藩为道光十八年(1838)进士,此年文庆为读卷官和教习,二人遂有师生之

---

① (清)崇彝:《道咸以来朝野杂记》,北京古籍出版社 1982 年版,第 47 页。

② (清)佚名:《咸同将相琐闻》,《清代野史》第三辑,巴蜀书社 1987 年版,第 32 页。

③ (清)赵尔巽等撰:《清史稿校注》卷三百九十三,文庆传,国史馆校注,台湾商务印书馆 1999 年版。

④ (清)赵尔巽等撰:《清史稿校注》卷三百九十三,文庆传,国史馆校注,台湾商务印书馆 1999 年版。

谊。后二人又同朝为官，文庆对曾国藩可谓熟知表里，极为欣赏其才华。咸丰二年(1852)，咸丰帝命丁忧在籍的曾国藩会同帮办团练，曾国藩即以此为契机变革以往清代之军制，创办湘军。咸丰四年(1854)八月，曾国藩率湘军收复华中重镇武昌，咸丰帝闻知此消息，大喜过望，对身边的军机大臣说："不意曾国藩一书生，乃能建此奇功"。此时朝中某军机大臣进言道："曾国藩以侍郎在籍，犹匹夫耳。匹夫居闾里，一呼，蹶起从之者万余人，恐非国家之福也。"咸丰帝听闻此言，"默然变色久之"。[①] 对此《清代野史》中亦有："曾文正公起乡兵击贼，为寿阳祁文端公所骶排"。[②] 此中之寿阳祁文端公即为咸丰朝初期之首席军机大臣祁寯藻。[③]

祁寯藻(1793—1866)，汉族，字春圃，山西寿阳人。嘉庆十九年(1814)进士。道光元年(1821)入值南书房，极受道光皇帝赏识，"由是由翰林以至宰辅未尝一日离南斋也。"[④]道光二十一年(1841)以户部尚书入值军机处。其间因洋务问题与首席军机大臣穆彰阿不协，咸丰帝即位之初，罢穆彰阿，祁寯藻遂为首席军机大臣，此间咸丰帝"开言路，起用旧臣，祁寯藻实左右之。"[⑤]咸丰三年(1853)恭亲王入值军机处，不久即取而代之成为领班军机大臣，四年(1854)十一月，祁寯藻致仕。同治初年，祁寯藻作为宿望老臣被重新起用，任礼部尚书，并入值弘德殿授天子读。祁寯藻的多数主张对政局发展起到了举足轻重的作用，其于道咸朝廷之地位，正如左宗棠所言："道咸间朝野所视为安危者

---

① (清)薛福成:《庸庵全集·庸庵文续编》卷下。

② (清)佚名:《咸同将相琐闻》,《清代野史》第三辑，巴蜀书社1987年版，第32页。

③ 据朱东安先生考证，这位军机大臣可能为彭蕴章。参见《太平天国学刊》第二辑，第178—182页。

④ (清)谬荃孙撰录:《续碑传集》卷四。

⑤ (清)赵尔巽等撰:《清史稿校注》卷三百九十二，祁寯藻传，国史馆校注，台湾商务印书馆1999年版。

也。"[①]但其对汉臣之态度实不敢苟同,清王朝如按其建议发展,不待宣统朝,咸丰朝即亡矣。

咸丰帝对首席军机大臣祁寯藻所言深信不疑,自此以后,他一直恪守清祖训,绝不将封疆大权交给曾国藩,使曾以"前礼部侍郎"的名义行事,处处受气、处处掣肘,"由是曾公不获大行其志者七八年"[②]。为使曾国藩摆脱这种困境,使其所率之军成为防卫江南的屏障,文庆遂独自向咸丰帝进言:"国藩负时望,能杀贼,终当建非常之功。"文庆庇护曾国藩及其所率之湘军,"时时左右之"[③],从而为曾国藩集团的发展提供了新的契机。

汉臣胡林翼亦得文庆之护佑、提拔。胡林翼于道光二十年(1840)充江南副考官,正考官即为文庆。胡林翼因私携举人熊少穆入闱本应受重罚,"文庆重林翼才识,以为将来必有大展布,若以新进获重咎,将难再起。已为旗员,且旧臣,虽降黜易于登进也。因挺身自认其事,遂降四级为鸿胪寺卿,林翼仅坐失察降一级"[④]。咸丰年间,胡林翼历贵东道员、四川按察使、湖北布政使、湖北巡抚等要职。此间,文庆对其多有提拔,《清史稿》载:文庆"深知其才略,屡密荐,由贵州道员一岁之间擢至湖北巡抚,凡所奏请,无不从者。"[⑤]正是由于首席军机大臣文庆屡向咸丰帝密荐胡林翼,"盖自是文宗知林翼之为师,果有异于庐、扬、江宁诸将,而林翼亦益感激发舒,始有志于天下,非仅规营湖北而已"。"胡文忠公削平全楚,出境督师,中兴大局,赖以旋转,其勋烈之赫赫,海内识与不识,咸震而服之矣"[⑥]显然,胡林翼于江南战场屡建奇功,成为晚清名臣,这与文庆在朝中的庇护与提拔是密不可分的。正是由于首

① (清)左宗棠:《左文襄公文集》卷二。

② (清)薛福成:《庸庵全集·庸庵文续编》卷下。

③ (清)薛福成:《庸庵全集·庸庵文续编》卷下。

④ (清)徐凌霄、徐一士:《凌霄一士随笔》,《国闻周报》第七卷,第26期。

⑤ (清)赵尔巽等撰:《清史稿校注》卷三百九十三,文庆传,国史馆校注,台湾商务印书馆1999年版。

⑥ (清)陈康祺:《郎潜纪闻·三笔》卷九,中华书局1997年版。

席军机大臣向咸丰帝屡荐曾国藩、胡林翼等汉臣,由此在一定程度上影响了东南战局,行将覆亡的清王朝才得以转危为安。

除以上两位汉臣之外,文庆又向咸丰帝"荐袁甲三、骆炳章之才,请久任勿他调,以观厥成。在户部,阎敬铭方为主事,尝采用其议,非所司者亦咨之。"①《清史稿》论曰:"使无其人(骆炳章、胡林翼),则曾国藩、左宗棠诸人失所匡扶凭藉,其成功且较难。缅怀中兴之业,二人所关系者岂不钜哉?"②处于内忧外患、岌岌不可终日之清王朝即是"得诸人力以勘定大难"③,得建中兴之业。而以上诸人又蒙首席军机大臣文庆之庇佑、提拔,故"文庆倡言重用汉臣,俾曾国藩、胡林翼等得以展经猷,以建中兴之业,甚功甚伟。"④文庆公忠体国,即便是在其临终之际,仍谆谆告诫咸丰帝各省督抚如满臣庆端、福济、崇恩等"皆不能胜任,不早罢,恐误封疆"⑤,后来的历史发展果不出其所料。咸丰后期,肃顺重用汉臣,同治初期,恭亲王奕䜣、军机大臣文祥、宝鋆等依畀汉臣,最终才得以开创晚清难得一见的中兴之业,均是在文庆首倡"亲用汉人"基础上才得以提出,故薛福成对首席军机大臣文庆有如下之评论:"宰相有荐贤为职。荐一世之贤,平一世之难,其功固不浅。若所荐不仅一世之贤,而移数百年积重之风气,非具不世出之深识伟量,其孰能之?余故表而书之,以谓中兴之先,论相业者,必以公为首焉。"⑥

---

① (清)赵尔巽等撰:《清史稿校注》卷三百九十三,文庆传,国史馆校注,台湾商务印书馆1999年版。

② (清)赵尔巽等撰:《清史稿校注》卷四百一十三,胡林翼传,国史馆校注,台湾商务印书馆1999年版。

③ (清)赵尔巽等撰:《清史稿校注》卷三百九十三,文庆传,国史馆校注,台湾商务印书馆1999年版。

④ (清)赵尔巽等撰:《清史稿校注》卷三百九十三,文庆传,国史馆校注,台湾商务印书馆1999年版。

⑤ (清)赵尔巽等撰:《清史稿校注》卷三百九十三,文庆传,国史馆校注,台湾商务印书馆1999年版。

⑥ (清)薛福成:《庸庵全集·庸庵文续编》卷下。

综上,亦可见一奇怪现象,即"祁寯藻、彭蕴章虽为汉人,但对汉人统率的湘军多加诋毁,文庆、肃顺虽为满人,但对曾国藩等人却极力维护。这是一种反常的现象。若究其原因,不能不说是清朝长久的文化专制引起汉人的心理和思维的异化,不能不说是清中叶后满洲贵族的迅速腐败而引起满人中有识之士的自我察觉。"①但由咸丰一朝首席军机大臣祁寯藻、文庆、彭蕴章所言及其对政局之影响,亦不难想见清代之首席军机大臣对皇帝之影响程度由上述分析即可窥其一般。

三、军机大臣与晚清兵制变革
——以团练乡勇为中心的探讨

前文已述,如何增加兵源,以有效应对农民大起义是咸丰帝与军机大臣们面临的一大严峻问题,而被调集前线的正规军——八旗与绿营兵其战斗力亦实在不敢恭维。据《清实录》记载,太平天国起义军所到之处,多为兵不血刃、不占而克,原因之一就在于咸丰朝的正规军明显兵力不足,士气及战斗力均极低下,"进不能战,退不能守,平日毫无准备,遇变即弃城而逃"②。事实上,这两种常备军早在嘉庆时代就已腐败不能作用,这一点在镇压白莲教起义过程中表现极为明显。李剑农先生就曾指出:"白莲教乱的平定,并不是这种常备军打平的,乱事蔓延到无可奈何的时候,采用两种政策:一是竖壁清野,二是团练乡勇。"③故太平天国农民起义风起云涌、清廷兵员匮乏之时,咸丰帝与军机大臣们再一次想起了团练之法。④

咸丰朝实行团练的主旨,在谕旨中表达的极为明确:"团练乡勇,乃民间自为守御,藉以保卫身家,或各村自为一团,或数村共为一团,其经

① 茅海健:《苦命天子—咸丰帝奕詝》,上海人民出版社 2005 年版,第 245 页。

② 《清文宗实录》卷七十六,咸丰二年十一月癸亥。

③ 李剑农:《中国近百年政治史》,复旦大学出版社 2002 年版,第 11 页。

④ 咸丰初期镇压李星沅起义时,曾使用过团练一法。

费应由绅董自行经理,岂可官为抑勒,且以守望相助之俦,辄复纷纷调遣,必致迁地弗良,转滋流弊。"①"无事则各安生业,有事则互卫身家。一切经费,均归绅耆掌管,不假吏胥之手。所有团练壮丁,亦不得远行征调。"②即其主旨:团练为地方自卫组织,由本地乡民组成,专卫地方,政府不得将其远行征调,饷银亦由地方自筹自管,而其负责人则为各地方绅士。此点正如张研、牛贯杰两位先生所言:团练是"隶属于基层社会实体组织、掌握在基层社会实体组织代表——绅士手中的民间武装"③。地方绅士拥有民间武装对于清中央集权统治可谓利弊参半,一则地方团练可以抵御盗寇,维持地方治安,此为利;一则地方团练如若尾大不掉,形成朝廷之对抗势力,则为弊。而在试图大规模利用地方团练镇压太平天国起义军的过程中,地方团练势力必会大增,这是处于中央拥有绝对军权的统治者所最不愿看到的。于是咸丰帝及其周围的军机大臣们在举办地方团练,为其所用的过程中一直希望把握两个原则:"一由官方组织并严密控制团练;一保持基层社会略有防御能力的低度军事化。"④

如何既利用地方团练镇压农民起义军,同时又不致使其成为中央集权统治的威胁,这一问题可谓咸丰帝与众军机大臣处于中央,号令地方举办团练的过程中必须解决的重大问题。那么,在大规模举办地方团练,以及在举办团练过程中解决前述之关键性问题的过程中,军机大臣发挥了怎样的作用呢?

(一)协助皇帝指派政府官员办理地方团练

为在地方举办团练过程中贯彻上述两个原则,咸丰帝及军机大臣们首先想到的就是委任政府官员任团练大臣主办或帮办地方团练。据

① 《清文宗实录》卷七十七,咸丰二年十一月辛未。

② 《清文宗实录》卷八十一,咸丰三年正月癸丑。

③ 张研、牛贯杰:《试论团练大臣与双重统治格局》,《安徽史学》2004年第1期。

④ 张研、牛贯杰:《试论团练大臣与双重统治格局》,《安徽史学》2004年第1期。

张研、牛贯杰两位先生统计，咸丰一朝共四次大规模地向地方派遣团练大臣，共计一百余名（见表3－3）。

在清廷镇压太平天国农民战争过程中，这些团练大臣表现较为突出，日渐成为镇压太平天国农民战争的中坚力量。如《清文宗实录》中就曾记载：咸丰六年（1856），清廷对贵州省主办地方团练突出者予以嘉奖，“该省乡团，深明大义，叠次打仗获胜，杀贼立功。著仍照旧章，实力办理，所有连年出力人员，自应先加奖励。贵州在籍前任漕运总督朱树、江苏苏松太道王玥，均著交部议叙”①。一些团练大臣在办理团练过程中与当地乡民亦建立了良好的官民关系，颇受百姓爱戴，如团练大臣周天爵卒，“百姓哭送数十里”；团练大臣袁甲三被弹劾，交部审议赴京候旨时，“军民泣留者塞道”。② 尤为值得一提的是曾国藩、李鸿章、袁甲三、沈葆桢、李翰章等均于咸丰朝举办地方团练过程中脱颖而出，日后成为影响中国近现代历史的一代名将。

而据《大清会典》载：军机大臣有“文武官特简者，承旨则进其名单、缺单，特简者亦如之；……凡文武官记名者，遇缺则奏其名，道若府记名者，遇请旨缺则奏焉”③之职掌。显然，军机大臣既掌特简人员及各项特简之差遇缺时进单，又管记名人员之登记及遇缺进单事宜，故其对各衙门人事异动情况须有充分地了解。此外军机大臣作为皇帝的机要秘书，亦有职责应皇帝之询问而提供官员异动情况之名单。据此可知，各级官员丁忧在籍、在任官员是否具有举办团练经验等情况亦在军机大臣掌握之中。因此，在向各地派遣团练大臣的过程中，军机大臣向咸丰帝进呈所有在籍官员、在任官员中适合任团练大臣名单，以供皇帝在其中作出选择，以确定团练大臣名单。

---

① 《清文宗实录》卷二百零九，咸丰六年十月甲午。

② 《清代碑传全集》，《续碑传集》卷二十六，《袁甲三传》；卷二十五，《周文忠公天爵传》。

③ 《大清会典》（光绪朝）卷三，文海出版社1992年版。

表3-3 咸丰朝团练大臣派遣情况一览表①

时间	团练大臣特点	团练大臣人数	谕旨例举
咸丰二年(1852)	此次派遣团练大臣均为 1. 在籍官员; 2. 帮同地方官办理本籍团练事宜。	五人	……前任刑部尚书陈孚恩现告养亲回籍,近在省城,即著帮同陆元烺办理一切团练防堵事宜,随时商酌,务使官民联为一气,布置周详,是为至要。②
咸丰三年(1853)	1. 主办团练大臣均为朝廷大员,包括在职和非在职两类; 2. 督办或办理地方团练事宜; 3. 未受"密其回避"规定限制。	五十九人	命在籍前任闽浙总督刘韵珂、广东巡抚黄恩彤、江苏巡抚傅绳勋、湖南巡抚冯德馨等督办山东团练事宜。③
咸丰六年、七年(1856、1857)	1. 除两例为本籍官员,其余均为现任或"已革"的非本籍官员; 2. 除专人专任外,各级地方官员全部加入办团行列; 3. 主要集中于安徽、江苏两省。	主办团练大臣九人,帮办团练大臣为各地方知府知州。	福济奏称:该省自被贼窜扰以来,各属办理团练助剿协防,如滁泗徽宁凤颍等府州属均各著有成效。历次将出力各官绅等奏请奖励,现复饬属一体遵行,责成州县专管,知府直隶州知州督办,并就该省现在情形酌拟将安庐六滁和五府州、凤颍泗三府州归按察使及庐凤道分统稽查,由该抚调度。……分别加督办团练、协理团练等衔。如能卓著功绩,力保地方,随时查明保奏,给予升转。其州县因团练防剿,保至知府同知直隶州知州者,均各留本任,并加协理团练衔,以示优异。……④

① 本表据张研、牛贯杰:《试论团练大臣与双重统治格局》一文绘制而成。

② 《清文宗实录》卷六十八,咸丰二年八月丙戌。

③ 《清文宗实录》卷八十四,咸丰三年二月甲申。

④ 《清文宗实录》卷二百零九,咸丰六年十月丁酉。

续表

时间	团练大臣特点	团练大臣人数	谕旨例举
咸丰九年——十一年(1859—1860)	1. 多数省份委派本籍官员(包括现任和在籍两类)主办,现任地方官员(非本籍)协办; 2. 少数省份仍委派现任地方官员(非本籍)主办,本籍官员(回籍或在籍)协办。	八十二人	命光禄寺少卿焦祐瀛、翰林院侍讲学士张之万驰驿回籍,办理团练。①

一些向各地派遣团练大臣的寄信谕旨也表明,咸丰朝军机大臣还参与了团练大臣的指定与派遣工作。如第一批团练大臣的派遣中,咸丰二年(1852)八月,在军机大臣寄信陆建瀛、陆元烺的谕旨中,令"前任刑部尚书陈孚恩现告养亲回籍,近在省城,即著帮同陆元烺,办理一切团练防堵事宜,随时商酌,务使官民联为一气,布置周详,是为至要"②。咸丰二年(1852)十一月,丁忧侍郎曾国藩于湖南举办团练,亦为军机大臣寄信徐广缙、罗绕典等时,于谕旨中指令其回乡举办团练,"前任丁忧侍郎曾国藩、籍隶湘乡现闻在籍。其于湖南地方人情,自必熟悉著该抚传旨,令其帮同办理本省团练乡民搜查土匪诸事务,伊必尽力,不负委任。……"③

此外,还有军机大臣直接保举官员担任团练大臣的情况,如咸丰十年(1860)五月二十九日,时任首席军机大臣的彭蕴章就曾奏请咸丰帝可否谕令在籍官员庞钟璐督办江南团练,"丁忧在籍内阁学士庞钟璐,……该员籍隶常熟,勇敢出力,甚有乡望,可否请旨令其督办江南团

① 《清文宗实录》卷三百二十四,咸丰十年七月丙申。

② 《清文宗实录》卷六十八,咸丰二年八月丙戌。

③ 《清文宗实录》卷七十七,咸丰二年十一月乙亥。

练”①。咸丰帝于当日即作出批复，任命“在籍内阁学士庞钟璐，著作为江南督办团练大臣”②。

各级官员（现任或在籍）于地方办理团练，在一定程度上防止了因地方绅士举办团练而威胁中央集权统治问题的出现。如曾国藩在办理地方团练过程中，即以钦差帮同办理团练的朝廷大员以及本籍绅士的双重身份，调集本乡原有的练勇、新募之勇，以及部分绿营军共同组成了一支新的武装——湘勇（即湘军的前身），曾国藩本人十分清醒、准确地将这支武装界定为“官勇”，如他在奏折中指出：“臣自咸丰二年奉旨办团，初次折内，即奉明自行练勇一千，是臣所办者乃官勇非团丁也”③，以此试图将其所办之团练纳入到中央集权统治体系之中，这虽是清廷由官办团练的最佳模板，但其与中央拥有绝对支配权的八旗、绿营相较仍不可同日而语，在此，可称其为半私人化军队。但是，即便是这样的军队亦仍令朝中的咸丰帝与军机大臣们惴惴不安，为此他们开始筹谋新的方案。

（二）军机大臣文庆等提出整顿各直省团练建议，受到咸丰帝的高度重视，从而加快各地团练整顿步伐，掀起新一轮团练大臣的派遣高潮

前文所反映出的问题，在团练大臣派遣的实际工作中即表现在两个方面：一为在籍官员于本乡团练乡勇，违反了清制“密其回避”的规定；二为团练大臣与当地官员关系不易协调。这两大问题亟待咸丰帝与军机大臣们解决。

咸丰六年（1856）五月二十七日，首席军机大臣文庆率众军机大臣上奏《实行团练，任官督率》一折，团练问题由此再次受到咸丰帝的高度

---

① （清）奕䜣等：《钦定平定七省方略》卷二百四十三。

② 《清文宗实录》卷三百二，咸丰十年五月壬戌。

③ 《曾国藩全集》，《奏稿》二，《派宋梦兰办理皖南团练片》，岳麓书社1994年版。

重视，当日即命军机大臣寄信各直省督抚，令整顿各自辖区内团练事务，务使之正规化。下文即为军机大臣文庆等所上咸丰帝之奏折：

军机大臣奏言：自粤匪肆扰，长江即经奉旨通行团练，果能人自为战，家自为守，团练必能得力。今则实心任事者少，甚至土豪劣董借名科敛，一旦有警，贤者尚知效节，不肖者相率溃逃，且旨派团练之巨绅，而潜踪他处者，以此见任绅不若任官也。况如河南翼团练委之于民，遂起联庄之患，其必以官率绅，以绅劝民，而后如臂之联为一气可知也。爰考唐乾元，初置团练使，大者领十州，小者三五州，代宗时，命刺史悉带团练使；宋置诸州团练使；元置团练安抚劝农使；明以团练诸务设按察使，兵备道分统之，古制具在，可勘酌而行也。臣等公同商酌，与其别设一官，不如仿唐时刺史带团练之制，令知府直隶州兼之，至按察使、兵备道，前明本分统团练使事务，仅应仍兼团练，请以按察使及各项道员均兼督办团练衔，知府直隶州知州均兼办理团练衔，统帅州县，实力团练。其有地方辽阔，按察使道员不敷分辖者，准添设三四品官员，分督团练，带兵防御率属巡查，每省不得过一二人，其添设之员或请旨简放，或由该督抚保奏候旨录用，各以本官兼督办团练衔，如非实任人员，请由部议给廉俸，以示体恤额。谨将整顿事宜，酌拟数条恭呈御览。

一近贼之府州县分上冲次冲，上冲者附近军营由营拨兵协守，即归管带，不令派将并以事权，如贼匪大队冲突，统兵大臣仍须遣将驰救，次冲则团练乡兵，协同该营讯防守，以省兵力，而免烦扰；

一残破州县即甫经州县收复之城，民人迁徙，空虚无凭，团练应于附近完善州县，或本境完善村庄为团练立脚之地，然后召集流亡，渐次推行，仍由地方官保举公正绅士为图总，团

长立功者,即予奏奖;

一不教之民,难以御寇,训练事宜责成州县会同营汛办理,督办团练及协理团练之员,巡行校阅,分别劝惩;

一此方有警,邻境各府州县切须互援,贼退仍各守本地,其非邻境不得擅自征调及贪功冒进;

一御贼之法无过坚壁清野,惟地方情形不同,若钞撮旧文行之,或有窒碍,转多借口,但须选用得人,其应如何设法团练之处,悉听斟酌办理,如能力战退贼,城乡完善者,一二次奏请奖励,三次者知府与道一体升转,直隶州知州与知府一体升转,知县与知州一体升转,俱先换顶戴,仍留本任,若城池虽未失陷,而附近村镇为贼蹂躏过多者,亦应分别降斥,仍令带罪自效;

一应捐输杂派,悉予蠲免,各量地方情形劝民捐办,团练之费,器械钱谷,各从其便,此方所捐,专为此方之用,他处不得挪移,仍按所捐之数与报效军需者,一律奏奖,其残破州县甫经收复者,暂由粮台筹给;

一战守之要莫先斥堠,稽查之法莫善保甲,如果实力奉行,贼踪虽甚诡秘绕越,偷度何难觉察,勾引接济何难断绝,今后各冲要处所,责成该府州县,各就地方情形,广设斥堠,力行保甲,以杜勾结,然须假以事权,方能号令严明,人知畏法。请嗣后办理团练各州县,拿获奸细,审明后即行正法,其有奸民,偷卖火药、米粮接济贼营及团勇,扰害良民,抢掠行凶,情同盗匪者,均即行正法,此外罪名仍照例办理;

一司道中应以何人兼团练,何员分辖何地,使各有专责,应请旨饬下各督抚酌量情形,奏明办理,其州县有屡次立功升至知府或同知、直隶州者,准其兼协理团练衔,以示优异而资得力;

一司道既兼团练,应由附近军营或本省督抚拨给兵练,以资巡守，军务告竣，酌量裁撤，此项兵练，毋庸设为定额；

一府州县既各有团练之责，断非庸才所能胜任，请饬下各督抚慎选守令，据实保奏，凡上冲次冲之地，不拘资格，务在得人，行之一年，皇上即可以所保之优劣定督抚之贤否，以行赏罚；

一军中首重火药，近闻各营兵勇，有将火药抵卖食物而贸易，奸徒即以售与贼营者，此事所关非细，应请旨严饬统兵诸臣确查密访，如有偷漏火药，私卖与贼抵买食物者立即正法，粮台制造火药委员及带勇各员弁，能自行查出者免议，失察者严参，以上各条应请旨饬下湖北、湖南、江西、广西、河南、安徽、江苏、浙江各督抚各就地势，实力办理。①

文庆等军机大臣在这一奏折中，首先强调指出：办理团练"任绅不若任官"，各地举办团练"必以官率绅，以绅劝民"。明确该主旨后，军机大臣们援引历朝举办团练实例，如唐乾元初置团练使，大者领十州，小者三五州，代宗时又命刺史带团练使；宋朝时设置诸州团练使；元朝时设置团练安抚劝农使；明朝以团练诸务设按察使，兵备道分统之等。以此提出解决问题之法：即"与其别设一官，不如仿唐时刺史带团练之制，令知府直隶州兼之"，至于按察使、兵备道，明朝时本就分统团练，今仍令其兼办团练，"请以按察使及各项道员均兼督办团练衔，知府直隶州知州均兼办理团练衔，统帅州县，实力团练"，如有地方辽阔，按察使道员不敷分配者，再添设三四品官员分督团练，"其添设之员或请旨简放，或由该督抚保奏候旨录用，各以本官兼督办团练衔，如非实任人员，请由部议给廉俸，以示体恤额"等。由此提出了前述之困扰咸丰帝及军机大臣两大问题的解决办法。此外，该折还使咸丰帝对当下全国各地实行团练的必要性、重要性，湖北、湖南、江西、直隶、山东等直省实行团

① （清）奕䜣等：《钦定平定七省方略》卷一百五十五。

练的紧迫性，以及对实行团练之州县的素质要求，参与团练之民的遴选等团练诸重要问题皆有了更为深刻的认识。

正因为如此，咸丰帝对该折给予了极高的评价，称其所奏“于现在防剿机宜，颇中切要”，要求立即付诸实施。他不仅于文庆等上奏当日即令军机大臣寄信各直省督抚，且于七月十八日再次命军机大臣寄信山东、河南两省督抚，督促其速遵旨汇报。在寄信谕旨中他与军机大臣们对各直省的团练工作做了极为细致地部署与安排。首先谕令各直省督抚等，“办理此事，当以得人为先务，著将拟办章程，先行具奏”；其次，为避免“无赖游民充数，致别启衅端”之事，要求各督抚“欲行团练，必先严保甲”；再次，要求各督抚对于“所属各员及绅民之充团总团长者”必要赏罚分明等；最后，他激励各督抚对于团练之事，“务各激发天良，尽心筹办，使小民自卫身家，不受迁徙流亡之苦。绅士共明大义，各矢同仇偕作之心，以期早殄逆氛，同登衽席，毋负朕谆谆告诫之至意。”①七月十八日，咸丰帝和军机大臣尚未收到各直省督抚就此事的汇报，再次以寄信谕旨形式字寄山东、河南两省督抚，敦促其速速汇报。② 最高统治者对举办团练一事的重视，显然对于团练乡勇工作的继续深入开展有着非同寻常的意义。此后几月间，各直省督抚纷纷上报奏折，向咸丰帝汇报本省团练进展情况，据此咸丰帝又颁谕就各省举办团练之实际情况，分别提出其应行改进之处（见表 3－4），而由表 3－3 中所显示之第三批团练大臣派遣，以及各地方官员办理团练等情况可知，文庆等军机大臣的建议已完全付诸实践，各地团练整顿步伐由此得以加速。

---

① 中国第一历史档案馆编：《清政府镇压太平天国档案史料》第十八册，社会科学文献出版社 1992 年版，第 441—442 页。

② 《清文宗实录》卷二百零四，咸丰六年七月癸酉。

表3-4　各省督抚就“实行团练任官督率”一事回复情况一览

时间	各省督抚所奏之团练举办情况	皇帝对各省之批示
咸丰六年(1856)七月二十二日	崇恩奏称：山东本系通省办团，自北路肃清后，陆续遣散。惟曹州、济宁等处，尚未撤防该处团练，颇能得力。拟请仍就现未撤防各属即责成贤能州县，实力办理。司道府州所辖地方辽阔，未能与民相接，无庸加团练虚衔等。①	该抚果能慎选贤员，责以治效，则众志成城，民心强固。原可准其择要举行，其余暂行从缓。惟沿河紧要地方，尚复不少。昨经谕令该抚酌量设防之处，仍著速行筹办。此外各州县编查保甲，亦当实力奉行，以戢奸宄而期周密。至各直省形势不同，用兵省分，更非山东可比。该督抚等当各按地方情形，妥为筹画。著将拟办章程，迅速具奏，毋得视为具文，致涉延缓。②
咸丰六年十月十日	蒋霨远奏称：贵州团练于咸丰三年奉旨后，即经拟定规条，督饬各属，会同绅士办理，著有成效，毋庸另议章程等。③	该省乡团，深明大义，叠次打仗获胜，杀贼立功。著仍照旧章，实力办理，所有连年出力人员，自应先加奖励。贵州在籍前任漕运总督朱树江苏、苏松太道王玥均著交部议叙，分发云南，遇缺即补盐运司提举高以廉，著以同知不论双单月选用，仍留贵州办理团练，暂缓送部引见。④

① 《清文宗实录》卷二百零四，咸丰六年七月丁丑。

② 《清文宗实录》卷二百零四，咸丰六年七月丁丑。

③ 《清文宗实录》卷二百零九，咸丰六年十月甲午。

④ 《清文宗实录》卷二百零九，咸丰六年十月甲午。

续表

时间	各省督抚所奏之团练举办情况	皇帝对各省之批示
咸丰六年十月十三日	（安徽）福济奏称：该省自被贼窜扰以来，各属办理团练助剿协防，如滁泗徽宁凤颍等府州属均各著有成效，历次将出力各官绅等奏请奖励，现复饬属一体遵行，责成州县专管，知府直隶州知州督办，并就该省现在情形酌拟将安庐六滁和五府州、凤颍泗三府州归按察使及庐凤道分统稽查，由该抚调度。……分别加督办团练、协理团练等衔。如能卓著功绩，力保地方，随时查明保奏，给予升转。其州县因团练防剿，保至知府同知直隶州知州者，均各留本任，并加协理团练衔，以示优异。该司道皆带有兵勇，毋庸另拨，亦毋庸另派大员巡视，办团各绅，由粮台酌予银两，毋庸由部议给廉俸，其有情殷报效者，或加学额，或给奖叙分别办理等语。①	均著照所拟办理。安徽地方，现当剿办贼匪吃紧之际，团练尤为要务，该抚当慎选贤能，督率公正绅士，实力举行。其各属编查保甲，仍饬一律遵办，毋得日久生懈，有名无实。至各省情形不同，尚有未经奏覆者，该督抚等仍各妥为酌拟，将办理章程，迅速具奏毋涉玩延。②

① 《清文宗实录》卷二百零九，咸丰六年十月丁酉。

② 《清文宗实录》卷二百零九，咸丰六年十月丁酉。

续表

时间	各省督抚所奏之团练举办情况	皇帝对各省之批示
咸丰七年(1857)三月二十一日	该督(怡良、赵德辙)等奏:审度形势,分别派员管理,筹办尚属周妥。①	江苏现在偪近贼氛,团练尤关紧要,该官绅等果能实心经理,既可保卫乡闾,尤可助剿贼匪。除淮安徐州二府,由该督等咨明邵灿、庚长责成徐州道王梦龄办理外,所有里下河各州县,及通海二州属,即著署两淮盐运使郭沛霖督办。……凡有现任各官,经该督抚派令督办者,均加督办团练衔,其有由司督办者,该管之道府州作为协理,由委员及道员督办者,该管知府作为协理,由知府督办者,该管同知作为协理,均著加协理团练衔,以专责成。一俟军务完竣,即行撤销。该员等务当督饬州县各官,遴选公正绅耆,会同经理,查照原奏章程,随时考核,严定赏罚,经费则民捐民办,勿许科勒,丁壮则各保各乡,免其徵调。②

但是,如果我们从阻遏中央军权下移角度来看,其效果则并不理想。由非本籍的地方官员督率团练,实亦又回到了举办团练之初,而此时的情况与彼时相较,更为恶劣,皆因清王朝的地方政权在太平天国农民战争过程中已遭受重创。在此,仅以安徽一省为例,太平天国起义军攻入该省之时,有如出入"客馆",在各府、州、县任意来去,而沿江各地

① 《清文宗实录》卷二百二十二,咸丰七年三月癸酉。

② 《清文宗实录》卷二百二十二,咸丰七年三月癸酉。

凡太平天国起义军经过之处，地方政权全部坍塌，过后一个月各府、州、县仍为空城，“省会以及沿江各州县”“俱无官长”，地方之事“无官料理”①。类如此种地方政权，显然在团练过程中已难当大任。正如张研、牛贯杰二位先生所言：这一办法“理论、理想上可行，实际上随着双重统治格局中力量对比的变化、上层政权各级文武官员主导地位的丧失，早已不可行了。”②

（三）军机大臣定拟办理团练章程，令地方团练有章可依

咸丰十年（1860）五月二十一日，军机大臣等会同郑亲王端华、怡亲王载垣、大学士周祖培等向咸丰帝上奏团练章程十条，其内容如下：

> ……惟用兵之道，饷糈为要，今天下用兵十年，饷几竭矣，而迄无成效，不得不作改弦易辙之际，不用兵而用民，用民之法总宜深得民心，民心既得则不必全资，国帑并可协济军粮，此目前北数省固守封圻以遏贼势之第一要务也，谨遵拟办团练事宜数条。
>
> 一团练最重得人，现任本省道府中择其公正廉明，素有声望者帮同办理，以为团练副使，请旨简派；
>
> 一近年军务省份大半皆饷缺兵骄，不能卫民反多扰民，今拟俟团练既成之后，令官兵各归营伍，以待有事时，由团练处调遣，与团勇一例发给口粮，事竣仍令归伍，惟此时团练未办不可遽行议撤；
>
> 一团练必须经费，历年劝捐流弊滋多，宜令公正绅士会同地方官妥为劝导，一经缴官，立发印票，并粘贴各生捐输数目清单，使百姓皆知。仍会同造册二本，一报团练使以凭稽覆其

---

① 《向荣奏稿》，载中国近代史料丛刊：《太平天国》，神州国光社1953年版，第59页。

② 张研、牛贯杰：《试论团练大臣与双重统治格局》，《安徽史学》2004年第1期。

本省实缺官员,亦宜量力报捐,以为绅民之倡,应由本省大吏酌加勤勉,切不可私取于民,至官与绅富捐输之款,可否即照筹饷事例给予奖励之处,出自天恩;

一所办团练不令出省攻剿,庶人知自卫身家,劝办较易,惟河南地方,现仅归陈二府有筑寨自守者,此外均未举行,宜速劝百姓随处相地结团,各团长挑选精壮若干人,自为一旅,由团练使派官绅管带,酌给口粮,教以队伍进退之法;

一抚镇各标弁兵皆当足额认真训练,不得散处,各归本标统带与团练,联为一气,如所属地面不靖,应与团练合力战守,不得观望退缩,如经该府及团练大员禀奏拏问治罪;

一接仗追贼以马队为要,河南军营所调马队约一千余名留于团练处,由团练大员就其总管协领内简派勇干之员管带以备剿堵,其口粮马干即由团练经费内酌拨以节饷糈;

一府州县各有地方之责,既有团练该员等,应以保守城池为重,不得仍以出城堵御为词,如失守即按军法从事;

一团练自筹经费于正项地丁钱粮,并无干涉省城大吏及府道州县仍应照常办事,不得借口军营废弛公务;

一豫省河北三府多与开归二府毗联,仅隔一河,必宜认真防堵,方无疏虞,除赶紧劝谕该三府绅民办理团练外,应请旨饬令东河河督训练河营弁兵,节节设防,以饵意外之患。

一查皖豫交界归德陈州汝宁最为冲要,拟请旨饬令带兵大员严为防范,以便一面赶紧办团,至筑寨浚濠、制备器械、操练技艺、联络村庄、保卫城池,以及一切应办事宜均需相度地势次第兴办奏入。①

该章程为军机大臣与郑亲王端华、怡亲王载垣等结合河南团练情

① (清)奕䜣等:《钦定平定七省方略》卷二百四。

形所拟,其对办理团练之官员、劝捐流弊之消除、团练之规制(“不令出省攻剿”、“团练使派官绅管带,酌给口粮,教以队伍进退之法”等)、地方府州县于团练应尽之责等问题均做以详细规定。对此章程,咸丰帝予以肯定,并率先将其应用于河南团练实际。如在咸丰十年(1860)五月十日的谕旨中,咸丰帝即命督办河南团练大臣毛昶熙、会同帮办团练事宜的郑元善按照所议条款,妥为办理河南团练。① 此后,咸丰帝又谕令“山东等省在京大小官员,各就地方情形,仿照河南办理团练章程,直抒所见。”并指派督办山东团练大臣杜乔羽等驰赴山东,按照所议条款,并参酌河南章程,体察情形,妥为办理团练事宜。② 五月二十九日,谕令江北督办团练大臣晏端书等亦据此办理团练事宜。③ 显然军机大臣参与拟定之团练章程,已渐为各省举办团练官员所依据,由此发挥了它的实际效用。

综上可知,团练乡勇一事虽为地方官员具体承办,似乎在其发展过程中鲜见军机大臣们的身影,但军机大臣作为能够参与中枢决策的重要群体,他们为地方举办团练荐举官员、制定章程,更难能可贵的是因首席军机大臣上奏举办团练奏折,而使举办团练一事倍受皇帝重视,由此加快了各省举办团练的步伐,从而使团练乡勇在镇压太平天国农民战争的过程中发挥了极其重要的作用。但同时我们也看到了这样一点,即在各地举办、发展团练的过程中,咸丰帝与军机大臣们从一开始便试图阻止中央军权下移,为此他们做出了种种努力,已如前文所述,但效果却并不理想。症结即在于举办团练与维持中央集权统治本身就是一对无法解决的矛盾。因团练乡勇乃建立半地方化、半私人化军队的关键步骤,晚清著名的湘军、淮军即是汉地方督抚曾国藩、李鸿章在团练乡勇过程中创建而成。显然在中央政府号令各地团练乡勇、地方督抚举办团练的过程中,新的兵制已在此中得以孕育、发展,并最终取

① 《清文宗实录》卷三百一十八,咸丰十年五月壬寅。

② 《清文宗实录》卷三百一十八,咸丰十年五月甲寅。

③ 《清文宗实录》卷三百一十八,咸丰十年五月壬戌。

代了清旧有兵制，而属于中央的军权必将在此过程中日渐下移地方。这是军机大臣群体自身所始料未及同时又是无法阻止的，他们于此中的一切做法无异于饮鸩止渴。

四、军机大臣与财政制度变革

咸丰一朝于财政制度的最大变革莫过于厘金制度的推行。该制度虽由地方官吏率先创造发明，但是作为能够参与中枢决策的官僚群体，军机大臣们亦在其中发挥了重要作用，其作用主要体现在以下两方面：

(一)作用之一：对于厘金制度予以肯定、并尝试推行

就在咸丰帝与军机大臣们对饷银筹措束手无策之时，奉旨帮办扬州江北大营军务的刑部侍郎雷以諴，于咸丰四年(1854)三月上奏《请推广捐厘助饷疏》。在这份奏折中，雷氏先是阐述了前文业已述及的饷银匮乏及其严重影响，稍后即介绍了其辖区里下河内"捐厘助饷"之实践经验，并由此经验得出结论："捐厘助饷"之法，"既不扰民，又不累商，数月以来，商民相安，如同无事，古人云，逐末者多，则厘以抑之，捐厘之法亦古人征末之微意，而变通行之，入少则捐少，入多则捐多，均视其买贾所入，为断绝不强民以所难况，名为行铺捐厘，其实仍出自买客，断不因一二文之细征价值之低昂，所为征于无形，而民不觉者也。臣因此法商民两便，且细水长流，源远不竭于军需，实有裨益。"①故此，他认为"捐厘助饷"之法有推广之必要，并建议中央政府命"江苏督抚及河臣各就防堵地方，分委廉明公正之员，会同各该州县于城市镇集之各大行铺户，照臣所拟捐厘章程一律勤办，似于江南北军需可期大有接济"②。

---

① 王延熙等辑：《皇清道咸同光奏议》卷三十七，文海出版社1969版，第1985页。

② 王延熙等辑：《皇清道咸同光奏议》卷三十七，文海出版社1969版，第1985页。

雷以諴这份奏折中所提到的"捐厘助饷"之法，对于苦思筹饷而未得解决之法的咸丰帝及军机大臣们来说，无异于雪中送炭。他们对此奏折给予了高度重视，经与军机大臣商拟，咸丰帝命军机大臣于咸丰四年(1854)三月二十四日，就厘金一事，连发了两道六百里寄信谕旨，其内容如下：

军机大臣字寄钦差大臣琦。

咸丰四年三月二十四日奉上谕：

雷以诚奏，设法劝捐，以助兵饷一折。据称防守东路以来，军饷各项，皆取给予里下河十数州县之捐输。上年秋冬，及本年二月间，曾叠次拨解琦善等营军饷，现拟将所募练勇，酌量裁减，即以裁减余项，接济琦善各营官兵之用，仍极力劝捐，专事筹饷等语。所奏自系因时变通之法，尚属筹办得宜。著琦善即饬雷以诚，将里下河一带商民，谆切晓谕，实力劝捐。俾该商民等咸知捐输接济兵糈，即所以保卫身家，自能踊跃急公，不至迁延观望。至仙女庙、邵伯镇等处各村集，既据雷以諴奏称所筑土围、碉楼、砦堡一律完整，并附近要隘，所团各乡勇，亦颇有技艺。著琦善仍饬令该革员认真查勘，毋得始勤终怠，所有捐输团练事宜，即责成雷以諴悉心妥办为要。……将此由六百里谕令知之。

钦此。遵旨寄信前来。①

军机大臣字寄两江总督怡、江苏巡抚许、江南河道总督杨。

咸丰四年三月二十四日奉上谕：

雷以諴奏，试行捐厘助饷，业有成效，请推广照办，以裕军

① 第一历史档案馆编：《清政府镇压太平天国档案史料》第十三册，社会科学文献出版社1992年版，第391—392页。

储，并开列章程呈览一折。粤逆窜扰以来，需饷浩繁，势不能不借资民力。历经各路统兵大臣，及各直省督抚奏请设局捐输，均已允行。兹据雷以諴所奏捐厘章程，系于劝谕捐输之中设法变通，以冀众擎易举。据称里下河一带办有成效，其余各州县情形，想复不甚相远。著怡良、许乃钊、杨以增各就江南北地方情形，妥速商酌，若事属可行，即督饬所属劝谕绅董筹办。其有应行变通之处，亦须悉心斟酌。总期于事有济，亦不致滋扰累，方为妥善。雷以諴折单，均著钞给阅看。将此由六百里各谕令知之。

钦此。遵旨寄信前来。①

上述两件谕旨中，第一件谕旨是咸丰帝命军机大臣寄信雷以諴的顶头上司钦差大臣琦善，在此他们对雷以諴所提出的征收厘金之法给予了认可与肯定，仍令雷以諴继续承办厘捐事宜，但对于普通民众对此厘金的态度尚存疑义，故在谕旨中要求雷以諴在征收厘金的过程中，要做好商民的思想工作，以利于厘金征收工作的顺利开展。第二件谕旨则是军机大臣寄信两江总督怡良、江苏巡抚许乃钊、江南河道总督杨以增等，此件谕旨的重心在于谕令江苏巡抚、南河总督等依照雷以諴所拟之捐厘章程，于所辖区域内尝试推行此法。但是，他们在谕旨中又进一步强调指出，各承办官员应“悉心斟酌”，须根据各地情况因时、因地变通推广，最后以达到“总期于事有济，亦不致滋扰累，方为妥善”之目的。

这两件谕旨实是从中央政府的角度，对于清代财政制度中的新生事物——厘金予以了认可与肯定，由此谕令雷以諴继续承办厘捐事宜，怡良、许乃钊、杨以增等则在所辖区域就各地情形尝试推行此法，并强调指出了各级官员于推行此法过程中应行注意之处。谕旨颁发后，雷

① 第一历史档案馆编：《清政府镇压太平天国档案史料》第十三册，社会科学文献出版社1992年版，第393页。

以诚即于泰州设立分局，并将抽厘商品范围扩大；而江苏巡抚、南河总督等约于是年下半年在其所辖区域内设卡抽厘。厘金自此即已开始全面征收，“但直到咸丰十一年（1861），户部才颁布厘金章程，要求各省督抚奏报厘金收数，但遵行者寥寥。根据零星记载，江苏在咸丰三年（1853）下半年试行中收钱两万贯；从第二年起到十一年，年收银三四百万两。江西同期年入近200万两等等。合全国推行厘金省份总计之，截至同治三年（1864），年平均约达银1000万两。”①因厘金收入可不必上缴中央，由此所得收入均成为地方财源，巨大利益推动着各省督抚参与其中。此后，征收厘金各省日多，最后发展到全国，其发展大概情形可见表3－4，由此亦可见，厘金发展规模之大，速度之快。显然，这两件谕旨即咸丰帝与军机大臣们对厘金制度的态度，对于厘金的推广及其进一步发展起到了至关重要的推动作用。

表3－4 咸丰朝厘金办行省份一览表②

时间	厘金办行省份
1855年	湖南 江西 湖北
1856年	四川 新疆 奉大
1857年	吉林 安徽
1858年	福建 直隶 河南 甘肃 广东 陕西 广西 山东
1859年	山西
1860年	贵州
1862年	浙江
1874年	云南
1885年	黑龙江
1886年	中国台湾

① 工戊笙主编：《清代简史》，辽宁人民出版社1997年版，第490页。
② 茅海健：《苦命天子—咸丰帝奕詝》，上海人民出版社2005年版，第115页。

(二)作用之二:对厘金制度予以规范

如前所述,厘金发展速度之快令人始料未及,而于此迅速发展过程中,不可避免地存在诸多流弊。如咸丰四年(1854)十二月十八日,王茂荫奏称:"大江南北,捐局过多,官私错杂。扬州以下,沿江各府州县,设有十余局,苛敛行商过客,假公济私,包送违禁货物,甚至聚众敛钱,以钱聚众。普安薛家港等局,竟至互图并吞,大肆争斗,商民无不受害等"①。咸丰五年(1855)三月二十三日,御史宗稷辰又奏:"大江南北,设卡抽厘,收捐太杂,出入总数毫无稽核,并有常镇散勇与江面土豪,在江滨距圌山关相近地方,树帜拦船,肆行盘踞,与营卡比列,莫辨公私。"②故此,宗稷辰希冀朝廷命江督经理厘捐事宜。

综观以上两份奏折,共反映出有关厘金制度推行过程中存在的三大问题:一为捐厘征收速度发展奇快,导致捐局过多;二为捐局官私错杂,鱼目混珠;三为收捐太杂,苛敛行商过客,出入总数毫无稽核。众多问题最终导致商民深受其害。

对于上述两份奏折所折射出的问题,咸丰帝命军机大臣撰拟寄信谕旨,分别予以解决,由此试图规范厘金制度。

> 军机大臣字寄钦差大臣·江宁将军托、帮办军务·三品顶戴·前直隶提督陈、帮办军务·三品顶戴·江苏布政使雷。
>
> 咸丰四年十二月十八日奉上谕:
>
> 本日据王茂荫奏,大江南北,捐局过多,官私错杂,……雷以諴创议捐厘,协济军饷,原在扬州一带,办理尚属妥协,何以普安等局,竟有收捐未解粮台之弊。著托明阿等确切访查,如有奸徒藉端渔利、藐法营私,即著饬令该地方官严行究办。其

---

① 《清文宗实录》卷一百五十四,咸丰四年十二月壬子。

② 《清文宗实录》卷一百六十三,咸丰五年三月乙酉。

在大江以南者，并即移咨怡良就近查明，如系私设，即行严禁，务期济饷安民，两无窒碍。原折单著钞给阅看。将此由四百里谕知托明阿、陈金绶、雷以諴，并传谕文煜知之。

钦此。遵旨寄信前来。①

又谕，御史宗稷辰奏，大江南北，设卡抽厘。……江南省捐厘济饷，雷以諴创议于前，文煜接办于后，原期集饷安民，两无窒碍。其扬通一带，设立各卡，均有章程可稽，岂容任意添设。若如所奏，官收捐项，已极繁琐，复有匪徒冒名勒索，扰累行旅，更属大干法纪。著托明阿等确切访查，如有奸徒把持渔利，即著从严拿究，以靖地方。至该御史所奏百里之间，设卡过多，应行归并删减之处，著酌量情形，奏明办理。其所请责成江督稽核及简员管理，事多窒碍著毋庸议。至官军发项未能按期支给，如果抽厘事务，办理得宜，所捐款项，悉归实用，于军饷亦有裨益。该大臣等务当悉心妥办，毋得扰害闾阎，徒使奸徒中饱而于军饷仍无实济。原折著钞给阅看。将此由四百里谕知托明阿、向荣、吉尔杭阿、陈金绶、雷以諴、并传谕文煜知之。②

上述两件寄信谕旨，均是军机大臣寄信托明阿、陈金绶、雷以諴等主办厘捐之官员，表明皇帝及参与中枢决策的军机大臣们对厘金一事较为重视，对于两份奏折所反映的问题，指示主办官员分别予以处理，于厘金制度之规范亦有裨益。由两件寄信谕旨内容可见，咸丰帝与军机大臣们最为重视的是两份奏折中均有所反映的捐局官私错杂，鱼目混珠之问题，而对于前述之其他两个问题只是轻描淡写地命主办官员“酌量情形，奏明办理。”其中原因在于中央实施厘金制度主要目的在于

① 第一历史档案馆编：《清政府镇压太平天国档案史料》第十六册，社会科学文献出版社 1992 年版，第 587—588 页。

② 《清文宗实录》卷一百六十三，咸丰五年三月乙酉。

济饷，而私人开设捐局，不仅“扰害闾阎”且“徒使奸徒中饱而于军饷仍无实济”，这是朝廷最不愿见到的，故此他们对该问题最为关切。

由中国近代历史的最终发展演变来看，晚清政府推行厘金制度最大的流弊并非前述之三大问题，而是更为严重的问题，即财权已由中央渐落于地方。清代前、中期一切财权统归于户部，通过制定收支科目与收支标准，以此保证一切财政收支都作为国家收支，从而实现中央对财权的控制。而厘金制度的推行，则使各地方督抚截流税收，自行筹饷，毋庸中央统一筹拨军饷，这不啻为解决军费紧张、缓解中央财政危机、以资镇压太平天国农民战争的最有效途径。但事实上清政府却为此付出了巨大的代价——财权正逐渐由中央下移地方。这是军机大臣们、乃至咸丰帝本人均在当时所未曾想见，实又无法控制的。为了解决当前政府面临的最严重问题，即镇压直接威胁清统治的农民起义军，维护其统治，他们此时也惟有头痛医头、脚痛医脚、听之任之了。但此举毕竟在一定程度上缓解了前文所述及之财政危机，从而暂时地避免了清王朝的覆灭。从中枢决策的角度来看，此种做法亦是无可厚非。

面对波澜壮阔、史无前例的中国近代历史乃至中国历史上规模最大的农民战争——太平天国农民战争的巨大打击，清王朝旧有的国家机器已不能有效应对，在此王朝生死存亡之际，咸丰朝的军机大臣群体迫于内外形势，顺应时代潮流“变以求通”。他们调整满汉关系，首开晚清“亲用汉人”先河；他们为团练的举办、厘金制度的推行提供来自中枢决策的支持，从而使曾国藩、李鸿章、胡林翼、左宗棠等汉督抚势力迅速崛起，日渐成为镇压太平天国农民战争的中坚力量，暂时地避免了封建王朝的覆灭，也为即将到来的“同治中兴”奠定了前期基础。但是，与“亲用汉人”策、兵制变革、厘金制度推行相伴相生的则是清廷中央人事任免权、军权、财权的旁落地方，清王朝高度中央集权的统治秩序自此已不复存在，从而为其最终的覆灭埋下了伏笔。此亦咸丰朝军机大臣们所始料未及，但这也足以反映一个更深层次的问题，即清王朝封建统治的最终覆灭是中国近代历史发展的大势所趋。

第三节 军机大臣与咸丰朝末期外交政策之转变

清王朝统治下的中国在十九世纪下半叶,由一个封建强国逐步沦为落后的任人侵侮的半殖民地国家,其根本原因是未在世界开始由分散走向整体之时,去及时地面向世界、走向世界。当乾隆帝于乾隆二十二年(1757)下令"闭关",实施一系列与外隔绝的措施之时,以英国为首的西欧资本主义国家正在以其军事的、经济的力量改造世界,意在使全世界都围绕西欧资本主义中心而发展。国力尚强的清王朝先是主动地关闭了国门,而时间仅仅过去了几十年之后,它就不得不被动地面对已破门而入的西方侵略者。

第一次鸦片战争以后中国与西方各列强所订一系列不平等条约,实已打破了清政府"天朝上国"的迷梦,但精神上的中央帝国观念却一如其旧。清王朝统治者这种坚持将中国隔离于世界之外的做法直到第一次鸦片战争结束20年后的60年代才开始了变化,而这一变化正源于西方侵略者对清王朝新一轮的更为猛烈的打击,即第二次鸦片战争。这场战争前后持续共达四年之久,侵略者凭借其船坚炮利一路几入无人之境,由沿海径直深入至中国腹地,到咸丰十年(1860),竟"直入京城,要挟狂悖,夷祸之烈极矣"①。作为清王朝最高统治者的咸丰帝撇下他的子民望风而逃,北狩热河,仅留下其弟恭亲王奕䜣、军机大臣文祥等官员留守京师,主持和议。此时面临着西方侵略者与农民起义军两大劲敌的清政府早已处于风雨飘摇、大厦将倾之危险境地,清政府如不改变旧有对外政策,整个王朝将面临覆亡的危险。在这生死存亡之际,处于中枢决策层的军机大臣们在对外态度、观念、方针、机构等方面及时进行调整、转变,不仅使王朝暂时摆脱了覆亡的厄运,同时也使中

① (清)贾桢等编:《筹办夷务始末》(咸丰朝),中华书局1979年版,第2674页。

国迈出了融入外部世界并开始在其中学习生存竞争规则的第一步。

咸丰朝末期可谓多事之秋，自咸丰十年（1860）八月初七日英法联军兵临城下、皇帝北狩热河，至咸丰十一年（1861）九月三十日两宫太后联合恭亲王奕䜣发动辛酉政变，短短一年间，时局、政局、人事等均发生诸多变故。在这一年间，清王朝对外关系之变可谓其中一显著变化，而在这一转变过程中，军机大臣可谓担纲主要角色。自庚申之变至辛酉政变期间，军机处共有五位军机大臣，分别是军机大臣穆荫、匡源、杜翰、文祥，以及十月二十八日学习入值的焦祐瀛。依据这五位军机大臣面临外敌应变情况实可分成两个派别，即主动应变一派与被动应变一派。前者主要包括留守京师的文祥，以及十月二十八日方奔赴热河的焦祐瀛；后者则包括穆荫、匡源、杜翰等扈从咸丰帝北狩热河的几位军机大臣。此处所言之主动与被动均是二者间相对而言，事实上文祥等也是迫于英法等国的强大而被动施变的，但是相对于热河的几位军机大臣而言，他们又是相对主动应变，故称其为主动应变派。但无论是主动、抑或是被动，二者对于外敌的态度以及采取的方针策略均发生了一系列根本性的变化，其变化主要体现在以下三个方面：

第一，对外态度、观念发生深刻变化。

这一深刻变化集中体现在文祥与恭亲王奕䜣等上奏的《统计全局折》的引论中。其内容如下：

> 窃为夷情之强悍，萌于嘉庆年间，迨江宁换约，张弥甚，至本年直入京城，要挟狂悖，夷祸之烈极矣。论者引历代夷患为前车之鉴，专意用剿，自古御夷之策，固未有外与此者。然臣等揆时度势，各夷以英国为强悍，俄国为叵测，而法、美从而阴附之。窃谓大沽未败以前，其时可剿亦可抚；大沽既败而后，其时能抚而不能剿；至夷兵入城，战守一无足恃，则剿亦害，抚亦害。就两者轻重论之，不得不权宜办理，以救目前之急。自换约以后，该夷退回天津，纷纷南驶，而所请尚执条约为据。

是该夷并不利我土地人民，犹可以信义笼络，驯服其性，自图振兴，似与前代之事稍异。

……臣等就今日之势论之，发捻交乘，心腹之害也；俄国壤地相接，有蚕食上国之志，肘腋之忧也；英国志在通商，暴虐无人理，不为限制则无以自立，肢体之患也。故灭发捻为先，治俄次之，治英又次之。惟有隐消其鸷疾之气。而未遽张以挞伐之威，倘天心悔过，贼匪渐平，则以皇上圣明，臣等竭其颛蒙之力，必能有所补救。……①

就此折内容而言，军机大臣主动应变派的对外态度、观念变化又集中体现在三个方面：

首先，认识到敌我力量对比悬殊，敌强我弱。这一点正如文祥奏折中所言：英法军队“至本年直入京城，要挟狂悖，夷祸之烈极矣。”文祥等人追随恭亲王奕䜣留守京师“办理抚局”后，曾亲眼目睹了英法两国军队凭借其船坚炮利屡屡取得战争胜利、而清军则因中西力量对比的明显差距而节节败退的惨象。当英法联军兵临城下之时，清军官兵人无斗志，不仅未能严兵防守，反而开门纳敌，侵略者未折一兵，便安然入城，从而使奕䜣、文祥失去了与英法进行谈判的任何筹码，真真是“战守一无足恃”，最终不得不无条件接受侵略者的全部无理要求。文祥在上奏咸丰帝的奏折中指出：“夷人把守安定门，并于城上屯扎夷兵，虽目下仅止游行街市尚不滋事，日久恐未必相安如常，……”待“夷酋进城，即行前往画押换约，保全大局，毋再耽延，致生枝节。”②与英法议和、被迫签订城下之盟的残酷事实使文祥清楚地意识到，此时的清王朝正面临着前所未有的强大敌人，故此他指出：“夫敌国外患，无代无之，然未有

① （清）贾桢等编：《筹办夷务始末》（咸丰朝），中华书局1979年版，第2674—2675页。

② 中国史学会编：《第二次鸦片战争》第五册，上海人民出版社1978年版，第198页。

如今日之局之奇、患之深，为我敌者之多之狡也。"①因此，他们已深刻认识到以往御夷之策中的单纯的"剿"与"抚"均已不适用于今日之夷。②

其次，今日之夷有别于以往之夷，建议统治者应放弃传统的华夷观。文祥等与英法侵略者议和的亲身经历，使他注意到，西方侵略者与中国古代那些问鼎犯边、志在夺取人口土地、"夷性狡谲"、"要求无厌"、"心怀叵测"的"蛮狄"有诸多不同，主要因其自与中国换约后，便信守条约"退回天津，纷纷南驶，而所请尚执条约为据。是该夷并不利我土地人民"。他们侵略中国的主要目的在于"内则志在通商，外则力争体面"，"并非争城夺地而来"③。以此要求统治者能够放弃"天朝上国"的虚骄之气，和"人臣无外交"的传统观念，正视西方资本主义各国，与他们建立平等的国家关系，再不可以古之"蛮狄"视之。

最后，内忧与外患何者在先？对于清王朝此时所面临的两大强敌——英法侵略者与太平天国农民起义者，文祥等又依据二者对清王朝统治的威胁程度，对其次序进行排列，指出："发捻交乘，心腹之害也；俄国壤地相接，有蚕食上国之志，肘腋之忧也；英国志在通商，暴虐无人理，不为限制则无以自立，肢体之患也。"两权相害取其轻，"故灭发捻为先，治俄次之，治英又次之。"这成为日后清王朝解决内忧外患的根本出发点。

第二，对外方针发生变化。

由于文祥等对外态度、观念发生了深刻变化，因此他们所提出的对外方针亦不同于以往。在鸦片战争之前，清朝统治者以"天朝上国"自

---

① （清）赵尔巽等撰：《清史稿》，中华书局1977年版，第11692页。

② 这一结论实已由战争期间一系列事实所验证。如僧格林沁率军抵抗英法联军的节节败退；载垣、穆荫、桂良与英法谈判的毫无成效；以民制夷法（参见（清）贾桢：《筹办夷务始末》（咸丰朝），中华书局1979年版，第2364页之军机大臣廷寄三）、以商制夷法（参见（清）贾桢：《筹办夷务始末》（咸丰朝），中华书局1979年版，第2372页之军机大臣廷寄三）等对西方侵略者亦无济于事等。

③ （清）贾桢等编：《筹办夷务始末》（咸丰朝），中华书局1979年版，第2586页。

居，将中国以外的国家和民族一概视为“蛮狄”，因此，他们在处理对外关系上，只有所谓“理藩”，而无真正外交，更谈不上有什么外交思想和外交方针。第一次鸦片战争失败后，尽管清政府被迫同西方国家签订了一系列不平等条约，开放了通商口岸，但仍固守闭关政策，对西方国家“既不屑讲交邻之道，与通商诸国联络，又未尝默审诸国情势之向背虚实强弱，而谋所以应之”①，结果导致英法侵略者兵临城下、咸丰帝北狩热河，第二次鸦片战争失败。而清统治者即便是对古已有之“蛮狄”来侵，他们的御夷之策，也仅有“剿”、“抚”两策，而此种非“剿”即“抚”的策略早已不适用于近代国家间问题的解决。文祥等针对这种形势的变化，提出了不同于以往的对外方针：即“按照条约，不使稍有侵越，外敦信睦，而隐示羁縻”（以下简称“外敦信睦”“隐示羁縻”）②，其意即为按照已订条约行事，以取信于各国，杜绝条约外一切要求以尽力保全国家主权。这一对外方针从表面来看，与咸丰帝此前提出的“坚执定约、杜绝妄求”的旧方针极为相似，均在强调守约与维和。但是，我们看到制定方针的主体对该问题的认识却相去甚远。“咸丰时要维和是基于不失国体的颜面观念以及避免边衅的偏安需求，此时的维和则是基于对战争危害的认识和对战争结局的承认。咸丰时的守约，是要以约为界，阻隔中西交往，继续闭关政策，此时的守约则是应承兑现条约中的承诺，认可并准备趋同于西方国家的交往规则。”③

奕䜣、文祥在奏折中指出，这一方针是基于古人所言之“以和好为权宜，战守为事实”④为基础提出并制定的，即此中之“按照条约”、“外敦信睦”仅是权宜之计，而“不使稍有侵越”、“隐示羁縻”才为事实。在这一奏折中，他们又指出了一些具体做法：如章程中所提到的，设立总

① 《书汉阳叶相广州之变》，载中国史学会编：《第二次鸦片战争》第二册，上海人民出版社1978年版，第228页。

② （清）贾桢等编：《筹办夷务始末》（咸丰朝），中华书局1979年版，第2674页。

③ 高路：《论清政府对外方略的改变》，《华中师范大学学报》1998年第5期。

④ （清）贾桢等编：《筹办夷务始末》（咸丰朝），中华书局1979年版，第2674页。

理各国事务衙门，要求各海口地方官将“各海口内外商情，并各国新闻纸”按月咨报总理处，①学习外国语言文字等等。在文祥等上奏的《奏请八旗禁军训练枪炮片》中，他们又进一步指出了实行这一对外方针的最终目的即在于“御侮”，“使该夷顺则可以相安，逆则可以有备，以期经久无患。”而其具体途径，则为自强，自强的关键又在练兵，即要实现军事近代化，其具体程序则为先平内患，后御外侮，即“内患除则外侮自泯”。② 由此，形成了一整套的包括外交、内政、军事等诸方面的方针、政策以及策略在内的全面的治国大纲。而从“御侮”这一最终所要实现的目标来看，“外敦信睦”“隐示羁縻”的外交方针是这一治国纲领的基础与重中之重。这一方针的变化是军机大臣对外策略改变的最根本变化。

第三，对外机构的变化。

“外敦信睦”，“隐示羁縻”的对外方针既经制定，那么，其他与外交相关的常规也应次第建立，而建立正规的、近代化的外交机构则应首当其冲。

因中西方历史发展不同，外交机构亦迥然相异。清代虽设有理藩院，但就其职掌而言，亦仅是“掌内外藩、蒙古、回部、及诸藩部。制爵禄、定朝会、正刑罚、控御抚绥，以固邦翰”③，即是一种只有理藩，而无真正意义上的外交的传统体制，这与近代西方国家的外交部则大异其趣。第一次鸦片战争前后，由于清廷缺少一个专办外交的机构，地方督抚又开始兼理外交，1858 年《天津条约》签订后，外交事务又转由军机处管理，这就彻底打破了清廷传统的由礼部、理藩院办理外交的旧格局。但是，正如光禄寺少卿焦佑瀛等于咸丰十年（1860）九月七日指出：军机处本为“枢密之地，事务大繁”，对外交事务“只能总持大纲，于细微曲折，不能详细考查。即如新旧条约，该夷执以为据，偶有舛误，即烦唇舌。”奕䜣、文祥也于《统计全局折》中指出：“查各国事件，向由外省

① （清）贾桢等编：《筹办夷务始末》（咸丰朝），中华书局 1979 年版，第 2674 页。

② （清）贾桢等编：《筹办夷务始末》（咸丰朝），中华书局 1979 年版，第 2700 页。

③ （清）赵尔巽等撰：《清史稿》，中华书局 1977 年版，第 3298 页。

督抚奏报,汇总于军机处。近年各路军报络绎,外国事务头绪纷繁,驻京之后,若不悉心经理,专一其事,必至办理延缓,未能悉协机宜。"①即指出:军机处作为一个中枢决策机构,在外交事务纷繁的19世纪60年代兼管外交事务,着实存在诸多弊端。因此,建立一个专门的、近代化的外交机构已成为刻不容缓之事。奕䜣、文祥、焦祐瀛②等人即是在此基础上,经深思熟虑之后,提出了建立总理各国事务衙门以及南北洋通商大臣建置的新构想。这一构想的提出实是军机大臣主动应变派对外态度、对外方针变化的一个集中体现。

以上是军机大臣内部主动应变派对外态度、观念、方针、机构变化情况,那么被动应对派在此方面又有何种变化呢?咸丰帝对奕䜣、文祥等上奏《统计全局折》非常重视,指示穆荫、匡源、杜翰、焦祐瀛等军机大臣会同惠亲王、总理行营王大臣、御前大臣等妥速议奏。③ 经过七天的

① (清)贾桢等编:《筹办夷务始末》(咸丰朝),中华书局1979年版,第2674页。

② 焦祐瀛于咸丰十年(1860)十月二十八日学习入值军机处。其于咸丰十年(1860)九月七日上奏折片《请设办理通商处分司办理各国事务片》中指出:"御夷之法,贵有责成。查向来夷务,由军机处办理。惟枢密之地,事务大繁,只能总持大纲,于细微曲折,不能详细考查。即如新旧条约,该夷执以为据,偶有舛误,即烦唇舌。此次换约之后,应请旨设立办理通商处,以大臣领之,分为各司,办理各国事务。则例案分明,事有专责,可以日久相安,实为第一要务。天津地方归盐政,或归天津道办理,均总汇于通商处,以杜推诿两歧之弊。"咸丰帝朱批:"知道了。钦此。"这一奏折可谓奕䜣、文祥奏请设立总理各国事务衙门的先声,也是近代历史上建议设立总理各国事务衙门的最早文件。吴福环先生认为奕䜣文祥奏请成立总理各国事务衙门的奏折吸取了焦祐瀛等人的意见,同时这一折片的上奏对咸丰帝是否同意建立总理各国事务衙门也是一种试探,正是在咸丰帝未反对的前提下,奕䜣、文祥才大胆提出建立总理各国事务衙门的奏议。此外,焦祐瀛上奏该折后不久即奔赴热河行在,并入值军机处,也使奕䜣、文祥等很容易了解咸丰帝的态度等等。(参见吴福环:《清季总理衙门研究》,新疆大学出版社1995年版,第7-11页。)笔者完全认同吴先生以上观点,同时认为焦祐瀛此时入值军机处,其思想转变实对身处热河行在的咸丰帝及众军机大臣亦能产生一定影响,奕䜣、文祥所上《统计全局酌拟章程六条呈览请议遵行折》此后能够顺利获得批准,此中亦应有其一份功劳。

③ (清)贾桢等编:《筹办夷务始末》(咸丰朝),中华书局1979年版,第2675页。

“公同详阅、悉心酌覆”，众军机大臣会同惠亲王绵愉等于十二月初九日，上奏《遵议奕䜣奏章程请照原议办理折》，该折指出：“恭亲王奕䜣等筹议各条，按切时势，均是实在情形。可否请旨按照原议各条办理之处？伏侯圣裁。”①即表明参与讨论的各位亲王、军机大臣等对奕䜣、文祥、桂良体现在该折中的对外态度、对外方针、对外机构等诸多变化的认同。处于热河行在的军机大臣穆荫、匡源、杜翰等，虽无文祥等人身处京师直面外敌，惟有变革方能求得王朝生存、延续的深切感受，但是他们毕竟也有过亲历庚申之变、皇帝北狩热河的惨痛经历，正在思谋驭夷良策之时，他们意识到奕䜣、文祥奏折中所言之策不失为为今之计。穆荫、匡源、杜翰、焦祐瀛等军机大臣对奕䜣、文祥等奏《统计全局折》并无异议，实已表明他们在对外态度、对外方针、对外机构等方面也发生了一定变化，只不过这种变化相对于文祥等略有被动的意味而已。

奕䜣、文祥等奏《统计全局折》经军机大臣、亲王等会奏通过后，在“伏侯圣裁”之时，却又出现了一段插曲。在十二月初十日颁布的明发谕旨与军机处寄信谕旨中，有关新设的总理各国事务衙门的名称，都比奕䜣、文祥原奏多出了“通商”二字。有学者指出：“之所以加上“通商”二字，主要是由于在他（咸丰帝）及亲信大臣（主要指军机大臣）心目中，外交与通商不分，成了习惯用语的缘故”，他们对设置的新衙门的理解仅着眼于外贸通商问题；②也有学者指出这种歧误是“军机大臣或皇帝本人也可能有意对这个机关故予限制，使它的职权不逾越通商的范围”，③宝成关先生亦持类似观点，指出此举是咸丰帝“企图把总理各国

① （清）贾桢等编：《筹办夷务始末》（咸丰朝），中华书局1979年版，第2675页。

② 吴福环：《清季总理衙门研究》，新疆大学出版社1995年版，第11—12页。持此种观点的学者还有夏东元先生，参见夏东元：《洋务运动史》，华东师范大学出版社1992年版，第29—30页。

③ 持此种观点的学者如钱实甫，参见其著作：《清代外交机关》，三联书店1959年版。

事务衙门的职权限制在通商事务范围之内;”①当然也有学者认为以上两种原因兼而有之;②笔者亦认为以上几种观点都有一定道理,特别是第三种观点对该问题的解答较为全面,基本涵盖了该结果出现的诸多可能因素。但笔者更为支持第二种观点,即在以上诸多原因之中,最为根本的原因应在咸丰帝本人试图利用“通商”二字对这个新机构、特别是对奕䜣的权力故予限制。理由如下:

首先,从几份奏折与谕旨内容来看,奕䜣文祥等在《统计全局折》这一最初上奏的原始折件中向咸丰帝提出:“京师请设立总理各国事务衙门”,其中并无通商二字。穆荫、匡源、杜翰等军机大臣会同惠亲王、总理行营王大臣、御前大臣等对此奏折经过七天的“公同详阅、悉心酌覆”,于十二月初九日上奏《遵议奕䜣奏章程请照原议办理折》,指出:“恭亲王奕䜣等筹议各条,按切时势,均是实在情形。可否请旨按照原议各条办理之处?伏候圣裁”,表明几位军机大臣对奕䜣、文祥所奏并无异议,军机大臣的态度已表明,但最终是否按照此方案行使,要“伏候圣裁”,意即决定权在咸丰帝那里。并且值得注意的是在这一奏折中,有关奕䜣所奏章程处均未添加“通商”二字。原文如下:

惠亲王绵愉等奏:

十二月初三日,恭亲王奕䜣等奏通筹全局,酌拟章程条款,请旨遵行一折。钦奉朱批,惠亲王、总理行营王大臣、御前大臣、军机大臣妥速议奏。单并发。钦此。臣等将所拟章程公同详阅,悉心酌覆,恭亲王奕䜣等筹议各条,按切时势,均是实在情形。可否请旨按照原议各条办理之处?伏候圣裁。其

① 持此种观点的学者如宝成关,参见其著作:《奕䜣慈禧政争记》,吉林文史出版社1990年版,第90页。

② 持此种观点的学者如董守义,参见其著作:《恭亲王奕䜣大传》,辽宁人民出版社1989年版,第125页。

未尽事宜，应由恭亲王奕䜣随时详议具奏，请旨遵行。①

而经“圣裁”之后颁布的明发谕旨以及军机处的寄信谕旨中，却多处出现了“通商”二字。

十二月初十日明发谕旨：

惠亲王等奏，会议恭亲王奕䜣等奏办理通商善后章程一折。据称：恭亲王奕䜣等筹议各条，均系实在情形，请照原议办理等语。京师设立总理各国通商事务衙门，著即派恭亲王奕䜣、大学士桂良、户部左侍郎文祥管理，并著礼部颁给钦命总理各国通商事务关防。应设司员，即于内阁、部院、军机处各司员章京内，满汉各挑取八员，即作为定额，毋庸再兼军机处行走，轮班办事。……

所有各国照会及一切通商事宜，随时奏报，并将原照会一并呈览；一面咨行礼部，转咨总理各国通商事务衙门。并著各该将军、督抚互相知照，遇有交卸，专案移交后任。其吉林、黑龙江中外边界事件，并著该将军等据实奏报；一面知照礼部，转咨总理衙门，不准稍有隐饰。②

十二月初十日寄信谕旨：

本日据惠亲王等奏，会议恭亲王奕䜣等奏通商善后章程一折。据称：恭亲王奕䜣等筹议各条，按切时势，均系实在情形，请照原议办理等语。业经降旨，派恭亲王奕䜣、大学士桂良、户部左侍郎文祥，总理各国通商事务，并派崇厚为办理三

① （清）贾桢等编：《筹办夷务始末》（咸丰朝），中华书局1979年版，第2691页。
② （清）贾桢等编：《筹办夷务始末》（咸丰朝），中华书局1979年版，第2692页。

口通商大臣,其旧有五口及新增各口通商事宜,仍著薛焕办理矣。……①

这表明变化就出现在圣裁这一过程之中,即最大的可能在于咸丰帝自身的意见左右了这一看似细小的变化。夏东元先生与吴福环先生均认为上谕中加上“通商”二字,是由于在咸丰帝及众军机大臣心目中,外交与通商不分,成了习惯用语的缘故,而且他们对设置的新衙门的理解仅着眼于外贸通商问题。这一观点虽有一定道理,但是我们如果从文祥等撰拟《统计全局折》的谨慎程度②、他们在接到谕旨后的反应,以及在他们此后上奏的折片中所体现出的外国人对此事的反应来看,均说明这种可能性发生的概率是极低的。③ 此外,咸丰帝对兼任总理各国

① (清)贾桢等编:《筹办夷务始末》(咸丰朝),中华书局1979年版,第2692—2693页。

② 据王家俭先生考证,文祥很可能是该折的主稿人,六条善后意见中设立总理各国事务衙门和同文馆皆由文祥首倡其议。参见王家俭:《近代中国海军史论集》,台北文史哲出版社1984年版,第22页、第6页。文祥等在撰拟该奏折时的谨慎体现在多方面,如:在设立总理各国事务衙门一章程中,指出:“俟军务肃清,外国事务较简,即行裁撤,仍归军机处办理,以符旧制。”而在设立三口通商大臣时又指出:“现在天津一口,将来办理通商,只有进口货物,并无出口大宗。如果日久贸易不旺,彼必废然思返,拟仍临时酌量情形,或将通商大臣裁撤,以省冗员。”(清)贾桢等编:《筹办夷务始末》(咸丰朝),中华书局1979年版,第2676—2677页。表明二者均为临时设置,以掩饰其争权的迹象,为总理各国事务衙门设立减少麻烦。

③ 奕䜣、文祥收到谕旨后,即发现这一“细微”变化,并于六日后再上折片,即《奏请关防及行文不用通商二字片》:“查通商事宜,上海、天津等口既设有大员驻扎专理,臣等在京,不便遥制。况该夷虽唯利是图,而外貌总以官体自居,不肯自认为通商,防我轻视。今既知设有总理衙门,则各国与中国交涉事件,该夷皆恃臣等为之总理,藉以通达其情。若见照会文移内有通商二字,必疑臣等专办通商,不与理事,饶舌必多,又滋疑虑。惟既奉有谕旨,不敢再请更改,应请该酋等来询问时,告以臣等即系总理各国事务;并一面行知礼部,铸造关防,拟节去“通商”二字。嗣后各处行文,亦不用此二字,免致该夷有所藉口。(清)贾桢等编:《筹办夷务始末》(咸丰朝),中华书局1979年版,第2710页。由该折片可见,奕䜣、文祥等以及折中所见之夷人均对“通商”二字极为敏感,均认为其关涉总理各国事务衙门的权限。

事务衙门章京的军机章京存有的种种顾虑等，均表明清廷就设立总理各国事务衙门而下达的谕旨中添加“通商”二字，最根本的原因在于咸丰帝本人利用此二字对这个新机构、特别是对奕䜣的权力故予限制。

其次，前文得出的结论亦可由咸丰帝以往对奕䜣的猜忌中得以映证。奕詝与奕䜣兄弟间可谓嫌隙已久。道光末年，兄弟二人便因帝位之争而关系见恶。咸丰三年(1853)，兄弟间关系虽因奕䜣以亲王之尊入值军机处而有所好转，但好景不长，一年多之后，二人又因办理皇太后丧仪问题而关系再度紧张。此后直至咸丰十年(1860)，奕䜣临危授命，办理抚局之际，他均被咸丰帝排除在中枢决策层之外。而这一时期，咸丰帝周围亲信谣弄讪谤又令其对奕䜣的猜忌进一步加深。如吏部尚书陈孚恩此间就曾上疏：如圣驾日久在外，“当有甚于八月八日之事者”。八月八日之事即为咸丰帝仓皇出逃，甚于此事即暗指其将有失位之危险。矛头直指留守京师的恭亲王奕䜣篡位。咸丰帝见此折，即“上怒，有旨诘责”。① 兄弟二人矛盾愈积愈深，直至咸丰帝“龙驭上宾”亦未化解。恭亲王奕䜣作为近支亲王被排斥在顾命大臣之外即为显证。因此，咸丰帝在远离京师，身处热河行在这一特殊时期，对其弟奕䜣权力进行严格防范是完全有可能的。

故此，在新设机构——总理各国事务衙门中添加“通商”二字，是出于咸丰帝个人对这个新机构、特别是对奕䜣的权力故予限制本意的。此事后经奕䜣、文祥等人的申诉，咸丰帝思量再三最后决定依其原议行事。由此中国近代中央外交机构——总理各国事务衙门正式建立，它的建立自然有屈从西方列强要求的因素，但也不能否认这是具有近代意义的开创性的制度建设，它表明清政府的中枢决策层，已较为清醒地意识到必须改变绵延数千年的天朝上国观念和朝贡外交体制，采用西方近代外交观念来处理与西方国家的关系，这显然是清政府中枢决策

① (清)李慈铭：《越缦堂国事日记》，沈云龙主编：《近代中国史料丛刊续编》594辑，第109页。

层对外态度、观念、方针、机构转变的集中体现。而这一机构的建立同时也标志着对中国近现代历史有着深远影响的洋务运动由此发轫。由这一过程,我们能够从中清晰地看到文祥、焦祐瀛等主动应变派军机大臣于内忧外患的特殊背景之下,为维护清王朝统治而主动(如前述,此为相对主动)求变,此后,他们又带动了整个清廷中枢决策层的改变,从中我们也能清晰地看到咸丰帝与其身边的军机大臣们从认同这一改变,到接受这一改变,到最终被动应变的这样一个转变过程,其中虽有插曲,但也仅是于职权方面略有限制,无碍这种改变的大局。咸丰末期,内忧外患交替而至、大厦将倾的清政府,正是源于这种来自中央决策群体的应变,才免遭了覆亡的厄运,暂时地起死回生,此后又在同治朝军机大臣群体继之而起的更为深层次的内政外交的变革之下,出现了中国封建王朝末期最后的中兴。

第四章　军机大臣与“同治中兴”

清政府于同治一朝渐次镇压了几乎遍及全国的农民起义，暂时摆脱了行将覆亡的厄运，并于军事、经济、文化教育等方面呈现出了一些革新景象，此即“同治中兴”。在这一时期，本应作为中兴领导者的皇帝——同治帝正值冲龄，垂帘听政的两位太后特别是慈禧太后政治经验尚未丰富。然而，正如美国学者芮玛丽所言：“中国皇帝作为一种功能较之作为个人一直更为重要。一位礼仪上被接受的皇帝和一个有才能的官吏集团的协力就足够了。由于维持了形式上的礼节，官吏们能行使保持社会秩序和谐的皇帝职能，并且谨慎地把他们的各项成就归到圣上名下。就全部实际目的而言，这种结合体相当于一位有魄力、有才干，具备高尚道德品质的统治者。”①显然，在这一结合体中，居于辅政地位的恭亲王奕䜣凭借其在朝中的威望与才干，提供了一个使中兴政治家们的政见、才能得以付诸实施的渠道，他在事实上充当了这一官吏集团的首脑。而以奕䜣为代表的同治朝军机大臣群体，特别是那些

---

① ［美］芮玛丽：《同治中兴——中国保守主义的最后抵抗》，房德邻等译，中国社会科学出版社2002版，第63页。

兼任总理各国事务衙门大臣的军机大臣也就由此成为了这一结合体的核心，他们是“同治中兴”的真正缔造者。那么，同治时代是如何实现中兴的，军机大臣们在这一过程中又发挥了怎样的作用，这种作用又是如何发挥的呢？本章即以同治朝实现中兴这一过程中军机大臣群体的作为，探析这一群体在中枢决策中的地位与作用。

第一节　同治朝军机处制度之变革
——太后垂帘与亲王军机大臣辅政体制的确立

清人金梁在《光宣小记》中称：清代“军机仅事承宣，久无实权。惟恭忠亲王议政时，略可专断”①。陈夔龙于《梦蕉亭杂记》中亦称：“两宫垂帘，亲贤夹辅，一国三公，事权无不下移。”②而曾担任十九年京官的何刚德则更加直白指出：“两宫初政，春秋甚富，骤遇盘错，何能过问？所承之旨，即军机之旨，所书之谕，即军机之谕，此亦事实之不可掩者也。”③显然，作为“承书谕旨”、“赞襄机务”的军机大臣，伴随咸丰十一年（1861）辛酉政变的成功，两宫太后垂帘听政，恭亲王奕䜣以议政王名号入主军机处，其权力之大早已不同于前朝。正如本文绪论部分所述，两宫太后与恭亲王奕䜣联合发动了改变咸丰帝临终之命的辛酉政变，此后，合作者们又对政变后所获得的胜利果实，即清王朝的最高统治权进行了分配。两宫太后于此段时期内，因初次垂帘，尚无政治学术之经验，在国家治理方面，还处于依赖恭亲王奕䜣的阶段，而奕䜣则处在一生之中政治上的巅峰时期，是其大权在握大展宏图的重要时期，故此宝成关先生于《奕䜣慈禧政争记》中称该时期为“议政王权力时期”。因此，可以说在辛酉政变后的议政王权力时期，两宫太后与亲王军机大臣

① （清）金梁：《光宣小记》，民国癸酉刊本，第55—56页。
② （清）陈夔龙：《梦蕉亭杂记》卷一。
③ （清）何刚德：《客座偶谈》卷一，清代历史资料丛刊本。

保持着一种“准平等”的合作状态。显然，太后垂帘与亲王军机大臣辅政体制的确立，可谓同治朝军机处制度之最大变革。

一、太后垂帘与亲王军机大臣辅政体制的确立背景

咸丰十一年(1861)九月三十日，两宫太后与恭亲王奕䜣联合发动宫廷政变，史称辛酉政变。此后，对晚清政治格局产生深刻影响的太后垂帘与亲王军机大臣辅政体制正式确立。论者不难发现构成该体制的两个要件——太后垂帘与亲王军机大臣辅政，其中前者有违清代祖制，而后者则违背了先帝遗命，那么这一于清代前无古人之政治体制为何还能够在此时得以确立呢？笔者认为其主要原因——咸丰帝遗诏为太后垂帘与亲王军机大臣辅政体制确立留下权力空间，为日后该政治体制确立埋下伏笔。

咸丰十一年(1861)七月十七日，咸丰帝病逝于热河避暑山庄。在其弥留之际，咸丰帝按照清代祖制，建立顾命制度，传谕立幼子载醇为皇太子，著派载垣、端华、肃顺、景寿、穆荫、杜翰、匡源、焦佑瀛等八大臣，尽心辅弼，赞襄一切政务。同时规定，“御赏”与“同道堂”两枚御赐印章为日后下达诏谕的凭信。当日，顾命大臣便就此行文知照吏、兵两部：“本王大臣拟旨缮递后，请皇太后、皇上钤用图章发下，上系‘御赏’二字，下系‘同道堂’三字，以为符信，并希转传京外文武各该衙门一体钦遵。”①咸丰帝通过该遗诏对自己后事所作出的安排，是“一种意在调适权力平衡但又必然引起权力争夺的行政制度”②。其虽在制度上确保了皇权不致旁落，排除了肃顺、载垣等八大臣挟制小皇帝的可能，但却极不小心地为日后太后垂帘与亲王军机大臣辅政体制的确立留下了权力空间。其具体表现在两个方面：

① 《清代档案史料丛编》第一辑，中华书局1978年版，第85页。

② 王开玺：《辛酉政变与正统皇权思想——慈禧政变成功原因再探讨》，《清史研究》2002年第4期。

(一)遗诏中有关"御赏"与"同道堂"两枚御赐印章为日后下达诏谕凭信的这一规定,是咸丰帝为防止皇权旁落、权臣专擅局面出现而作的精心安排。《热河密札》对此亦如是说:"两印均大行所赐,母后用'御赏'印(印起),上用'同道堂'印(印讫)。凡应用朱笔者用此代之。述旨亦均用之,以杜弊端。诸事母后颇有主见,垂帘辅政,盖兼有之。"①由当事人此言可知,"御赏"与"同道堂"两印分别由慈安太后与小皇帝掌管与使用,因皇帝年幼,事实是由其母慈禧太后代行其权。两宫太后通过掌握这两枚象征至高无上皇权的印章,实已参与了肃顺等军机处赞襄政务王大臣见面、述旨、过朱等全过程,即所谓"(太后)垂帘(八大臣)辅政,盖兼有之"。由此削弱了肃顺等八大臣的辅政权力,达到了咸丰帝"以杜弊端"之目的。但是咸丰帝却未曾料想,他的这一精心安排竟为有清一代未有先例的太后垂帘提供了法定依据。

而更令咸丰意想不到的是,他的这一安排实为处于热河行在的两股争夺中枢决策权的势力——两宫太后特别是慈禧太后与肃顺等顾命八大臣之间的矛盾最终爆发添加了催化剂。咸丰生前,慈禧便与肃顺矛盾重重,而肃顺建议咸丰帝"请用钩弋故事"②除掉慈禧,更是直接威胁到她的身家性命,"对此,阴鸷残忍如慈禧者,决不会淡然处之,坐以待毙,生死相搏,势所必然。"③咸丰身后,慈禧更是与肃顺等围绕太后封号,是否能够干预朝政、垂帘听政等问题展开殊死搏杀。事情发展至此,似乎惟有慈禧发动政变一途来解决矛盾。因此,咸丰帝有关御赐印章为下达诏谕凭信的这一安排实成为辛酉政变发生的一重要诱因,同时亦是慈禧奕䜣取得政变成功的重要前提条件。

(二)载垣、端华、肃顺等八大臣虽贵为辅政之顾命大臣,却无一人为近支宗室。其中景寿虽为额驸,但毕竟不是血胤之亲。咸丰帝这一

① 佚名:《热河密札》,《近代史资料》,总第36号。

② 见黄濬:《花随人圣庵摭忆》,上海书店1998年版,第430页。徐珂:《清稗类钞》、恽毓鼎:《崇陵传信录》等也有类似记载。

③ 任恒俊:《论辛酉政变》,《近代史研究》1986年第1期。

安排显然有违“亲亲尊贤”的大清“家法”。其曾祖父乾隆帝在总结治国经验时就曾指出：“朕惟治天下之道在亲亲”。[①] 这一原则几乎贯穿在大清“家法”之中。而今，咸丰帝却将亲贤并具的恭亲王奕䜣排除在顾命之列，显然有违祖制。这一做法使疑问不断滋生，肃顺等八大臣辅政的合法身份也随之遭到严重质疑，如李慈铭就指出“大行末命，懿亲如惠邸之尊属，恭邸之重任，皆不得聆玉几之言，受付金瓯之托，中外骇惑，谓非圣意。”[②]胜保亦称：赞襄政务王大臣“当秉政巨任，揽君国大权，以臣仆而代纶音，挟至尊以令天下……先皇弥留之际，近支亲王多不在侧，仰窥顾命苦衷，所以未留亲笔朱谕者，……今嗣圣既未亲政，皇太后又不临朝，是政柄尽付之该王等数人，而所拟谕旨有非尽出自宸衷”[③]。该做法同时又为恭党成员的“亲王辅政”说提供了绝佳的立论依据。考察奏请垂帘三折，再三申论“亲亲尊贤”，为亲王辅政摇旗呐喊。如最初奏请皇太后垂帘听政的董元醇在奏折中即指出：“自古帝王莫不以亲亲尊贤为急务，此千古不易之经也。现时赞襄政务虽有王大臣、军机大臣诸人，臣以为当更于亲王中简派一二人，令同心辅弼一切事务，俾各尽心筹画，再求皇太后、皇上裁断施行，庶亲贤并用，既无专擅之患，亦无偏任之嫌。”[④]胜保之折中又有：“昔周之世，武王崩，成王立，周公相之，本朝摄政王之辅世祖，亦由周公之相成王。疏不间亲，典册俱在……近支诸王中，能知大体，近于载垣、端华者尚不乏人，一切离间之言，应请无庸过虑。”[⑤]至此，亲王辅政亦因“亲亲尊贤”而呼之欲出，至于该亲王之人选，在胜保等人心目中，自是非恭亲王奕䜣莫属，以其地位与才干，辅政之后，定能使“一切用人行政大端不致变更紊乱，以

---

① 《十朝圣训·高宗纯皇帝圣训》卷五十五。

② (清)李慈铭:《越缦堂国事日记》),沈云龙主编:《近代中国史料丛刊续编》594辑,第538页。

③ 《清代档案史料丛编》第一辑,中华书局1978年版,第99—100页。

④ 《清代档案史料丛编》第一辑,中华书局1978年版,第91—92页。

⑤ 《清代档案史料丛编》第一辑,中华书局1978年版,第99—100页。

承郅治于无穷”①。

我们不妨再来看看被咸丰帝授命为辅政大臣的载垣、肃顺等八大臣间之关系。载垣、端华、肃顺被时人目为“三奸”，沆瀣一气，端华肃顺二人又为兄弟，三人关系自是非比寻常。景寿忠厚有余，而才具不足，位列顾命不过是以额驸之身份聊为点缀而已。其余几位均是身处行在的军机大臣，都是肃顺等人的追随者和支持者。显然这八位顾命大臣皆可视为肃党成员，且为肃党之骨干。肃顺于朝中勇于任事，极力鼓舞咸丰帝振衰起弊，颇受咸丰倚重，他与载垣、端华等秉承咸丰旨意唯严是尚、操切从事、屡兴大狱，而使大部分朝廷重臣离其而去。而恭亲王奕䜣则借与英法议和之机，迅速崛起，时人称其为“磐石之宗，血脉之臣”②，“声望压端华肃顺。”③故京师迅速形成了以其为首，以军机大臣文祥、户部尚书宝鋆、顺天府尹董恂、钦差大臣胜保为核心的恭党集团。弃肃顺而去的朝廷重臣翁心存、周祖培、贾桢等也团结在奕䜣周围。显然，恭党与肃党两大集团是当时除两宫太后以外，最有可能染指中枢决策的两股政治势力。但是，咸丰帝的临终安排却将恭党的核心奕䜣及其成员全部排除在顾命大臣之外，显然激化了本已尖锐的矛盾，而成为两宫太后联合奕䜣发动辛酉政变的另一重要诱因。

综上可见，咸丰帝遗诏为太后垂帘与亲王军机大臣辅政体制的确立留下了权力空间，为日后该政治体制正式确立埋下伏笔。此外，也应看到慈禧作为小皇帝生母的特殊政治地位是该体制能够得以确立的更为深层次的原因。皇帝生母与嫡母相较虽有嫡庶等差，但其于清代政治生活中的地位却不容小觑。此皆因清历代帝王均以孝治天下，故于宫廷之中皇帝的生母具有“母以子贵”的特殊政治身份。当皇子正式即位，君临天下之时，其生母也就随之被奉为皇太后，如顺治、康熙、乾隆、

① 《清代档案史料丛编》第一辑，中华书局1978年版，第101页。

② （清）钟琦：《凭花馆随笔》卷十五。

③ （清）刘毓楠：《清咸丰十年洋兵入京之日记》，载中国史学会编：《第二次鸦片战争》第二册，上海人民出版社1978年版，第146页。

道光、咸丰等清代多位帝王之生母或于生前或于身后均被尊为皇太后。慈禧作为同治帝生母即按该祖制、家法获得了仅次于“正位中宫”慈安太后的政治地位，而此种政治地位于皇帝年幼之时尤显尊崇。这也正是慈禧太后发动政变成功以及太后垂帘与亲王军机大臣辅政体制能够确立的一个更为深层次的原因。

正是在这种形势之下，太后垂帘与亲王军机大臣辅政体制最终得以确立。那么太后与亲王军机大臣在此种政治体制下究竟各自扮演何种角色？二者权力如何进行分配？其大政方针又是如何得以实施的呢？

二、太后垂帘与亲王军机大臣辅政体制的权力分配与施政模式

辛酉政变在两宫太后与恭亲王的通力合作下取得成功，接下来政变的合作者面临的首要问题就是权力如何分配。考察辛酉政变全程可知，其虽是由两宫太后与恭亲王联合发动，但究其根底实际是恭亲王奕䜣一手策划的。正如邓之诚先生所言：慈禧“既已看折（咸丰十一年十月初五日谕云，载垣等言臣系赞襄皇上，不能听命于皇太后，即请皇太后看折亦为多事），召见军机（咸丰十一年九月三十日谕云，特召见载垣等八人），且以朱印代笔（吴庆坻《焦廊脞录》一云，凡应用朱笔以印代之，母后用御赏印，印起，上用同道堂印，印讫），即无异垂帘，所不同者惟不召见外臣（咸丰十一年九月三十日谕云，载垣等肆言不应召见外臣，擅行拦阻），是何必争，观董疏皆以别简亲王与垂帘并请，始悟所争在此不在彼矣。”①即指出此次政变重在解决亲王辅政，将奕䜣推到政治前台，这显然是出自奕䜣之意。谙熟历史掌故的奕䜣正如《慈禧外记》作者的分析：康熙初年的数位辅政大臣都曾经权势煊赫，不可一世，

① 邓之诚：《祺祥故事序》，《旧闻拾零》上。

但身后却皆不得善终，奕䜣怂恿太后垂帘是“希冀垂帘其名，而实权归己”[1]。奕䜣欲使自己的掌权名正言顺，就必须获得两宫太后的认可与支持，而达到此目的的代价则是要在权力分配上作出一定让步。即在太后已获得的阅折和钤印权的基础上，给太后以听政、接见外臣大权，而他自身所获得的则是议政与施政权。这一权力分配以及日后施政模式即以谕旨的形式诏告天下。

咸丰十一年(1861)十月初一日，两宫太后授予恭亲王奕䜣为议政王，位列军机大臣首席。奕䜣作为首席军机大臣，军机处其他成员人选几乎完全由他确定，其中主要成员即六位军机大臣分别为：

桂良(1785—1862)，字燕山，瓜尔佳氏，出身满洲正红旗。他是一位有着丰富从政与外交经验的官僚，思想比较开明，既是奕䜣的岳父，同时又是奕䜣可靠的政治助手。咸丰十年(1860)，与奕䜣留守北京主持和议，十月与奕䜣、文祥疏上《统计全局折》，并协助奕䜣建立总理各国事务衙门，督办各国通商事务。同治元年(1861)入值军机处，于同年六月二十日病逝。

文祥(1818—1876)，字博川，瓜而佳氏，出身满洲正红旗。道光二十五年(1845)进士。咸丰八年(1858)入值军机处，十年(1860)咸丰帝北狩热河，文祥是唯一留守北京的军机大臣，自此追随恭亲王奕䜣与英法议和。十月议和成功后，又与奕䜣、桂良疏上《统计全局折》，建立总理各国事务衙门，文祥以军机大臣兼管该衙门，“所有大小事务皆亲自裁决”[2]，于其中“任事最专”。文祥“忠勤”、“清操绝人”、“谋国深远”[3]，是奕䜣最为得力的政治助手。

沈兆霖(1801—1862)，汉族，字尺生，浙江钱塘人，道光十六年

① [英]濮兰德等:《慈禧外记》，陈冷太等译，文海出版社，第26页。

② 台北故宫现存军机档，院字第二七七二箱，转引自傅宗懋:《清代军机处组织及职掌之研究》，嘉新水泥公司文化基金会丛书1967年版，第389—390页。

③ (清)赵尔巽等撰:《清史稿校注》卷四百二十八，沈兆霖传，国史馆校注，台湾商务印书馆1999年版。

(1836)进士。咸丰十年(1860),咸丰帝北狩热河之时,以兵部尚书留守北京。他思想较为开明,认为英法联军“万余众入城而仍换约而去,全城无恙,则该夷之专于牟利,并无他图”,“通商一层,本与中国两有利益”,亲递国书“亦可姑允所请,抚慰数言总期不损”。[①] 对肃顺等人阻挠圣驾回銮极力反对,积极支持奕䜣发动辛酉政变。同治元年(1861)入值军机处。但因其“素负气不为人下,而奕䜣新议政,务揽权,久遂相左,后乃令其督陕甘以两解之”[②]。七月,于陕甘总督任内,被突发山洪冲没殉职。

宝鋆(1807—1891),字佩蘅,索绰络氏,出身满洲镶白旗,世居吉林,道光十八年(1838)进士。咸丰十年(1860),任总管内务府大臣,署理户部三库事务,会办京城巡防。咸丰帝北狩热河之时,命提户部二十万两白银,宝鋆“以国用方亟”[③]严词拒绝。京城无主之时,宝鋆力任开府提银,使人心稍定。[④] 奕䜣在京主持和议,驻圆明园善缘庵,宝鋆则管理园中三山事务。宝鋆“当咸丰朝因尝与肃顺抗,颇负直声”[⑤],在奕䜣密谋乃至发动辛酉政变之时,宝鋆坚定地站在奕䜣一边,建立了颇为深厚的友谊。同治元年(1861),宝鋆即入值军机处,并兼任总理各国事务大臣,“恭邸倚为左右臂”[⑥]。

曹毓英:(1813—1866),汉族,字子瑜,江苏江阴人,道光十七年(1837)拔贡,授兵部七品京官,升主事,于道光二十六年(1846)充军机章京。辛酉政变前为行在领班章京。咸丰帝病逝后,“毓英乃日输密于

① 《沈文忠公集》卷一,台北成文出版社1969年版,第80页。

② 费行简:《近代名人小传》,载沈云龙主编:《近代中国史料丛刊》第78辑,第97页。

③ (清)赵尔巽等撰:《清史稿校注》卷三百九十三,宝鋆传,国史馆校注,台湾商务印书馆1999年版。

④ 《翁文恭公日记》,载中国史学会编:《第二次鸦片战争》第二册,上海人民出版社1978年版,第93页。

⑤ 崇彝:《道咸以来朝野杂记》,北京古籍出版社1982年版,第18页。

⑥ 崇彝:《道咸以来朝野杂记》,北京古籍出版社1982年版,第18页。

奕䜣,䜣以是亲之”[1]。政变成功后即同治元年(1861),曹毓英即入值军机处。因其任军机章京多年,习知内外政令、谙熟掌故、虑事周全,是奕䜣主持军机的得力助手,故有“同治初政主于奕䜣,辅之者毓英也”[2]之言。

此外,前文已述及之李棠阶,虽因慈禧太后亲重而入值军机处,但其为人正直,“清介恬静”,关键时刻皆能着眼于大局。如同治三年(1863),南京克复,李棠阶告诫奕䜣等军机王大臣:“当设诚致行,久而不懈,勿徒以空言相文饰”[3]。四年(1864),奕䜣被劾退出军机,棠阶“谓王有定难功,时方多故,不当轻弃亲贤,入对,力言王非有心之失”[4],表现出了强烈的正义感。

综上可见,同治朝的几位军机大臣与作为首揆的恭亲王奕䜣政见大抵相同,并几乎完全听命于奕䜣,这样作为掌书谕旨,赞襄军国的重要机构军机处实已为奕䜣所把持。

此外,奕䜣还担任了宗人府宗令、内务府大臣等要职,加上他原已担任的总理各国事务衙门管理大臣一职。此时的奕䜣以议政王如此煊赫的头衔,集执掌军国、皇族、外交、财政等大权于一身,可谓位极人臣。但是这些权力、地位均是两宫太后、小皇帝赋予给他的,他不过是政府的行政首脑,仅仅处于辅政之地位,是在两宫太后的信任与示意之下行使他所掌握的行政权,清王朝最高的决策权仍掌握在两宫太后的手里,任何诏令、谕旨,只有在两宫太后钤印后才能够得以颁发、生效。两宫太后为了表明这种权力绝不仅仅是名义上的,更为使奕䜣明确其为人

---

① 费行简:《近代名人小传》,载沈云龙主编:《近代中国史料丛刊》第78辑,第98页。

② 费行简:《近代名人小传》,载沈云龙主编:《近代中国史料丛刊》第78辑,第98页。

③ (清)赵尔巽等撰:《清史稿校注》卷三百九十八,李棠阶传,国史馆校注,台湾商务印书馆1999年版。

④ (清)赵尔巽等撰:《清史稿校注》卷三百九十八,李棠阶传,国史馆校注,台湾商务印书馆1999年版。

臣子的地位，特于任命奕䜣为议政王、位列军机大臣首席的次日，即以明发上谕的形式郑重诏告天下：

朕以冲龄，茕茕在疚，仰蒙皇考付托之重，遗大投艰，不遑自恤，幸蒙两宫皇太后保护藐躬，亲理大政。昨经降谕，令王、大臣，大学士、六部、九卿、翰、詹、科、道，敬谨会议两宫垂帘召见臣工礼节及一切办事章程，谅能酌古准今，折衷定义，期于庶理罔愆，百度具举。

伏念列圣御极以来，具颁诏旨求言，诚以人之聪明智虑有所未周，必能兼听并观，而后上下之情通，措施可期于允当。我皇考御极初年，手诏褒答，直臣广开言路，谏议时闻，天下欣欣向治。乃自近年以来，事势艰危，一二奸邪乘间肆其蒙蔽，以至盈廷缄默，建议寥寥，言路久为闭塞，公论弗伸，事机愈益舛戾。朕以冲人，未堪多难，重赖两宫皇太后万机日理，王、大臣等黾勉翼为，何敢不博采谠言，虚公揽纳，期以施行措正，上理日臻。矧当各省军务未竣，民生多蹙，凡为臣子均当竭诚抒悃之时，岂宜丑正恶直，苟安缄默。用特通谕中外臣工、九卿、科、道有奏事之责者，于用人行政一切事宜，皆得据实直陈，封章密奏。务其各抒己见，毋以空言塞责，以副朕侧席求言之至意。①

该件谕旨，避议政王军机大臣职责而不谈，却一再强调两宫太后"亲理大政"、"万机日理"，要求中外臣工，"于用人行政一切事宜，皆得据实直陈，封章密奏。"表明两宫太后，实是慈禧太后绝不满足于黄帘背后形式上的听政，而是要通过密奏来掌握清廷用人行政的一切大权。

咸丰十一年（1861）十月初五日，内阁宣布取消载垣、端华、肃顺等

① 《清代档案史料丛编》第一辑，中华书局1978年版，第109—110页。

确定的“祺祥”年号，代之以“同治”，并决定明年为同治元年。咸丰十一年(1861)十月初七日，即于诛灭载垣、端华、肃顺“三奸”的次日，内阁发布上谕：

朕奉母后皇太后、圣母皇太后懿旨，各直省将军督抚等折奏，向于呈递之次日朱批发还；其有应降谕旨者，亦即令军机大臣缮拟，于进呈后即行交发；其各路军营紧要奏报，则无论何时呈递，均系即行办理。现在，一切政务仰蒙两宫皇太后躬亲裁制，慈怀冲挹，深恐于披览章奏未能周详。嗣后，各直省及各路军营折报应行降旨各件，于呈递两宫皇太后慈览，发交议政王、军机大臣后，该王、大臣等悉心详议，于当日召见时恭请谕旨，再行缮拟，于次日恭呈母后皇太后、圣母皇太后阅定颁发；应行批答各件，该王、大臣查照旧章，敬谨缮拟，呈递后一并于次日发下。其紧要军务事件，仍于递到时立即办理。以昭慎重。①

这件谕旨，就太后垂帘与亲王军机大臣辅政体制的日常递交奏报的程序，做了详细而明确的规定。按照这一规定，清廷统治中枢的办事程序被分成了几大步骤：

第一步：凡应降旨折报等，必先呈递两宫太后慈览；

第二步：发交议政王以及诸军机大臣等详议；

第三步：王、军机大臣于太后召见请旨后，再行拟旨；

第四步：呈请两宫太后阅定后，钤印颁发。

通过这一谕旨，作为亲王军机大臣的奕䜣取得了议政与施政权，而两宫太后则取得了审核与最终的裁决权。关于此点在日后施行情况，

① 中国第一历史档案馆编：《咸丰同治两朝上谕档》第十 册，广西师范大学出版社1998年版，第468页。

由恭亲王奕䜣于同治十二年(1873)六月所上奏折:“伏思臣自咸丰十一年十月后,与文祥等接办军机处事务,凡遇有明发寄信谕旨,俱于召见时,恭请皇太后酌裁。承书后仍复敬呈御览,蒙钤用御章发下,再行分别宣布。其内外臣工折奏,有应行恭缮批旨者,查照道光、咸丰年间旧式写进呈,恭候圣裁,非敢任意拟批。臣承乏枢垣,时虞才识短浅,思虑未周,有负委任。乃蒙两宫皇太后、皇上时加训诲,谆谆以毋避怨嫌,是以遇事虽不敢过于拘执,而稍有关系之件,亦未敢不俟谕旨擅行拟议。即如皇上亲政以前,臣等将军机处应复旧制之件,逐一开单奏闻,屡蒙两宫面谕,一切公务有碍难骤复旧制者,乃著臣等随时斟酌,请旨办理。”①可知,该体制于日后递交奏报的程序是完全依照上述谕旨规定而严格执行的。

此外,两宫太后为使功高震主的奕䜣明确自己为人臣子的地位,强调君臣之礼以及两宫太后对一切政务拥有最终裁决权,又于咸丰十一年(1861)十月九日颁布了谕旨:“朕奉母后皇太后圣母皇太后懿旨,现在一切政务均蒙两宫皇太后躬亲裁决,谕令议政王军机大臣遵行。惟缮拟谕旨,仍应作为朕意,宣示中外,自宜钦遵慈训。嗣后议政王军机大臣缮拟谕旨,著仍书朕字将此通谕中外知之。”②

十月二十六日,礼亲王世铎等又将遵旨会议而形成的皇太后召见臣工礼节及一切办事章程奏上,其内容经少量删改,即以明发上谕形式昭告天下,旨准颁行,从而形成了清末著名的垂帘章程。其主要内容如下:

一、郊坛大祀,拟请遣王恭代,皇上于宫内斋戒,俟数年后奏请亲诣行礼;一、太庙祭享,拟请遣王恭代,皇上于宫内斋戒,祭期前一日,亲诣行礼,俟数年后奏请于祭日亲诣行礼;

① 萧一山:《清代通史》,华东师范大学出版社2006年版,第675页。

② 《清穆宗实录》卷六,咸丰十一年十月甲子。

一、谒陵、御门、经筵、耕耤，均拟请暂缓举行；一、遇元日万寿传胪等大典礼，皇上升殿，均拟请照常举行；一、召见内外臣工，拟请两宫皇太后皇上同御养心殿，皇太后前垂帘，于议政王御前大臣内轮派一人，将召见人员带领进见；一、京外官员引见，拟请两宫皇太后皇上同御养心殿明殿，议政王、御前大臣、带领御前乾清门侍卫等，照例排班站立。皇太后前垂帘、设案，进各员名单一分，并将应拟谕旨分别注明。皇上前设案。带领之堂官照例进绿头签，议政王、御前大臣捧进案上，引见如常仪，其如何简用，皇太后于名单内钦定，钤用御印，交议政王等军机大臣传旨发下，该堂官照例述旨；一、除授大员，简放各项差使，拟请将应补应升应放各员开单，由议政王军机大臣于召见时呈递，恭候钦定，将除授简放之员钤印发下缮旨；一、顺天乡试会试，以及凡在贡院考试，向系钦命诗文各题，均拟援照外省乡试之例，请由考官出题，其朝考以及各项殿廷考试题目，均拟令各衙门科甲出身大臣届日听宣，恭候钦派，拟题进呈，封交派出监试王大臣赍至考试处所宣示；一、殿试策题，拟照旧章，读卷大臣恭拟。殿试武举，拟请钦派王大臣阅视，照文贡士殿试例，拟定名次，带领引见；一、庆贺表章，均照定例办理，其请安折，拟请令内外臣工谨缮三分，敬于母后皇太后圣母皇太后皇上前恭进；一、皇上入学读书，未便令师傅跪授，亦未便久令侍立，拟请援汉桓荣授业之仪，于御座书案之右，为师傅旁设一坐，以便授读。①

这份垂帘章程对两宫太后垂帘听政、亲王军机大臣辅政体制下的诸多事宜，包括清代的皇家典礼（郊坛大祀、太庙祭享、谒陵、御门、经筵、耕耤、遇元日万寿传胪等）、召见内外臣工、京外官员引见、除授大

① 《清穆宗实录》卷八，咸丰十一年十月辛巳。

员、各等级考试,以及小皇帝入学读书等均作了详细安排。垂帘章程的颁布使有违清代祖制的太后听政正式合法化,两宫太后至此不仅拥有了阅折和钤印权,还拥有了召见内外臣工以及用人行政等一切大权,辅政亲王则享有议政与施政的权力。咸丰十一年(1861)十一月一日,两宫太后开始垂帘听政,这标志着太后垂帘与亲王军机大臣辅政体制正式确立。

以上正式颁布的谕旨对该体制权力分配的描述,是法定形式上的一种权力分配,那么在实际的权力运作过程中,垂帘的太后与辅政的亲王军机大臣二者的权力又是如何分配的呢?有关这一问题,以往论者亦有两种观点:

一、太后垂帘与辅政亲王军机大臣联合掌权。持该种观点的学者以董守义先生为代表,他指出该体制是“垂帘”与“议政”的联合掌权,“严格说来,这个垂帘体制是一次联合政权,是反肃顺集团的两派力量对政权的一种瓜分形式。”①朱东安先生亦指出:“自咸丰十一年政变上台至同治四年取消议政王称号的5年之间,清朝中央政府就形成了垂帘听政与亲王议政的联合体制,出现帝、相并存的局面。”②

二、垂帘太后与辅政亲王军机大臣的准平等合作。持该种观点的学者则以宝成关先生为代表。他指出该体制于议政王的权力时期,即奕䜣1861年11月被授为议政王到1865年3月被罢免议政王这一阶段,太后因初次垂帘,在治理国家方面,还处于依赖恭亲王奕䜣的阶段。故此,两宫太后与亲王军机大臣间处于准平等的合作时期。③

笔者综合以上众家之言,认为可将议政王时期的两宫太后与亲王军机大臣间之关系视为明代以前之帝与相的关系,但此种帝相关系究其实质仍是一种君臣关系,如果说二者间呈现出某种合作、联合的表象,那么这种合作、联合终究也是建立在君臣关系基础之上的,充其量

① 董守义:《恭亲王奕䜣大传》,辽宁人民出版社1989年版,第184页。

② 朱东安:《太平天国与咸同政局》,《近代史研究》1999年第2期。

③ 宝成关:《奕䜣慈禧政争记》,吉林文史出版社1990年版,第159—160页。

不过是一种准平等的合作。其原因如下：

前已述及，奕䜣于辛酉政变后即位列军机大臣首席，该职虽于清代官僚体制中地位最为重要，但时人称“军机仅事承宣，久无实权”①。今人亦言：“军机处的秘书班子色彩，使军机大臣无法形成指挥百官的独立权力。这些特点决定了军机大臣虽任宰相之职，但无宰相之权。”②而奕䜣此时又兼任总理各国事务衙门管理大臣一职，这一兼任不仅使其掌管当世最为首要之外交事务，而且也令他通过这一职位，获得了向各督抚发布命令的权力。③ 更为重要的是奕䜣作为政变功臣受封为议政王，这使他获得了议政、参政大权。同治四年（1865），慈禧处心积虑、大费周章挫辱奕䜣，最终去其议政王名号，足见议政王权限之大。此外，两宫太后因这一时期初次垂帘，政治经验尚未丰富，在政事处理方面对以奕䜣为首的军机大臣群体较为依赖。同治一朝特别是前期谕旨，大多是军机大臣拟上谕旨要点，请太后批准，然后据此写成谕旨，这一点在《清穆宗实录》、《筹办夷务始末》等史料中均有所体现。综上可见，奕䜣作为议政王军机大臣，此时可谓既有相职又有实际的相权，是名副其实的“政府首脑，当朝宰相”④。

奕䜣虽于议政王时期位高权重，可与明代以前之宰相比肩，但其终究是臣，君臣之间是无真正的合作、联合可言的。这一点早在该体制建

---

① （清）金梁：《光宣小记》，民国癸酉刊本，第55—56页。

② 杜家骥：《清朝简史》，福建人民出版社1997年版，第209页。

③ 傅宗懋先生以《东华续录》，咸丰六十九，第1—2页所载廷寄：“……奕䜣等总理各国事务，如各省督抚办理各国事务有未尽妥协之处，经该国公使呈诉，即当酌量事之轻重劄示各该督抚遵照施行，一面奏闻，使各国知总理衙门事权较重，遇事可以代为办理，若因该国所请事事降旨，不但无此体制，且恐各国视总理衙门不过仅能转奏，必启轻视之心，于事无益。嗣后各国公使如求奕䜣等奏请谕旨，即告以应由总理衙门札示各督抚遵照条约办理，未便据情奏请谕旨，如此则呼应较灵，亦可杜该国无厌之请矣”为据指出总理衙门有向各督抚发布命令的权力。参见傅宗懋：《清代军机处组织与职掌研究》，嘉新水泥公司文化基金会丛书1967年版，第421页。本文采用该观点。

④ 朱东安：《太平天国与咸同政局》，《近代史研究》1999年第2期。

立伊始，就以谕旨形式昭告天下，得到了包括议政王本人在内的天下臣民的体认，具体可见咸丰十一年(1861)十月七日上谕中所言："……因思王公内外文武大臣，均受皇考大行皇帝深恩，特备任使。朕以冲龄践阼，国家多难，深赖股肱心膂，共效劻勷。尔王大臣等如能以国计民生为念，宣力朝廷，用登郅治，朕必敬礼大臣，保全终始，以成一德。傥敢纳贿招权、营私舞弊，以致蠹国病民，则法律者，朕受之列祖列宗，与天下臣民共之，何敢稍有枉纵，以拂众情。是用特谕王公内外文武大臣，经此次训饬之后，务各精白乃心，力除积习，傥有前项弊端，则载垣等前车具在，……嗣后傥有如载垣等专擅不臣者，尔王大臣等以及科道，即行据实参奏，朕必立予治罪。……傥仍前缄默，别经发觉，则尔王大臣等辜负朕恩，朕亦不能宽宥也。将此通谕王公内外文武大臣知之，其各懔遵毋违朕命。"①

该谕旨矛头可谓直指奕䜣，为避免两宫太后猜疑，他第二天便上奏折，表示要："尽心竭力，一秉公忠，与在廷诸臣认真办理，以期仰慰先帝在天之灵，用酬委畀深恩于万一"，并请求两宫太后"明降谕旨，饬下中外大小臣工，嗣后于朝廷用人行政贤否是非，务当各抒己见，据实胪陈，以求折中至当。而臣得借以多方历练，庶不致有陨越之虞矣！"②以上谕旨和奏折已充分表明，两宫太后在这一政治体制中对位高权重的奕䜣本人亦具有生杀予夺之大权，而同治四年(1865)慈禧太后削去奕䜣议政王称号，就是对这一权力的行使。

此外，同治一朝政事之处理，虽然大多是采纳奕䜣等军机大臣的意见，但是两宫太后仍在其中行使了审阅权，以及最终的决策权。此正如清人金梁所言：军机于"恭亲王议政时，略可专断"③。对此，董守义先生也同样予以认可，称：慈禧太后"初次听政(同治元年至同治十三年，

① 《清穆宗实录》卷六，咸丰十一年十月壬戌。

② 《清代档案史料丛编》第一辑，中华书局1978年版，第121页。

③ (清)金梁：《光宣小记》，民国癸酉刊本，第55—56页。

即1861—1873年)，可为太后试验之期，表面若无大权”①是合乎事实的，不过，并不是无大权，是虽有而未常用。”②事实上，在太后垂帘与亲王军机大臣辅政体制确立之初，两宫太后授予奕䜣以议政王，就已包含了这层深意。两宫太后授予恭亲王以议政王之称，而未授予其诸如多尔衮、载沣所拥有的“摄政王”称号，以及肃顺八大臣所拥有的“辅政大臣”之称，是经过深思熟虑的。此正如王开玺先生所言：“因为“摄政”，具有暂时代替皇帝理政之意，不但权力太大，且容易使摄政王产生有第二个皇帝的错觉，甚至会使其产生由第二皇帝转变为第一皇帝的野心；而给恭亲王以“辅政”的名号与地位，同样有权力过大之忧，既然是辅政，自然就有其辅政的实权，也就有可能如同肃顺那样，竟敢目无两宫太后。而给恭亲王奕䜣以“议政王”的名号，就可以避免以上的种种弊端与隐忧。议政者，只是就国家、朝廷中的政务有所议论，提出个人的看法与建议而已，真正的政务权力，则应牢牢掌握在皇帝及两宫太后手里。这大概就是日后慈禧太后能够数次轻而易举地挫辱恭亲王奕䜣，罢斥其议政王与军机大臣之职的重要原因”③。这一分析是不无道理的，在权力高度集中，君主专制制度已发展至顶峰的清代，最高权力是无法平均分配的，更是不允许进行平均分配的。正因为如此，太后垂帘与亲王军机大臣辅政体制中的太后与亲王，虽于体制确立之初呈现出某些合作、联合的表象，但是这种合作、联合终究是建立在君臣关系基础之上的，充其量不过是一种准平等的合作。

综上，太后垂帘与亲王军机大臣辅政体制于咸丰十一年(1861)十一月一日正式确立，这一年，垂帘的两位太后——慈禧27岁、慈安26岁，辅政的亲王军机大臣奕䜣30岁，清王朝的最高统治权即由这三位精力充沛、头脑敏捷、思想较新的年轻人所把持，这为即将到来的中兴

① [英]濮兰德等：《慈禧外记》，陈冷太等译，文海出版社，第37页。

② 董守义：《恭亲王奕䜣大传》，辽宁人民出版社1989年版，第184页。

③ 王开玺：《太后垂帘——慈禧奕䜣政变记(公元1861年)》，中华书局2007年版，第226页。

奠定了坚实的政治基础。

三、同治朝以后亲王军机大臣之延续

咸丰十一年(1861)十一月一日,太后垂帘与亲王军机大臣辅政体制虽已正式确立,但正如前文所言,在权力高度集中、君主专制制度已发展至顶峰的清代,最高权力是无法平均分配的,更是不允许进行平均分配的。

恭亲王奕䜣与两宫太后联合发动辛酉政变,确立太后垂帘与亲王军机大臣辅政体制,是希冀以垂帘之名,"而实权归己"①,但这仅仅是他与当时恭党成员的一厢情愿。在内忧与外患仍威胁清廷统治,还须借用奕䜣维系内外,力扶危局之际,慈禧太后尚能允许他做如是幻想。但当南京克复,内忧警报业已解除之时,慈禧太后便利用编修蔡寿祺弹劾奕䜣:"揽权纳贿,徇私骄盈,目无君上"之奏疏,折辱奕䜣,并趁机削去其议政王名号。至此,太后垂帘与亲王军机大臣辅政体制中,太后与亲王准平等的合作已宣告结束,清廷最高权力的天平已向慈禧太后倾斜。"然同时太后亦由以知恭王在中枢之潜势力非可轻易撼动,而尤以对外国之关系为然。况当时捻势方炽,西北、西南、回、苗起事后,犹在滋长,满清政府地位犹未巩固,故亦不得不适可而止。"②同治十二年(1873),慈禧太后与同治帝竟因奕䜣谏修圆明园一案合演双簧,几日之内将奕䜣父子降革之后又官复原职,表面看来对奕䜣并无损耗,但其生平之豪气,迨为慈禧母子折磨尽矣。十三年(1874),亲政尚不及两年的同治帝骤然病逝。此后,两宫太后即以一己之力再次垂帘。尽管奕䜣仍作为亲王军机大臣辅佐幼帝,但亲王与太后间早已不再是当日之准平等的合作关系了。光绪七年(1881),伴随"颇倚任恭邸"③的"正位中

① [英]濮兰德等:《慈禧外记》,陈冷太等译,文海出版社,第26页。

② 石泉:《甲午战争前后之晚清政局》,三联书店1997年版,第38页。

③ (清)赵烈文:《能静居士日记》,《太平天国史料丛编简辑》第三册,第397页。

宫”慈安太后的病逝,慈禧太后独揽大权不可逾越的障碍就此消失,而奕䜣的地位则进一步被削弱。显然,慈禧太后将奕䜣赶出最高统治层的时机已逐渐成熟。此时,她之所以“一时尚不能使出军机者,则以恭王谙练老成,长于外交,不能不资其臂助,故含忍以用之,至一千八百八十四年,慈禧自觉可以独断,无需扶助”①,便借口奕䜣位居领袖之枢垣于中法战争中“萎靡因循”,罢其一切职务,令居家养疾,由醇亲王奕譞取而代之,原班军机处人马一并改组,是为甲申易枢。至此,在太后垂帘与亲王军机大臣辅政体制中,尚存于两个权力主体间的一丝丝的合作关系已荡然无存,由皇权中析分出的一系列权力已尽由慈禧太后收回。直到光绪二十年(1894)清廷于甲午战争惨败之后,恭亲王奕䜣方再度被起用,但此时的奕䜣因屡遭严谴,加之老迈体弱,已无斗志,作为不多。此后直至二十四年(1898)奕䜣去世为止,他已于咸丰、同治、光绪三朝间,三度担任首席军机大臣,在值时间共计二十九年(见表4-1)。

光绪十年(1884),继恭亲王奕䜣罢值军机处后,取而代之的首席军机大臣名为礼亲王世铎,实为醇亲王奕譞。对此,光绪十年(1884)三月十四日谕旨中有:“军机处遇有紧要事件,著会同醇亲王奕譞商办,俟皇帝亲政后,再降懿旨。”②《清史稿》中亦有:“醇亲王以尊亲参机要,不常入直,疏牍日送邸阅,谓之‘过府’。谕旨陈奏,皆毓汶为传达。同列或不得预闻,故其权特重”③的记载。此皆因“当时亲贵,醇亲王奕譞为仅次于恭王之有力分子,才力不及乃兄,而对内外大政亦颇有主张,为人则较驯谨柔谙,其妻又为慈禧太后之妹,故与太后关系较密。同治以后,大局重定,中枢集权力以肆应外患,于是醇王渐起而与恭王立异。

① [英]濮兰德等:《慈禧外记》,陈泠太等译,文海出版社,第106—107页。

② 《清德宗实录》卷一百七十九,光绪十年三月己丑。

③ (清)赵尔巽等撰:《清史稿校注》卷四百四十三,孙毓汶传,国史馆校注,台湾商务印书馆1999年版。

……而太后则颇结醇以抑恭”①。但醇亲王以太上之尊不便入值军机处，故举世铎代领枢府。醇亲王虽实掌军机后，遇事常与李鸿章商议，见解认识已不同于身处局外之时，但因其为光绪帝生父，入主军机后，声势地位与日俱增，故引来慈禧太后对其之猜防，醇王由此对太后敬谨小心，曲承旨意。光绪十六年(1880)十一月醇亲王病逝。此后的首席军机大臣则分别由礼亲王世铎与庆亲王奕劻前后担任(详见表4-1)。对此二王之为人为政，石泉先生曾有精辟分析：“然此二王，礼则庸碌无能，惟事财货，并善伺太后颜色，以固宠信而已。庆之声誉较礼稍佳，……然宦术甚深，遇事多敷衍趋避，不肯担当，亦惟事揣摩太后意旨以自固禄位而已”，“外廷领袖，由恭而醇，由醇而礼、庆，每况愈下，遂使太后日益得以随心所欲，而朝政则日趋下游，同治以来，中兴气象，至此可谓已全行消失。”②

表4-1　晚清亲王军机大臣入值情况一览表

恭亲王奕䜣	咸丰三年十月初七日——咸丰五年七月二十一日(任首揆)
恭亲王奕䜣	咸丰十一年十月初一日——光绪十年三月十三日(任首揆)
恭亲王奕䜣	光绪二十年十一月初八日——二十四年四月初十日(任首揆)
礼亲王世铎	光绪十年三月十三日——十六年十一月二十一日(名为首揆) 此间慈禧命军机处紧要事件会同醇亲王奕譞商办。
礼亲王世铎	光绪十六年十一月二十一日——二十年十一月初八日(任首揆)
礼亲王世铎	光绪二十年十一月初八日——二十四年四月初十日
礼亲王世铎	光绪二十四年四月初十日——二十七年七月初三日(任首揆)
庆亲王奕劻	光绪二十九年三月十五日——宣统三年四月初十日(任首揆)
醇亲王载沣	光绪三十三年五月初九日——光绪三十四年十月二十日

① 石泉：《甲午战争前后之晚清政局》，三联书店1997年版，第39页。

② 石泉：《甲午战争前后之晚清政局》，三联书店1997年版，第43页。

综上，自恭亲王奕䜣至庆亲王奕劻，几位亲王军机大臣主政军机处（其间除光绪二十七年（1901）七月至二十九年（1903）三月间无亲王任职军机大臣的两年时间）累计长达四十四年之久，亲王入主军机处几乎成为晚清定制。究其原因，主要有二：

其一：同治初期，两宫太后与恭亲王奕䜣联合发动辛酉政变，改变了原有政局，建立了太后垂帘与亲王军机大臣辅政体制，将中枢权力部分让与奕䜣，实是慈禧太后不得已而为之。光绪十年（1884），当慈禧太后羽翼丰满，已具有丰富的政治经验与强大的后盾支持，即将奕䜣排除在中枢权力系统之外，实现了独立掌控专制王权的最终目的。但慈禧深知垂帘听政实是代表爱新觉罗家族所掌控的皇权处理政务，因此朝廷任用的重臣必应为爱新觉罗家族成员，以此慰藉宗室王公，避免他们的排挤与政变。故此，礼亲王世铎、庆亲王奕劻等继恭亲王奕䜣相继入主军机处，亲王入主军机之制由此得以相延。

其二：四位亲王先后入主军机处，几与慈禧太后作为女主主持朝政相伴始终。此因慈禧太后虽有丰富的统治经验，但毕竟未受过系统的皇家教育，故而才识有限。正如石泉先生所言：“后之为人，才力足以控驭群下于一时，而学识远不能相副。”①故此亟需有能力、有才干之人辅弼。而放眼大清，几位亲王特别是恭亲王奕䜣，“才力聪明，举朝无出其右”②，且对朝廷忠心耿耿，固守为臣之道，主张“上下之分既明，则威服之权皆出自上，君君臣臣国本固已”③。此等忠心，就连对其进行数次严谴的慈禧太后也不得不予以承认，赐其谥曰：“忠”，清代亲王中得此谥号者惟有多尔衮与奕䜣。故该体制延续亦有利于以辅政亲王军机大臣之能力、才干弥补当政女主才识有限之不足。况且，满洲贵族定鼎中原至此已二百余年，封建皇权得到了空前的巩固与加强，而宗室势力则

---

① 石泉：《甲午战争前后之晚清政局》，三联书店 1997 年版，第 43 页。

② 萧一山：《清代通史》，华东师范大学出版社 2006 年版，第 721 页。

③ （清）奕䜣：《乐道堂文钞》卷一，沈云龙主编：《近代中国史料丛刊续编》第 32 辑，第 16 页。

相对减弱，早已不能再对皇权构成严重的威胁，加之清代早有“亲亲尊贤”的家法与祖制。在此内有农民起义、外有列强入侵之际，重用宗室已成为清廷抵御内外敌人的上上之策。

综上所述，太后垂帘与亲王军机大臣辅政体制于咸丰十一年(1861)十一月一日正式确立。在该体制存续初期，即本文研究所涉之同治一朝，因垂帘听政的慈禧太后为政经验尚不丰富，辅政的亲王军机大臣奕䜣凭借其威望与才干，在其团队即军机大臣群体的佐助下，继续深化咸丰朝原有的内政外交变革，并有所创新，从而促成了“同治中兴”局面的出现。但是正如前文所述，在权力高度集中、君主专制制度已发展至顶峰的清代，最高权力是无法进行平均分配的，更是不允许进行平均分配的。因此，在该政治体制不断发展完善的过程中，慈禧太后凭借其皇权正统地位以及手中所握之最高决策权，数度挫辱奕䜣，并将其最终逐出军机处，取而代之的则是完全听命于她的醇、礼、庆众亲王，其声望与才干皆无法与恭亲王奕䜣相提并论，“遂使太后日益得以随心所欲，而朝政则日趋下游，同治以来，中兴气象，至此可谓已全行消失。”①

第二节　军机大臣与同治朝内政外交政策之深化发展

在太后垂帘与亲王军机大臣辅政体制存续的最初时期，即恭亲王奕䜣任议政王军机大臣这一阶段，政事的处理程序正如清人何刚德所言：“两宫垂帘听政，则军机必以亲王领班，下以数大臣辅之，所谓军机王大臣是也。凡事由亲王做主，商之大臣而定，每日上班，必由领班之亲王开口请旨，所请之旨，即未上班时所商定者。虽偶有更动，亦罕矣。”②据此可知，两宫太后是这一时期清王朝内政外交大政方针的最

① 石泉：《甲午战争前后之晚清政局》，三联书店 1997 年版，第 43 页。

② (清)何刚德：《客座偶谈》卷一，清代历史资料丛刊本。

后决策者，恭亲王奕訢则是这些政策的制定者。但是，作为首席军机大臣的奕訢虽出身于天潢贵胄、集内政外交大权于一身，且自身天资聪颖、文武兼资，但毕竟缺少对实际、对民生的深入了解，故其施政多借助于军机大臣群体这一智囊团。正如同治朝军机大臣、亦是奕訢最为亲密的合作伙伴宝鋆①所言：“恭王虽甚漂亮，然究系皇子，生于深宫之中，外事终多隔膜，遇有疑难之事，还是我们几个人帮忙，当战事吃紧之际，可见王大臣同寅协恭，艰难宏济，为煞有关系也。”②当时服务于京师同文馆的丁韪良亦称：奕訢虽然“行为举止既和蔼又优雅，说话迅速而有力，给人以有自主力量的印象”，但事实上他总是“听从下属的意见，他的讲话不过是总结了下属的考量”。③ 而这一时期的军机大臣正如前节所述，与奕訢在内政、外交之政见大抵相同。因此，同治朝前期所施之大政方针，亦可视作以奕訢为首的军机大臣群体的施政。军机大臣群体于此时之权力，是此前之咸丰朝以及此后之光绪朝所不能比拟的。中兴名臣曾国藩对此就曾有过这样一番言论：“两宫才地平常，见面无一要语，皇上冲默，亦无从测知，时局仅在军机。恭邸（恭亲王奕訢）、文（文祥）、宝（宝鋆）诸人，权过人主。”④由此可见，军机大臣于同治一朝内政外交变革中的作用要远大于咸丰一朝。

如前所述，咸丰朝虽受内忧外患双重打击，却未覆亡，其根本原因即在于咸丰帝与军机大臣们在政治、经济、军事等方面“变以求通”。辛

---

① （清）据何刚德：《春明梦录》载：“一日军机处将散直，宝鋆先往出恭，奕訢待之久，及见面，嘲之曰：往何处撇宝去？宝鋆答称：哪里是出恭。恭与宝二字针锋相对也。又一日恭王自太庙出，指庙碑下赑屃，对宝鋆说：汝看这个宝贝。宝鋆号佩衡，贝、衡二字音相似。宝鋆答称：这也是龙生九子之一。”“恭邸文靖在直二十余年，可谓得君专而行政久矣。”足见二人关系之无间。

② （清）何刚德：《春明梦录》，清代历史资料丛刊本，卷上，第9页。

③ ［美］丁韪良：《花甲记忆——一位美国传教士眼中的晚清帝国》，沈弘等译，广西师范大学出版社2004年版，第234页。

④ （清）赵烈文：《能静居日记》，台湾学生书局1964年版，同治八年五月二十八日。

酉政变虽使政局发生剧烈变动，但既往政策并未发生根本变化，皆因以奕䜣为首的军机大臣群体仍在咸丰朝“变以求通”的基础上继续深化原有变革。这主要体现在以下三个方面：

一、依畀控驭——地方汉督抚势力增强与农民战争之镇压

以奕䜣为首的同治朝军机大臣群体，其中多数成员为咸丰帝北狩热河时的留京大臣，均亲身经历了太平天国北伐军直逼京师，英法联军侵入北京城的全程。因此，他们对于清廷面对的两大强敌，皆有较为深刻的认识。作为同治朝军机大臣群体的核心人物——奕䜣与文祥在上奏咸丰帝的《统计全局折》中就已指出：“灭发捻为先，治俄次之，治英又次之。”文祥于“外有四夷，内有发、捻，兵疲饷竭，在在为难”[①]之时，亦强调指出：“夷性桀骜，竭力抚绥，尚不至遽有变局；而发逆蹂躏东南数省，仅恃有淮阳一线之隔”。[②] 两位核心人物的认识，实是所有军机大臣早已形成的共识。因此为稳定辛酉政变后的政局，维护清王朝的封建统治，他们将迅速镇压太平天国农民战争作为清廷首要解决的关键问题。而结合咸丰朝正反两方面经验，以奕䜣为首的军机大臣群体继续实行咸丰朝文庆、肃顺所倡之“亲用汉人”策，在此基础上他们对此又有所发展，即对汉臣一面假以事权，一面又加以控制，以防汉臣势力急剧膨胀，威胁清统治。

（一）依畀汉臣

作为恭亲王奕䜣的挚友，文祥与宝鋆，对汉臣均颇为重视。文祥对于清统治者如何处理好满汉关系问题，就曾说过这样一段话：“只要汉人愿意，满人一天也维持不下去；取得他们效忠的唯一方法，便是为了

① 王钟翰点校：《清史列传》卷五十一，文祥传，中华书局1987年版。

② 王钟翰点校：《清史列传》卷五十一，文祥传，中华书局1987年版。

皇朝,待他们要比待满人好”,“在过去纷扰的15年中,汉人作为一个整体支持鞑靼皇朝,这种支持来自历代皇帝公正无私,他们虽是统治者,却对待所有臣民一视同仁,犹如自己的子女”。[①] 不可否认,此中虽有对满汉关系美化的成分,但由此亦可见文祥对汉人及处理满汉关系问题的重视。不仅如此,文祥对汉族地方实力派亦极为重视,荐举提拔了一批有才能的汉臣。如文祥对曾国藩、曾国荃兄弟多有庇佑,费行简于文祥传中就曾指出:“曾国荃围江宁久不克,众皆訾之,朝右见疑,祥独谓必克,于国藩独护持,凡中伤者,皆饬去之。”[②]此外,文祥又上疏朝廷:“荐江西九江道沈葆桢、湖北候补知县刘蓉堪大用。疏上,并嘉纳焉。”[③]文祥对汉臣李鸿章之才学、功业亦非常赏识,《光宣列传》中称,李鸿章得授文华殿大学士,就是文祥:“自谓功业不如合肥李文忠公鸿章,故以己缺让之”。[④] 文祥对任职地方汉臣如此,对任职中央的汉族官僚亦如此,梁启超就曾指出:“文文忠汲引沈文定,实为汉人掌政权之嚆矢”,由此,开启了同治初期“文祥、沈桂芬时代”。[⑤] 文祥对汉臣之重视、依畀由以上可见一斑。

而军机大臣宝鋆亦对汉人、汉臣颇为重视,他曾对奕䜣说:“我们满洲只一洲耳,虽有人才,何能与汉人十八省比?”[⑥]因此,宝鋆可谓是满洲大官僚中主张放弃民族压迫政策最力的人之一,他同文祥一样,也极力支持奕䜣重用汉人的决策。

对于众军机大臣重用汉臣之作为时人有如下评价:“同治……元二

---

① [英]赫德:《赫德日记——赫德与中国早期现代化》,陈绛译,中国海关出版社2005年版,第192页。

② 费行简:《近代名人小传》,沈云龙主编:《近代中国史料丛刊》第78辑,第101页。

③ (清)赵尔巽等撰:《清史稿校注》卷三百九十三,文祥传,国史馆校注,台湾商务印书馆1999年版。

④ (清)金梁:《光宣列传》,文海出版社1974年版,第45页。

⑤ 梁启超:《李鸿章传》,海南出版社2001年版,第34—36页。

⑥ (清)何刚德:《春明梦录》,清代历史资料丛刊本,卷下,第6页。

年,群盗如毛,旋扑旋起,互相龉龁,且有官军互斗之事。曾文正能将将,不能将兵,临阵屡败,而犹能上秉朝谟,制驭诸将,得以决胜疆场者,非得军机诸臣运筹帷幄,知人善任,极力维持,何以得此?"①

故此,与咸丰朝文庆、肃顺所倡"亲用汉人"之策相较,同治朝军机大臣群体对汉臣之依畀是有过之而无不及的。辛酉政变刚刚过去十八天,军机大臣即拟写明发谕旨经由内阁发抄晓谕天下:"钦差大臣两江总督曾国藩,著统辖江苏安徽江西三省并浙江全省军务,所有四省巡抚提督以下各官,悉归节制。……并著曾国藩速饬太常寺卿左宗棠驰赴浙江,剿办贼匪,浙省提镇以下各官,均归左宗棠调遣。"②此时的曾国藩不仅有节制四省军事指挥的大权,且已拥有督察官吏、保荐人才的大权。如咸丰十一年(1861)十月十六日,因有人上奏,密查江浙抚臣能否胜任一折,军机大臣即寄信曾国藩,命其"悉心察看"江苏巡抚薛焕、浙江巡抚王有龄,并"据实具奏"。在此密寄中,军机大臣还指出:"东南军务,需才孔亟。"因曾国藩"久历戎行,见闻较广。著择其智勇兼全,堪胜封疆将帅之任者,酌保数员,听候简用。"③。

咸丰十一年(1861)十二月二十四日的上谕,公布了一批新任官员名单,左宗棠任浙江巡抚,彭玉麟任水师提督,李续宜任安徽巡抚,严树森任湖北巡抚,郑元善任河南巡抚,张曜任河南布政使。④ 而在此前后,还任命骆炳章为四川总督,沈葆桢为江西巡抚,刘长佑为广西巡抚,毛鸿宾为湖南巡抚。此外,李恒、刘蓉、韩超等人均被任命为布政使。以致于从这一年开始,满汉督抚的比例发生了重大变化(如表 4 – 2 所示)。以上这些身居要职的地方大员均为汉臣,他们于战时不仅掌握军队指挥权,且操握着这些重要省份的行政大权,而这些官员中又多由曾

① (清)何刚德:《春明梦录》,清代历史资料丛刊本,卷上,第 8 页。

② 《清穆宗实录》卷七,咸丰十一年十月癸酉。

③ 《清穆宗实录》卷七,咸丰十一年十月辛未。

④ 《清穆宗实录》卷十四,咸丰十一年十二月丁丑。

国藩所保荐。① 所有这些都强有力地说明，以奕䜣为首的军机大臣群体对以曾国藩为代表的汉臣的倚重。

表 4－2　同治朝前期满汉督抚比例表②

年代	满汉总督比例	年代	满汉巡抚比例
1860	5:5	1860	6:9
1861	5:5	1861	4:11
1862	4:6	1862	2:13
1863	3:7	1863	1:14
1864	2:8	1864	0:15
1865	1:9	1865	0:15

军机大臣们不仅将军事指挥权、地方行政权赋予诸汉臣，而且还在日常工作中给予他们以充分地信任。如军机大臣寄信曾国藩，命其督察官吏、保荐人才，曾对此受宠若惊，深表不安，上奏称：“封疆将帅乃朝廷举措之大权”本不应由外臣所涉，“以预防外重内轻之渐，兼以杜植私树党之端”。③ 对此，军机大臣于同治元年（1862）正月二十三日，寄信曾国藩，命其“如有堪备封疆之任者，该大臣仍当访察具奏。”并指出：“朝廷黜陟之权，原非封疆大吏所能侵越，第该大臣简任纶扉，督师江皖，膺股肱心膂之寄。朕畴咨岳牧，延访甚殷，该大臣图济时艰，不当稍有避嫌之见，方合古大臣知无不言之义。嗣后如有所知，不妨密封呈进，以备采择。”④从此之后，“湖广两粤闽浙等省大吏之黜陟及一切大

---

① 据同治元年正月丙午日议政王军机大臣寄信曾国藩的上谕中所载：（曾国藩）“所保堪胜皖抚之李续宜，前已降旨调补，张亮基才甚可用，惟前因滇省需人，该督在滇有年，情形熟悉，谕令前往督办军务，严树森调补湖北巡抚，不日即可抵任，该抚办事甚属认真，器局较小，军务恐非所长。”《清穆宗实录》卷十七，同治元年正月丙午。

② 宝成关：《奕䜣慈禧政争记》，吉林文史出版社 1990 年版，第 207 页。

③ 《曾文正公全集》奏稿，卷十五。

④ 《清穆宗实录》卷十七，同治元年正月丙午。

政,朝廷必以咨之"①

而对于曾国藩多次奏请朝廷收回节制四省军务成命之举,军机大臣们不仅发布寄信谕旨表示:"已明白宣示,仍令该大臣节制四省矣。"②而且他们还恳请太后,再以两宫太后之口吻拟写明发谕旨交由内阁抄发,中称:"若非曾国藩之悃忱真挚,亦岂能轻假事权。所有江南安徽江西浙江四省巡抚提镇以下,仍悉归曾国藩节制,该大臣务当以军务为重,力图攻剿,以拯生民于水火之中,毋许再行固辞。国家用人行政,自有权衡,各路统帅,谅不敢妄行矜诩,希假事权,以琐渎陈奏,上烦朝廷裁抑也。"③

此外,前文述及之以奕䜣为首的军机大臣群体对曾国藩所荐之将才悉加重用。对其用人行政亦表示:"操纵驾驭,全在该大臣调度得宜,不必稍避嫌疑"④。在军事指挥方面,同样也表达了全权信任之意,如寄信谕旨中就有:"曾国藩所筹浙省进兵情形,虽办理稍形迟缓,然舍此别无可筹之策,已照该大臣所拟,谕知左宗棠妥筹办理。"⑤"荷蒙两宫皇太后孜孜求治,举贤任能,焦劳宵旰,日与议政王军机大臣筹商军务。每于该大臣等奏报到时,详加披览,一切规划,辄深嘉许,言听计从。想该大臣等胜算老谋,于大局必早有布置。"⑥"如何进剿之处,即由该抚相机办理。该抚晓畅戎机,志虑忠纯,久为朝廷所信任,一切不为遥制,但当力任艰钜,不可稍避嫌疑,遇事密陈,以副期望"⑦等。

以奕䜣为首的军机大臣群体之所以如此依畀汉臣,绝非是他们对汉臣的偏爱,实因当时清廷所面临之内忧外患的严峻形势,以及曾国藩、左宗棠、李鸿章等汉臣所统帅的军队实力强大所致,实是他们不得

① (清)薛福成:《骆文忠公遗爱》,《庸庵笔记》卷二。
② 《清穆宗实录》卷十七,同治元年正月丙午。
③ 《清穆宗实录》卷十七,同治元年正月丙午。
④ 《清穆宗实录》卷十七,同治元年正月丙午。
⑤ 《清穆宗实录》卷十七,同治元年正月丙午。
⑥ 《清穆宗实录》卷十六,同治元年正月丙申。
⑦ 《清穆宗实录》卷二十八,同治元年五月己亥。

已而为之。正如曾国藩的幕僚赵烈文所言:"迨文宗末造,江左覆亡,始有督帅之授。受任危难之间,盖朝廷四顾无人,不得已而用之,非负扆真能简畀,当轴真能推举也。"①(赵氏虽言咸丰末年之事,但亦可用于此时)可谓切中其因。

(二)控驭汉臣

曾国藩等汉臣在以奕䜣为首的军机大臣群体的依畀之下,势力迅速强大,坐拥总人数号称三十万的强大湘军,湘系汉臣不仅遍布长江中下游,且延伸到西南内地,故有"西至四川,东至海,则皆倚国藩为重"②之说。就连曾国藩本人亦称:"长江三千里几无一船不张鄙人之旗帜,外间疑敝处兵权过重,利权过大,盖谓四省厘金络绎输送,各处兵将一呼百诺"③。曾国藩等汉臣的势力日益强大,亦引起了奕䜣等枢臣的不安,遂于依畀之同时,对其加以控驭,以杜外重内轻之渐。军机大臣们对于汉臣的控驭主要是通过两个途径得以实现:

其一:离间湘军内部汉臣之关系

以奕䜣为首的军机大臣群体根据湘军营制的特点,即"将卒亲睦,各护其长。其将死,其军散;其将存,其军完"④,军权完全集中于军事首长,而非中枢所能遥制,且因人成军,系统本非一源之特征,在湘军内部广泛扶植反曾势力,离间湘军内部诸汉臣之关系,以便从中加以控制和利用。如曾国藩与湘军将领左宗棠间,因左性情高傲,"喜为壮语惊众","尝以诸葛亮自比,人目其狂也"⑤。自然不服曾国藩之管治,认为曾用兵拙滞,对其约束过严,因此经常与曾之间闹矛盾。但二人毕竟为

---

① (清)赵烈文:《能静居士日记》,《太平天国史料丛编简辑》第三册,第346页。

② (清)王闿运:《湘军志》,岳麓书社,湘军史专刊之一,第61页。

③ 《曾文正公书札》卷二十三。

④ 《湘军志》卷十五,《营制篇》。

⑤ (清)赵尔巽等撰:《清史稿校注》卷四百十九,左宗棠传,国史馆校注,台湾商务印书馆1999年版。

上下级间的从属关系,彼此都尚有收敛。军机大臣们看准了这一点,即于同治二年(1863)三月十八日,在左宗棠升任浙江巡抚仅一年多,且无显赫战绩,浙江尚未全部肃清之时,即升任其为闽浙总督,辖制两省军政事务,不仅将曾国藩原所节制的浙江一省军务交于左,削弱了曾国藩的实力,且使左宗棠之地位一夜之间即与曾相埒,破坏了曾国藩与左宗棠之间的从属关系,从而加深了二者之间的矛盾。而在曾国藩与江西巡抚沈葆桢之间争夺江西省厘金一事中,又一次故技重施,在“沈葆桢与曾国藩意见不合朝廷早有所闻”①的前提之下,对沈葆桢一方有意偏袒。如军机大臣在寄信谕旨中就称:“曾国藩军营,各省协饷及厘金等款,为数甚钜,通盘筹画,尚可补苴搘拄。其江西茶税牙厘,请拟照该抚所请,归本省分提一半等语。江西防剿,现在极形吃紧,与其糜烂之后,分兵筹饷,不如先事豫防。俾江省得以自固藩篱,即曾国藩亦可专力东南。著照该部议准如该抚所奏,将江西牙厘茶税,由本省分提一半,作为该省防饷,其余一半,仍归曾国藩军营,俾得各资接济。”②以此不仅借沈葆桢之手削弱了曾国藩的经济实力,而且激化了曾、沈之间的矛盾,从而达到控御汉臣、为我所用的目的。

其二:逼迫曾国藩自削兵权

同治三年(1864)六月十六日,奕䜣等军机大臣据曾国荃飞咨,获悉其已率军攻陷天京的喜讯,即于二十六日寄信曾国荃。在该寄信谕旨中,军机大臣等不仅未对已获大功之曾氏兄弟予以嘉奖,反而“词气颇严”地指责曾国荃:“于攻克大城时,即应一鼓作气,将伪城尽力攻拔,生擒首逆。乃因大势粗定遽回老营,恐将士等贪取财物因而懈弛。万一该逆委弃辎重,饵我军士,而潜出别道,乘我不备,冀图一逞,或伺闲奔窜,冲出重围,均不可不虑。著曾国藩饬令曾国荃督率将士,迅将伪城克日攻拔,歼擒首逆,以竟一篑之功,同膺懋赏。傥曾国荃骤胜而骄,令

① 《清穆宗实录》卷八十二,同治二年十月辛卯。

② 《清穆宗实录》卷九十七,同治三年三月丙辰。

垂成之功或有中变，致稽时日，必惟曾国荃是问。”①作为曾国藩幕僚的赵烈文阅毕此廷寄，便已看出其中奥妙，指出：“此次廷寄忽加厉责，其中别有缘起，余知其约略，而未敢臆断。”②事情发展果不出赵烈文所料，数日之后，奕䜣等军机大臣即借御史贾铎奏折，以追问天京金银下落为名，寄信曾国藩，进一步对其进行告诫：“曾国藩以儒臣从戎，历年最久，战功最多，自能慎终如始，永保勋名。惟所部诸将，自曾国荃以下，均应由该大臣随时申儆，勿使骤胜而骄，庶可长承恩眷。至国家命将出师，拯民水火，岂为征利之图。惟用兵日久，帑项早虚，兵民交困。若如该御史所奏，金陵积有钜款，自系各省脂膏，仍以济各路兵饷赈济之用，于国于民均有裨益，此事如果属实，谅曾国藩亦必早有布置。惟该御史既有此奏，不得不令该大臣知悉。”③

此外，奕䜣等军机大臣对曾国藩的权力也是百般予以限制。如在兵力部署上对曾国藩已早有防范。咸丰五年（1855），清廷即令满将官文虎踞重镇武昌，自上而下监视曾国藩、胡林翼的行动，“故曾、胡以全力结欢官文，每奏事必推为首署，报捷之疏，待官而发”④。同治元年（1862），官文晋文华殿大学士，而曾国藩至死也仅为武英殿大学士，由此可见奕䜣等用心之深。此外又任富明阿为江宁将军，统带冯子材等军，二人分守扬州、镇江，占据长江下游，而满将僧格林沁则率军驻扎于皖北一带，由以上三路大军形成对曾国藩湘军的牵制与包围之势。此外，这一点在天京克复后爵位的授予上亦有所体现。早在太平天国起义军定都天京之时，咸丰帝就曾指出：“日后能有克复金陵者，可封郡王。”但到同治三年（1864）曾国藩克复天京后，廷议却以文臣封王似嫌太骤且无先例为由，仅封其为侯爵。

在此种形势之下，曾国藩唯有自削兵权方能保全身家性命和一世

① 《清穆宗实录》卷一百零七，同治三年六月乙未。

② （清）赵烈文：《能静居士日记》，《太平天国史料丛编简辑》第三册，第380页。

③ 《清穆宗实录》卷之一百零九，同治三年七月己酉。

④ 姜斋辑：《清外史》，上海五洲书局1914年版，第152—153页。

功名。天京克复后，曾氏兄弟经反复商讨，决定裁撤湘军、停解广东厘金、曾国荃开缺回籍养病，以此自剪羽翼，释清廷之疑。

综上所述，以奕䜣为首的军机大臣群体通过依畀控驭汉臣曾国藩、李鸿章、左宗棠等，渐次镇压了太平天国农民起义等严重威胁清政府统治的内患，从而出现了"数年之间，区宇奠定如故"的中兴局面。

二、与民休息——军机大臣与战后恢复与重建

咸丰一朝外因资本—帝国主义的经济掠夺，内因镇压农民起义消耗的庞大军费，加之税收不足、河工、赈灾等多项巨大支出，致使整个清王朝的财政体系早于军兴初期就已开始全面崩溃。在各地农民大起义汹涌澎湃之时，清王朝的中央集权官僚体系也遭受了前所未有的打击，据何瑜先生的统计，仅于咸丰元年(1851)——六年(1856)之间，"文官七品以上(包括从七品)死亡共四百二十九人"，"八旗系统，……骁骑校等正六品以上武官死亡共二百六十人。""绿营系统，……游击正三品以上中高级将领死亡数字计之，共有二百零四人。"①而清代官员的晋身之阶、清王朝赖以输入官员的科举制度亦因战争受到严重影响。据商衍鎏先生的统计：咸丰元年(1851)广西一省停试；二年(1852)广西、湖南两省停试；三年(1853)桂、湘、粤、鄂、豫、江南等十省停试；八年(1858)闽、赣、江南等八省停试；至十一年(1861)已达十一省停试。②为挽救濒临倒塌的权力系统，清王朝又大量起用宗室人员、捐官，原已发配、革职人员等充实地方权力机构，致使统治日益腐朽、阶级矛盾愈加尖锐。而处于最底层的广大贫苦百姓则深受其害，过着衣不遮体、食不果腹、流离失所的生活，他们生活的惨淡景象正如亲临其境的曾国藩于奏折中所描述的那样："东南寇氛蔓延日久，皖南池宁二府，十室九

① 何瑜：《晚清中央集权体制变化再析》，《清史研究》1992年第3期。

② 商衍鎏：《清代考试科举述录》，三联书店1958年版，第97—99页。

空，人争相食，皖北庐凤等处，白骨蔽野，田地荒芜，苏浙两省蹂躏亦复相类，生民之涂炭深矣。”①就连西方媒体对当时土地的大片荒芜以及中国农民所处的困境亦感到万分吃惊：“他们的田园荒芜了。他们没有耕种农具，……就像新发现的国家一样，许多地区都对移民实行开放”②。一种即将毁灭的意识业已贯穿于当时所有中国人和外国人的评论之中，当时《北华捷报》的一篇社论就代表这种普遍的观点：“这场重大的起义，就像一个值得夸耀的肉体上的旧痛疽一样不可愈合，如果盛行的传闻可作为一个线索，那么事态会进一步恶化。……额尔金勋爵谈到中国人时所说的‘他们那个衰落文明已千疮百孔、腐朽不堪’。这句话，被一些上等人看作是刺耳的过激之词。虽然情况可能一直如此，但这句话依然是相当真实的。政府的古老基础完全腐烂了；其等级和秩序被打破了；其豪华的装饰品正成为破烂。它不是吞噬这个国家的惟一食尸鬼。天灾人祸，纷至沓来，腐败丛生，积弊日甚；没人能说出何时才会有一个结局，其结果又会如何。”③

以奕䜣为首的军机大臣群体从咸丰一朝接手的就是这样一副王朝行将覆没的烂摊子，如何改变这种现状，做好战后的恢复与重建工作，使国家政治、经济生活步入正轨，以继续维护清王朝的统治，成为他们亟待解决的重要问题。为此，他们将“与民休息”作为目标，于政治、经济等各方面做了以下工作：

（一）政治方面

政治方面的恢复与重建早在辛酉政变之后便已开始。以奕䜣为首

① 王延熙等辑：《皇清道咸同光奏议》卷三十七，文海出版社 1969 版，第 2012 页。

② 《北华捷报》1866 年 3 月 24 日。转引自［美］芮玛丽：《同治中兴——中国保守主义的最后抵抗》，房德邻等译，中国社会科学出版社 2002 版，第 187 页。

③ ［美］芮玛丽：《同治中兴——中国保守主义的最后抵抗》，房德邻等译，中国社会科学出版社 2002 版，第 14 页。

的军机大臣群体在政治方面之作为正如恭党的理论家李慈铭所说:“人君即位之初,例存谦抑,况为少主,尤宜降节为恭,卑躬修敬,礼大臣以资师道,崇方镇以宠成劳,亲王之长隆以不名不拜之仪,文学之儒简为侍读侍讲之职,庶使耳目改观,中外属望。”①他们在政治方面所采取的主要措施是极力缩小对肃顺集团的打击面、起用前朝宿望老臣、清廉吏治等。如在辛酉政变之中,肃党骨干八人中,仅有载垣、端华、肃顺被处以极刑,余五人被革职。其余党羽,除陈孚恩、黄宗汉等被革职外,其他人等一律“不咎其既往”。对于各臣工寄予肃顺之书信,谕旨中则指出:“因思载垣端华肃顺权势薰灼,肃顺管理处所尤多,凡内外大小臣工,赠答书函,均恐难与拒绝。当兹政令维新,务从宽大。……所有此次查抄肃顺家产内账目书信各件,著议政王军机大臣,即在军机处公所共同监视焚毁,无庸呈览,以示宽厚和平礼待臣工至意。”②对于肃顺生前所倚重的曾国藩等军事将领,亦如前文述及之信任有加,曾等人自是感恩不尽,称:“今朝政清明,三奸破碎,人心思治,自是中兴气象。”③奕䜣等还大量起用受到肃顺排斥的宿望老臣,如祁寯藻、翁心存、李棠阶、倭仁等,这一时期均被请回朝中,委以重任。在他们这些学界泰斗、理学大师的引领带动之下,其门生故吏甚至是整个士大夫阶层均倾向于恭亲王奕䜣与两宫太后。为延揽人才,迅速恢复战争中一度停试的科考,又于咸丰十一年(1861)十月二十六日颁下谕旨:“为政以得人为首务,我朝列圣御极建元,均于三年大比之外,特开乡会恩科,广罗俊彦。今朕缵承大统,宜遵成式,嘉惠士林,著于同治元年举行乡试恩科,二年举行会试恩科,用副朕作育贤才至意。”④

对于廉明吏治,时任军机大臣李棠阶阐述最详,也最成体系,其思

① (清)李慈铭:《越缦堂国事日记》,沈云龙主编:《近代中国史料丛刊续编》594辑,第534页。

② 《清穆宗实录》卷八,咸丰十一年十月甲申。

③ 《曾文正公书札》卷十九。

④ 《清穆宗实录》卷八,咸丰十一年十月辛巳。

想主张亦受到慈禧太后和恭亲王奕䜣的重视,在当时有一定影响。早在李棠阶未任军机大臣之前即同治元年(1862)五月就已上疏的奏折《条陈时务之要疏》中,即分析指出了农民参加起义的原因:“今寇贼几偏天下,十数年来,日言平贼,而贼反日多,皆由民不得安之故也。夫安民,必轻徭薄赋。而非择循良之州县,则浮费日增,必不肯减徭赋;非择廉于大吏,则陋规不去,亦无由得循良益大法,而后小廉官清,而后民安,民不至变为贼,贼且变为民。以皖豫而论,颍亳汝光之间,今日之贼皆前日之民也,当其未为贼也,钱漕之浮收,困之差役之繁苛,困之捐输之不已,困之杂派之暴急,书役之讹索又交困之。官视民如鱼肉,民视官如寇仇,官之所为皆驱民为贼之事,至捻匪焚杀淫掠,惨不忍言。官不能卫民,又禁民结团自卫,民无以自存,于是皆被贼胁从,苟延旦夕,而贼益蔓延,猖獗不可制矣。”①

李棠阶实是从统治阶层自身探寻农民起义爆发之深层原因,即吏治腐败导致民不得安、“驱民为贼”、“贼益蔓延,猖獗不可制矣”的严重后果。为此他提出了不同于以往的依靠战争、暴力镇压农民起义的做法:“欲平贼,必先安民;欲安民,必先择廉于之督抚,洁己率属,裁革陋规。”②即指出,消除农民起义之根源在于吏治,吏治清明则无民乱,强调统治者选择廉洁地方官员的重要性。观李棠阶所言所见,确有其高明之处,作为统治阶层的一分子,李棠阶能认识到这一点,并于奏折中明确指出,希冀统治者能采纳他的意见,改善统治,使政治日渐清明。有如此见解的官员如任军机大臣,其对同治朝吏治之整顿、政治之清明必将发挥一定的积极作用。

这件奏折在当时也受到了一定的重视,同治元年(1862)五月十八日,颁布的明发谕旨中即指出:“据(李棠阶)称用人行政,先在治心,治心之要,先在克己。请于师傅匡弼之余,豫杜左右近习之渐,并于暇时

① (清)李棠阶:《李文清公遗书》卷一,中国国家图书馆藏石刻本。

② (清)李棠阶:《李文清公遗书》卷一,中国国家图书馆藏石刻本。

讲解御批通鉴辑览，及大学衍义等书，以收物格意诚之效。又称纪纲之饬，在乎严明赏罚。凡朝廷通谕各事宜，务令督抚实力奉行，不得虚应故事，庶中外情志可通，祸乱可弭各等语。所奏深识治体，剀切详明，足资采择，惟有逊志时敏，日切孜孜，期与中外臣工，实心实力，措正施行，以臻郅治。"①

该件谕旨之发布，表明两宫太后与以奕䜣为首的军机大臣群体对廉明吏治一事的重视，李棠阶上此奏折不足百日，即入值军机处，更加表明了他们欲于同治一朝整顿吏治、务使政治清明之决心。但也应看到一点，即该谕旨又有避重就轻之嫌，仅强调李奏折中所言官吏应治心、克己，并有朝廷应严明赏罚等两点，对于李所言之朝廷应择廉于地方官员，地方官员应爱民如子等重要问题则忽略不谈，由此也表明了新政府廉明吏治的重点即在于谕旨中所指出两点，即一、官吏要注重自我约束；二朝廷要重官吏之赏罚严明。

在担任军机大臣之后，李棠阶或在奏折中、或在书信中阐明他的廉明吏治之思想。如在《与英中丞书》中，他再次强调"窃计今日善后事宜，仍要在慎择牧令而已，今与民果存一副爱民如子之实心，绝去私利，则自有实政与百姓相学，官民一体如父子兄弟之相亲，即有匪徒，何能煽惑"，并列举出具体措施，其中与吏治改善相关之条目有"一、革陋规，……如钱粮之解费，兑米之漕规及其余款，……但向来所有必不能废，或可斟酌去其太甚，便州县少用一分，则亦可少取一分矣"；"一、去衙蠹、裁冗役，各州县往往有奸胥猾吏久住衙门，内外把持，挟势害人，诬陷良民，……伏乞严饬各州县，确切查明，严刑惩办，详报上司，……至各班，冗役繁多，看似不甚要紧，然多一役在官，即多一役食于民，裁去冗役，是用而止，亦惜事安民之一端也。"②

清王朝在镇压太平天国农民战争取得胜利后，为避免恭亲王奕䜣

① 《清穆宗实录》卷二十八，同治元年五月己亥。

② （清）李棠阶：《李文清公遗书》卷二，中国国家图书馆藏石刻本。

与众军机大臣由胜而骄，由骄而起祸端，李棠阶又于同治四年（1865）十一月二十一日，借为奕䜣祝寿之机，亲自抄写《孝经·谏诤章第十五》赠予奕䜣，称《孝经》“通篇言孝，孝本于仁，成于顺，独十五章言谏诤”，“此章意义宏阔，大而天下理论，君德之修废，小而一人一家之善败，举系于此”，“所关甚大，可忽乎哉”。李棠阶所言即劝诫恭亲王奕䜣莫让胜利冲昏头脑，戒骄戒躁，妥善处理好与最高统治者慈禧之关系，对其既要敢于“谏诤”，更要“克己”。①

（二）经济方面

正如美国学者芮玛丽所言：“由于传统经济的崩溃，由于那些对西方工业革命的成就有所了解的新领导人物当权，变革的时机已经到来。然而，虽然新政府是一个“明智的政府”，关心人民的福利事业，但它并不打算建立现代经济的基础，也没有一个如同日本明治维新那样的经济计划。”“他们感兴趣的是恢复传统经济的“富强”，对牺牲传统制度以获致国家“富强”的措施则兴趣索然。”②中国自古以来就是一个农业大国，农业始终为国民经济之根本基础，因此芮玛丽所言“恢复传统经济的“富强”，即是指明以奕䜣为首的军机大臣群体此时的经济目标是要最大限度地恢复中国传统农业生产，重建历史上的农业强国。作为首席军机大臣，奕䜣本人就极为重视农业，他说：“我朝爱民敦俗，首重农桑”。早在咸丰五年（1855）于上书房读书期间，他便将《诗经》中反映小农经济、田园生活的《七月》篇每一句衍为一章，共得八十五章，汇总于《乐道堂诗钞》中，足见其对传统农业之重视。其他军机大臣对此亦早已形成共识，为此，他们采取了各种恢复农业生产的有效措施。

① （清）李棠阶：《李文清公日记》卷十六。

② ［美］芮玛丽：《同治中兴——中国保守主义的最后抵抗》，房德邻等译，中国社会科学出版社2002版，第188—189页。

1. 减免税收

如前章所述,清代农业税收的范围、数额都是极其有限的,在不改变经济制度、不提高劳动生产率的大前提下,减免税收实是当时以奕䜣为首的军机大臣群体所能采取的恢复农业生产、与民休息的有效措施之一。减免税收早在镇压太平天国农民战争的过程中就已经开始了,如同治二年(1863)四月,应李鸿章之奏请,将太仓等州县本年漕粮一体豁免。① 天京克复之后,军机大臣等于寄信曾国藩、李鸿章的谕旨中重申该意:"洪逆窜陷江宁省城,窃踞者十有余年,百姓遭其荼毒,惨难言状,或被贼裹胁而锋刃频罹,或转徙他乡而沟壑难免,蚩蚩何辜,罹此残酷。现在江宁克复,全省底定,亟宜渥沛恩施,苏此遗孑。著曾国藩、李鸿章查明江宁地方应征钱漕,分别应蠲应缓,据实入奏,候旨施恩。"②同治四年(1865)正月初六日,据曾国藩乔松年奏言,安徽八府五十九州县受战争及各种灾害较他省为尤甚,故派出前藩司马新贻会同臬司何璟等人前去详查,据其查覆:"皖南徽宁广等属,兵戈之后继以凶年,百姓死亡殆尽,白骨遍野,此受害最重者也,……请求将受灾严重之各地区的民欠正杂钱粮银米商牙鱼杂各税压征芦课各项官租概行豁免。……查安徽全省贼扰殆徧创钜痛深地方,虽有已复之明田亩,多系不耕之土,其尤甚者或终日不遇行人,百里不见炊烟,情形实堪矜悯。……准照所请年限,分别豁免,以纾民困而广皇仁奏人。"③同治七年(1868)秋,御史德泰奏请按户亩麟次收捐以修理园庭。该奏不仅遭到奕䜣等军机大臣的驳斥,并称"前明加饷派饷,以致民怨沸腾,国事不可复问,我列祖列宗屡次引为殷鉴,中外大小臣工讵不深知。"④表明同治朝的军机大臣们实以谕令形式昭告天下,同治政府仍会遵守清代"永不加

① 《清穆宗实录》卷六十五,同治二年四月癸卯。

② 《清穆宗实录》卷一百零七,同治三年六月戊戌。

③ (清)奕䜣等:《钦定剿平粤匪方略》卷四百零一。

④ 《清穆宗实录》卷二百四,同治七年八月乙巳。

赋”的祖训。

此外，湖北、山东、浙江等省赋税在战后也先后予以减免。显然这些措施对战后农业生产、农业经济的恢复，以及广大农民阶级的休养生息是极为有利的。

2. 开垦荒地

历经十余年战乱，大量可耕土地早已荒芜，而众多农业人口无家可归、流离失所之时，增加耕地面积，即开垦荒地为尽快恢复农业经济的最佳良方。以奕䜣为首的军机大臣群体于这一时期，谕令流民不仅可于内地垦荒，而且还可远赴内蒙、新疆、满洲等边疆地区垦殖荒地，甚至原属于满洲贵族骑射之用的围场，这一时期，也大多被用来开垦为农田，供移民缴纳农业税而耕种使用（如表4－3所示）。

表4－3　同治朝军机大臣谕令地方官员招募移民开垦荒地事例

时间	谕令地方官员招募移民开垦荒地事例
同治元年(1862)四月二十七日	前因御史刘庆奏，请查办大凌河一带私种地亩，并开垦北省荒闲地亩。降旨交户部查核具奏。兹据该部奏称，查明大凌河东岸一带闲荒，并非牧马之地，理应招垦等语。著盛京将军详细稽查，将民人私种地亩，一概报明入官，按亩升科，造册送部，以收地利而裕饷需。①
同治元年(1863)十二月六日	先是黑龙江将军特普钦奏，遵复开垦荒地，移屯京旗，下户部议。至是议上，该省呼兰城迤北百里，据查有荒场一段，可移住京旗三百户，编为十屯。即令该将军豫招民户代垦，俟京旗到屯，以所垦之地，半归旗户耕种，半作该民田产。至招民垦地，应照开垦蒙古尔山荒地成案，先交押荒钱文，俟五年后升科，以收地利。从之。②

① 《清穆宗实录》卷二十六，同治元年四月己卯。

② 《清穆宗实录》卷五十一，同治元年十二月癸未。

续表

时间	谕令地方官员招募移民开垦荒地事例
同治三年(1864)四月二十五日	议政王军机大臣等,前据景纶、麟瑞奏,查明覆勘围场边荒情形,当经谕令该部查议具奏。兹据户部奏,该将军等原奏内称,东由伊勒们河起,西至伊通河止,并其闲裁撤伊巴丹等五处废围,除留建公所外,净可垦地二万八千六百六十五晌。又东自庙岭起,至一座毛地方,复由该处南面,折至迤西之钓鱼台止,西以伊勒们河为界,北以旧设卡堆为界,并其闲裁撤之孤拉库等二处废围,除留建公所外,净可垦地八千二百三晌五亩。此项地亩,既据该将军等查明并无关碍情形,应请饬令照办等语。著景纶、麟瑞督饬承办各员认真经理,仍随时稽查,毋任偷种私占,亦不得藉端滋扰,致累闾阎。至该将军等拟将倒木河之北旧有佛斯亨海兰两围那移,并将萨伦河等处各围一并移设,所有空旷闲荒地亩,一并开垦。此项地亩,是否与边界围场,毫无关碍。其所招各佃,人数众多,能否与该处民人日久相安,不至别滋事端。至移设各围,能否妥协,日后有无流弊。著景纶、麟瑞详细酌核。总期于边界围场,两无关碍,方可斟酌办理,傥或利少弊多,仍行奏请封禁,毋稍隐饰。其土门子阿勒楚喀双城堡等处闲荒事宜,仍著景纶等转饬承办各员,详晰查覆。①
同治八年(1869)六月十八日	谕军机大臣等,刘典奏,覆陈安抚难民、开垦荒地,暨边防布置情形一折。泾阳咸阳境内安插难民六千余人,鄜州等处安插扈彰等股难民。经刘典派员经理,散赈垦荒,均臻安静。其董幅详等股,人数更多,亦皆志切营生,不至复聚为匪。即著该署抚督饬委员,实力奉行,不得始勤终怠。至渭北招垦事宜,渐有规模,惟泾阳三原高陵,地高土燥,非兴修水利,不足以资灌溉,刘典拟将龙洞渠筹款开浚,务当妥为经画,俾竟厥功。北山一带,地瘠民贫,现虽匪党殄除,亟须岂弟宜民之吏,安辑抚绥。刘典所请因地择人暂弗拘以成例之处,著准其权宜办理。……②

① 《清穆宗实录》卷一百零一,同治三年四月乙未。

② 《清穆宗实录》卷二百六十一,同治八年六月戊午。

此外,军机大臣文祥亦于同治三年(1864)亲赴新疆地区查办垦荒开渠情形,经文祥于东路塔尔纳沁、蔡巴什湖两处查勘,了解到“除原额屯地外,沁屯共得荒地五千六百六十亩,蔡屯共得荒地一千七百余亩,均可开垦。”①经过同治一朝的努力,多年战乱所造成的“耕地荒芜迅速得到了垦殖,清朝的耕地面积仍在不断地增长。”②

3. 兴修水利

水利资源为农业生产不可缺少的重要资源,一方面它可使旱涝的土地能够得以耕植,另一方面则可使贫瘠的土地增加产量。但是,在战乱期间,因中国几乎每条江河、湖泊的堤岸都受到了不同程度的破坏,故当时农业生产所需水利资源极度匮乏。为迅速恢复农业生产,提高农业生产力,以奕䜣为首的军机大臣群体于战争期间和战后,即指派各地方官员兴修水利、灌溉农田。表4-4即为这一时期,军机大臣字寄各地方督抚疏浚河流、兴修水利、灌溉农田之事例。而军机大臣文祥于同治三年(1864)亲赴新疆地区查办垦荒开渠情形时,为灌溉新开垦荒地,兴修当地水利工程,他还亲自倡率当地百姓绅民设法劝捐,并率领当地绅士、百姓疏浚老渠等。由以上诸例足以见得军机大臣对兴修农业水利工程事业之重视。

表4-4 同治朝军机大臣谕令各地方官员兴修水利事例

时间	军机大臣字寄地方官员兴修水利事例
同治三年(1864)三月二十九日	军机大臣字寄文祥现拟将老渠挑挖,子渠加浚宽深,使水流通畅,藉资灌溉。并首先倡率设法劝捐,以济工需,著即照所拟办理。③

① 《清穆宗实录》卷九十八,同治三年三月己巳。

② [美]芮玛丽:《同治中兴——中国保守主义的最后抵抗》,房德邻等译,中国社会科学出版社2002版,第198页。

③ 《清穆宗实录》卷九十八,同治三年三月己巳。

续表

时间	军机大臣字寄地方官员兴修水利事例
同治八年(1869)六月十八日	军机大臣字寄刘典……惟泾阳三原高陵,地高土燥,非兴修水利,不足以资灌溉,刘典拟将龙洞渠筹款开浚,务当妥为经画。①
同治九年(1870)八月九日	军机大臣字寄钟佩贤……浙省溇港,关系东南水利,亟应速筹疏浚,著杨昌浚查明现在溇港情形,应如何认真修理,以期一律深通,俾无淤塞溃溢之患,并速派贤员实心经理。②
同治九年(1870)十月二十日	军机大臣字寄李鸿章……畿辅水利,本宜讲求,而畿东尤极,应如何设法宣泄,以利农田而固封守,著该督慎选贤能之吏,次第兴办。③
同治九年(1871)十一月二十九日	军机大臣字寄杨昌浚……溇港关系水利,自应赶紧疏浚。著杨昌浚即督饬该处地方官,趁此冬隙之际,先将寺桥等最要之九港及诸沈二溇,先行借拨款项赶办,其余各工及碧浪湖工程,亦应次第查勘,分别兴办。并著曾国藩、张之万迅即遴派妥员,查勘吴江县长桥及太湖出水各口,设法疏通,与浙江同时并举,以期一律疏畅,有裨民田。④

三、社会风气方面

美国学者芮玛丽指出:"中兴的目标是重建一个朴实和稳定的农业社会,在此社会中提倡节俭,强有力地抑制政府的开支、绅士的奢侈和农民的物质欲望"⑤。这一目标要求全国上下务必形成杜绝浪费、崇尚

① 《清穆宗实录》卷二百六十一,同治八年六月戊午。

② 《清穆宗实录》卷二百八十八,同治九年八月癸卯。

③ 《清穆宗实录》卷二百九十三,同治九年十月壬子。

④ 《清穆宗实录》卷二百九十八,同治九年十一月庚申。

⑤ [美]芮玛丽:《同治中兴——中国保守主义的最后抵抗》,房德邻等译,中国社会科学出版社2002版,第183页。

节俭的社会风气，无论是皇室还是各级官吏均应于己行为准则方面自觉做到崇尚节俭、爱惜民力，以在此中起到表率作用，倡导这一良好社会风气的形成。作为首席军机大臣的恭亲王奕䜣对此就曾指出：“天生民，而树之君，使司牧之”，“天子代天而治”，“故为民上者，抚有四海，统一寰夏，不以天下奉一人，而以一人养天下”。① 军机大臣李棠阶在与友人信中亦强调应“崇节俭。太平之世，州县所入既广，豪华奢侈，无所不至，今已不能矣，但彼时有彼时之节俭，此时有此时之节俭，因时因地，量入为出，幕友等席，可省则省，宴会酬应及一切车马服饰，务从撙节俭以养廉，实亦要务也。”②《清史稿》李棠阶传中称其“家故贫，既贵，俭约无改。尝曰：“忧患者生之门。吾终身不敢忘忍饥待米时也。”③以奕䜣为首的军机大臣们就崇尚节俭、爱惜民力这一为君、为官准则均已达成一种共识，对于此他们更是身体力行，凭依自己独特的优势地位，运用手中所能行使之权力，上劝太后、皇帝，下率各级官吏，力倡节俭，上以资国用，下以恤民力，以此倡导良好社会风气的形成。同治一朝短短十三年，但有关于此的诏令、谕旨的数目却极为可观，在此不一一列举，仅以其中最为典型之停修园工一事为例，说明军机大臣在此中发挥的作用。

兴修圆明园一事，发端于同治七年（1868）秋，在慈禧宠监安德海授意下，御史德泰奏请按户亩麟次收捐以修理园庭。奕䜣等军机大臣认为“当此军务未平民生困苦流离，朝廷方欲加意抚恤乃该库守则请于京外各地方按户按亩按村鳞次收捐，如此扰害闾阎，尚复成何政体。前明加饷派饷，以致民怨沸腾，国事不可复问，我列祖列宗屡次引为殷鉴，中外大小臣工讵不深知。”并严厉谴责御史德泰，称其本为“言事之官，其

① （清）奕䜣：《乐道堂文钞》卷二，沈云龙主编：《近代中国史料丛刊续编》第32辑，第16页；卷三，第4页；卷四，第15—16页。

② （清）李棠阶：《李文清公遗书》卷二，中国国家图书馆藏石刻本。

③ （清）赵尔巽等撰：《清史稿校注》卷三百九十八，李棠阶传，国史馆校注，台湾商务印书馆1999年版。

于国计民生有碍者，正当力陈其弊，藉资补救不意德泰所陈，显违列圣之彝训，反欲朝廷剥削小民动摇邦本，并以贵祥所拟章程为可取，且云于国计民生两有裨益，丧心病狂，莫此为甚。"[①]基于此，慈禧太后在奕䜣等人的压力之下，不得不严惩德泰等人，并暂时放弃重修圆明园之议。

但是重修圆明园之议并未就此销声匿迹，至同治十二年(1873)春，同治帝大婚亲政两典之后，同治帝在内务府官员贵宝、文锡等人的怂恿下(重修圆明园实出慈禧太后之主张[②])，于十二年(1873)九月二十八日颁布上谕宣布，将"择要兴修"圆明园，[③]"以备两宫皇太后燕憩用资颐养而遂孝思"。[④] 同治帝虽提出要对圆明园择要而修，但当时准备重修的部分约达三千余间，工程可谓浩大，而是时清廷正处于"粤捻初平，回焰方炽，必当培养元气"的关键时期，显然"不宜以有用之财，置无用之地"。[⑤] 此事虽经御史沈淮奏请、军机大臣李鸿藻多次苦谏[⑥]暂缓修理圆明园，但同治帝仍不改初衷，于十月十四日再颁朱谕，告诫群臣，不准复言此事。[⑦] 一时间，京城内舆论哗然，反对者比比皆是。

在这种情况之下，军机大臣文祥仍顶着巨大压力，向同治帝上奏《请停圆明园折》，晓之以理，动之以情，曰："我皇上奉养两宫皇太后，曲尽孝思，无微不至，奴才虽知此举工程浩大，难以有成，惟业经明降谕

---

① 《清穆宗实录》卷二百四，同治七年八月乙巳。

② 李宗侗等：《清李文正公鸿藻先生年谱》(上)，台湾商务印书馆1970年版，第196—198页，附有内务府雷思起"旨意档"中，有太后主张修复圆明园之证据。

③ 李宗侗等：《清李文正公鸿藻先生年谱》(上)，台湾商务印书馆1970年版，第191页。

④ 《清穆宗实录》卷三百六十九，同治十三年七月己巳。

⑤ 李宗侗等：《清李文正公鸿藻先生年谱》(上)，台湾商务印书馆1970年版，第190页。

⑥ 李宗侗等：《清李文正公鸿藻先生年谱》(上)，台湾商务印书馆1970年版，第194页。

⑦ 李宗侗等：《清李文正公鸿藻先生年谱》(上)，台湾商务印书馆1970年版，第194页。

旨，自不容立时中止，……兹当皇上亲政之初，忽有修理圆明园之举，不独中外舆论以为与七年谕旨迥不相符，即奴才亦以为此事终难有成也。盖用兵多年，各省款项支绌，现在被兵省分，善后事宜，及西路巨饷，皆取给予捐输抽厘，而捐厘两项，已无不搜括殆尽。园工需用浩繁，何从筹此巨款，即使设法捐输，所得亦必无几，且恐徒伤国体而无济于事也。”①文祥通过此折向同治帝阐明国家今日所面临的种种经济困难，并告诫其作为一国之君必须要量入为出，否则修园不成，反会“徒伤国体”。但是，同治帝并未听纳。

此后虽有醇亲王奕譞、徐桐、广寿、李文田等人上疏奏请，但均不见效果。此时，李光昭诈骗一案曝光②，群情激愤。在这种情况之下，七月十六日，恭亲王奕訢、醇亲王奕譞率众军机大臣等联名上《敬陈先列请皇上及时定志用济艰危折》，提出“畏天命、遵祖制、慎言动、纳谏章、重库款、勤学问”等六条谏议，其中于重库款一条中指出：“户部钱粮为军国之需，出入皆有定制，近来内廷工作太多，用款浩繁，内务府每向户部借款支发，以有数之钱粮，安能供无穷之靡费？现在急宜停止者，乃在园工一事。伏思咸丰十年，文宗显皇帝由圆明园巡幸热河，至今中外臣民，言之无不痛心疾首。两宫皇太后、皇上皆亲见其事，念及当日情形，何忍复至其地乎？即以工程而论，约非一两千万两不办。此时物力艰难，何从筹此巨款？厥皇上将臣等所奏在两宫皇太后前委婉上陈。若钦奉懿旨，将园工即行停止，则两宫皇太后之圣德与皇上之孝思，皆趋越千古矣。”③

---

① 中国第一历史档案馆编：《圆明园》（上），上海古籍出版社 1991 年版，第 674—675 页。

② 李光昭原为经营木材、茶叶之商人，同治元年于安徽由监生报捐知府，十二年因贩卖木材而结识内务府大臣，谎称愿将自己备留的巨木报效重修圆明园木料，限十年运足价值为十万两白银的木料于通州，经内务府奏请允准办理此事，于是李光昭打着“奉旨采办”的旗号，到处招摇撞骗，后被四川总督吴棠揭发。

③ 李宗侗等：《清李文正公鸿藻先生年谱》（上），台湾商务印书馆 1970 年版，第 207—209 页。

十八日，同治帝应恭亲王、醇亲王、军机大臣文祥等屡次请求，同意召见，在他们的苦谏之下，同治帝终"言园工一事，未能遽止，为承太后欢，故不敢自擅，但允为转奏。[①] 由上可知，同治帝不敢擅自停止园工，实有其不得已之苦衷，盖重修圆明园，原为慈禧太后之意，如若停工，亦必得太后同意。然孰又敢直陈于太后之前？军机大臣且兼任帝师的李鸿藻决意担此重任。据李鸿藻的后人李宗侗先生收藏，李亲笔所书呈两宫太后之请停园工之奏折，其全文如下：

（皇上侍奉）两宫皇太后孝思纯笃，未肯收回成命，而当此时事艰难，论理论势，皆有必须停之者，敢为皇太后敬陈之。咸丰十年，文宗显皇帝由圆明园巡幸热河，为我朝二百余年非常之变，至今天下臣民，无不痛心疾首，两宫皇太后与皇上念及当时情形，亦必伤心惨目，何忍复至其地。且前内务府大臣文丰，曾殉节于斯，不详之地，更非驻跸之所宜，此理之不可不停止者也。现在西路军事孔亟，需饷浩繁，各省兵勇欠饷累累，时有哗变之虞，加以日本滋扰台湾，势甚猛悖，沿海各口均须设防，经费尚不知从何筹措。以户部而论，每月兵饷不敷支放，江苏四成洋税，已奏明停解捐输，厘金亦已搜索殆尽，内外诸臣，方以国帑不足为忧，而园工非一两千万莫办，当此中外空虚，又安得此巨款办此钜工乎？此势之不能停止者也。皇上常以宵旰勤劳，又安寰宇，仰慰两宫皇太后之心，为孝之大者，若竭天下之诣膏，供园庭之工作，以皇太后之至圣至仁当必有所不忍也。十余年来，皇太后皇上励精图治，发捻各匪，次第扫除，良由政令修明，故人心团结。今大局粗安，元气未复，当匮乏之时，为不急之务，其知者以为皇上之孝思，其不知

① 桐城吴先生日记时政类，转引自李宗侗等：《清李文正公鸿藻先生年谱》（上），台湾商务印书馆1970年版，第210页。

者将谓皇上渐耽安逸，人心有不免涣散者也。在承办诸臣，亦明知工大费多，告成无日，不过敷衍塞责，内而寺宦，外而佞人，希图中饱，必方多画策，极力赞成，如李光昭者，种种欺蒙，开干进之门，启逢迎之渐，此尤不可不慎者也。虽曰不动巨款，而军需之捐例未停，园工之劝捐继起，以有限之财，安能给无穷之用。臣等以为与其徒敛众怨，徒伤国体，于事万难有成，不如及早停工，以安天下之人心乎？伏愿皇太后明降谕旨，停止园工，则皇太后之威德，皇上之孝思，均超越千古矣。臣等不胜激切待命之至，伏祈圣鉴，谨奏。①

亲王、军机大臣们的屡次谏议，令同治帝、慈禧太后都大为恼火。七月二十九日，同治帝召见恭亲王、醇亲王、军机大臣以及御前大臣等，对他们是百般诘责、刁难，最终在亲王、军机大臣们的压力下不得不同意由兴修圆明园改修三海，群臣始得退朝。但盛怒之下的同治帝并未就此罢休，下诏尽革恭亲王、醇亲王、众军机大臣等十重臣之职。直至八月一日，对此事前因后果可谓了如指掌的慈禧太后方从幕后走到台前，安慰奕䜣称：“十年以来，无恭王何以有今日，皇帝少未更事，昨谕着即撤销。”②遂由内阁颁发上谕：“朕奉慈安端裕康庆皇太后慈禧端佑康颐皇太后懿旨。皇帝昨经降旨，再恭亲王革去亲王世袭罔替，降为郡王，并载澂革去贝勒郡王衔。在恭亲王于召对时言语失仪，原属咎有应得，惟念该亲王自辅政以来，不无劳勚足录，著加恩赏还亲王世袭罔替，载澂贝勒郡王衔一并赏还。该亲王当仰体朝廷训诫之意，嗣后益加勤慎，宏济艰难，用副委任。”③

---

① 李宗侗等：《清李文正公鸿藻先生年谱》（上），台湾商务印书馆1970年版，第211—212页。李宗侗称：“折首脱落四字，疑为‘皇上侍奉’。”据其推断该折奏于七月二十一日至二十九日之间，或即二十九日。

② 宝成关：《奕䜣慈禧政争记》，吉林文史出版社1990年版，第241页。

③ 《清穆宗实录》卷三百七，同治十三年八月辛未。

该谕旨虽将奕䜣官复原职，但奕䜣为此付出的代价却极为惨重。一方面是同治帝颁布朱谕革去他的爵位与差使，另一方面则由慈禧太后加恩赏还，从而使奕䜣自身乃至天下臣民更加明确奕䜣在太后垂帘与亲王辅政体制中的臣子地位；同时，谕旨中又强调同治帝对奕䜣的惩处是“咎有应得”，警告他应“当仰体朝廷训诫之意，嗣后益加勤慎，宏济艰难，用副委任”，即今后对慈禧太后更要俯首帖耳、惟命是从。至此，太后与亲王在该政治体制中的“准合作”实已消失殆尽。

在恭亲王奕䜣及众军机大臣谏议、努力之下，终使慈禧太后与同治帝母子放弃需费浩繁的修园计划，从而为后来的海防海军建设奠定了一定的经济基础。

综上所述，以奕䜣为首的同治朝军机大臣于战乱期间乃至战后的一段时期内，即从政治、经济等多个方面开始了战后的恢复与重建工作，经过他们不懈的努力，最终基本上达到了芮玛丽所言之“重建一个朴实和稳定的农业社会，在此社会中提倡节俭，强有力地抑制政府的开支、绅士的奢侈和农民的物质欲望”这一目标。① 他们于此中的作为受到了西方政治家的肯定与赞誉，正如卫三畏所言：“1865 年中国所面临的形势犹如威斯特发里亚和约签订后的中欧所面临的形势一样严峻，其被破坏的程度是一般人难以想象的。然而，恢复的速度——居民不仅恢复了旧业，而且重建了住所，整顿了贸易——甚至使那些一贯诋毁他们的人也感到吃惊，并转而赞誉很被人瞧不起的中国文化所显示出复兴活力。”②

① ［美］芮玛丽：《同治中兴——中国保守主义的最后抵抗》，房德邻等译，中国社会科学出版社 2002 版，第 183 页。

② ［美］卫三畏：《中国总论》，第 692 页。转引自［美］芮玛丽：《同治中兴——中国保守主义的最后抵抗》，房德邻等译，中国社会科学出版社 2002 版，第 195 页。

三、趋利避害——军机大臣与同治朝“守势外交”

前文已述，咸丰朝末期，在内忧外患交替而至、清王朝政权岌岌可危之时，清廷中枢决策层于外交领域亦“变以求通”，改变过去“坚执定约、杜绝妄求”的旧方针，代之以“外敦信睦”，“隐示羁縻”这一新的外交方针。辛酉政变后，伴随着这一外交方针的主要制定者恭亲王奕䜣入主军机处与总理衙门两大中央机构，“外敦信睦”，“隐示羁縻”方针开始在清王朝的外交实践中得以全面贯彻实行。

“外敦信睦”，“隐示羁縻”即奕䜣、文祥于《统计全局折》中所言之“按照条约，不使稍有侵越，外敦信睦，而隐示羁縻”。其意即为按照已订条约行事，以取信于各国，杜绝条约外一切要求，以换取暂时的和平环境，为国力之增强、国家主权之保全创造有利条件。显然，这一政策的最主要内容即为“守定和约”，而此中之和约即为中国与西方各列强签订的一系列不平等条约，“守定和约”自然就意味着要牺牲国家利益、委曲求全、妥协退让，显然这一政策是以妥协为主要特色的。但是，正如前文所述，这种妥协、退让是在清廷意识到中西力量对比悬殊的大前提下，不得不“以和好为权宜”，正如奕䜣所言是“所处之时乃无可如何之时”，“所办之事乃不得已之事”。① 即以暂时的、权宜的妥协，换取“二十年内不致生事”的和平环境，尽快增强国力，以使中国实现“有事可以御侮，无事可以示威”的目标。由此可见这种妥协乃是一种权宜之计，是趋利避害的一种手段而已，同治朝的外交实可称之为趋利避害的“守势外交”。

这一新的对外方针、政策之所以能够在同治朝得以全面贯彻实行，原因是多方面的，而其中最根本的原因自然在于政策的制定者奕䜣、文

① （清）宝鋆等编：《筹办夷务始末》（同治朝）卷六十四，沈云龙主编：《近代中国史料丛刊》第62辑。

祥二人自辛酉政变后，已开始把持清廷的内政外交，由他们于咸丰末年提出的新方针自然在同治朝能够得到有效的贯彻与实施。此外这一时期也具备了该方针得以具体贯彻实行的可能性。

首先："外敦信睦"，"隐示羁縻"方针并非是奕䜣、文祥凭空创造或于外洋嫁接而来，而是导源于中国古代一直延续至同治朝的"羁縻"这一传统思想。"羁縻"是中国古代封建统治者用于处理与边疆少数民族和周边国家关系最为重要的原则。它包含着维系、笼络、驾驭、敷衍、权宜之计等众多意味。在中国近代史上，它又成为清统治者应对西方资本主义侵略者的一贯的指导思想。奕䜣、文祥等人于庚申之变后与英法侵略者和谈之时，亦将其视为驭夷之重要法宝，而彼时羁縻的主要表现形式即为与列强签订一系列不平等条约。正如奕䜣于《北京条约》签订后所言："约内所允各款，已遂其贪婪之心，是该夷连年所欲得者，现皆如愿而偿，初非从前屡战屡和、空事羁縻、毫无把握者可比。"①而英法联军退兵之后，羁縻之法的主要表现即为"守定和约"、"不使稍有侵越"。既然，新的外交方针对于清统治者来说并不陌生，那么接受、贯彻实行起来也就变得容易起来。

其次，以奕䜣为首的军机大臣群体为了贯彻实行这一方针、政策，自身也做了较多努力。奕䜣、桂良、文祥早在咸丰朝末期即于《统计全局折》中就已指出："查与外国交涉事件，必先识其性情，今语言不通，文字难辨，一切隔膜，安望其能妥协？"②故于此奏折中，他们便奏请设立了中国近代历史上第一个外语学校——京师同文馆，挑选八旗子弟学习外国文字；同时还指出："至办理外国事务，尤应备知其底细，方能动中窾要。近年来临事侦探，往往得自传闻，未能详确，办理难期妥协。各国新闻纸，虽未必尽属可信，因此推测，亦可得其大概。"③因此，令各

① 中国史学会编：《第二次鸦片战争》第五册，上海人民出版社 1978 年版，第 274 页。

② （清）贾桢等编：《筹办夷务始末》（咸丰朝），中华书局 1979 年版，第 2679 页。

③ （清）贾桢等编：《筹办夷务始末》（咸丰朝），中华书局 1979 年版，第 2680 页。

通商口岸官员按月向总理各国事务衙门咨报外国新闻纸以了解外国事务。总理各国事务衙门成立后,为了能够做到“守定和约”、“不使稍有侵越”,他们还积极了解外情、学习国际法知识,试图与国际接轨。奕䜣本人即对魏源所著《海国图志》“胥能成诵”。① 同治四年(1865),总理各国事务衙门出版了由美国传教士丁韪良译成中文的《万国公法》,奕䜣和文祥对此书评价甚高,对其中包含的诸多原则他们是十分乐于接受的,他们在给清廷的奏折中指出:“查该外国律例一书,衡以中国制度,原不尽合,但其中亦间有可采之处。”②为使中国官员熟识《万国公法》,他们还专门拨银五百两,刊印此书三百份分发给南北洋大臣以及各商埠官员参考。在《万国公法》翻译出版当年发生的普鲁士在中国领海内扣押丹麦船只事件中,奕䜣便“暗采该律例中之言,与之辩论”,使普方“即行认错,俯首无词”③。文祥在东北剿匪期间,就曾经特别注意维护营口地方秩序,指出此“系洋人通商处,不能不防”。④ 由此,在他们的共同努力下,中国的对外交涉渐渐趋于正规,从而使贯彻实行这一新的外交方针成为可能。

再次,第二次鸦片战争后,以英国为首的西方列强对清廷政策的转变也为这一方针的实行提供了某种可能。19 世纪 60 年代,世界资本主义各国均呈现出了良好的发展态势。例如英法两国此时的工业革命成果就得以进一步巩固;美德两国则因国内战争肃清了阻碍本国资本主义发展的势力,从而使其工业革命得以畅通无阻地发展;俄日两国则于这一时期进行自上而下的改革,从此走上了资本主义发展道路。与发

① 费行简:《近代名人小传》,沈云龙主编:《近代中国史料丛刊》第 78 辑,第 72 页。

② (清)宝鋆等编:《筹办夷务始末》(同治朝)卷二十七,沈云龙主编:《近代中国史料丛刊》第 62 辑。

③ (清)宝鋆等编:《筹办夷务始末》(同治朝)卷二十七,沈云龙主编:《近代中国史料丛刊》第 62 辑。

④ (清)文祥:《文文忠公事略》,沈云龙主编:《近代中国史料丛刊》第 22 辑,第 148 页。

展同时到来的，是他们彼此之间各种纷繁复杂矛盾的暴露，以及各列强间在西方竞争的加剧。而与此形成鲜明对比的是，他们在东方的角逐则逐渐趋于缓和，通过两次鸦片战争，“已从中国得到了它们所希冀的一切”①，现在的当务之急，已不再是攫取新的权益，而是将已签订的条约全部兑现。以合作取代竞争，无疑是实现这一目标的最佳途径。而各列强在华条约特权均是从清政府手中攫取的，如何确保这些权益有效实施，最好的办法莫过于帮助清政府继续维持它的统治，并使其放弃对各列强国家的敌视。但现实是当时的中外关系正在陷入一种僵局，西方强国虽利用武力手段迫使清政府与之签约，但清政府却仍将他们视之为“夷国”，并将签约视为对他们的“羁縻”，从而继续其不与“夷国”交往的政策。为改变这种僵局，某些英国在华人士指出：只有让清政府“不把我们当作仇敌而当作朋友”，中外交往的这种僵局才会改变，这就需要找寻炮火和恫吓之外的途径，去消除清政府对西方人的敌视、恐惧与排斥心理。为此，“在19世纪60年代这一关键发展时期，英国政府自身所采取的并迫使其他列强遵守的正是一项不干涉及有节制的合作的基本政策；与此同时，外国私人集团利用不稳定的局势而渔利的过分之举也受到有效的遏制。”②以英国为首的西方列强对华政策的调整，为清政府新的对外方针的贯彻实行提供了有利的外部环境。

这一新的外交方针、政策被奕䜣、文祥等军机大臣灵活运用于同治朝的诸多涉外事务的处理之中。如在同治朝发生较为频繁的教案的处理过程中表现就极为明显。西方列强于第二次鸦片战争中凭借其强大军事实力，迫使清政府签订了《天津条约》、《北京条约》等，而在这些条约中，涉及大量“护教”条款，其中准许传教士在中国腹地传教影响最为

① [美]欧内斯特等编：《美中关系史论》，转引自刘广京：《19世纪后半期的美国与中国》，中国社会科学出版社1991年版，第82页。

② [美]芮玛丽：《同治中兴——中国保守主义的最后抵抗》，房德邻等译，中国社会科学出版社2002版，第25页。

巨大、深远。此后，大量传教士便公然进入中国腹地传教。传教士是伴随着西方的船坚炮利和野蛮侵略而来的，中国民众对其本身就极为反感，更何况某些传教士还勾结侵略者大肆在中国内地从事侵略活动，由此激起民愤，从而使中国各地人民的反洋教斗争以及由此引发的教案此起彼伏，连绵不断。而一旦引发教案，即会给清廷的中枢决策层施以沉重压力。

对于教案的处理，军机大臣们本着“按照条约，不使稍有侵越，外敦信睦，而隐示羁縻”的对外方针，以维持中外和局为主要目标，同时又要防止教案处理过程中“失去士民之心”，激成他变。如在贵州教案处理过程中，奕䜣等军机大臣就要求地方官员务必“守定和约”，对于奉教者只要遵纪守法，“应与不奉教者一体抚字，不可因习教而有所刻求。”①而为防民变，又强调要“查明根由，斟酌事势，持平办理”。虽称持平办理，但他们对法国“藉端挟制请保护传教人”，仍不得不“略为抚就”，原因在于“如所求不遂，难保不舍而从贼，以遂其谋”；“闻法国为上海保守地方，颇称得力。如果极力羁縻，则助剿纵未必成功，而保卫可期其协力”。② 即在处理过程中为保持中外和局，为镇压内乱提供助力，他们又不得不对外国侵略者妥协退让。但是如若侵略者“稍有侵越”，使清廷失去民心，军机大臣们亦会据理力争。如法国公使提出将贵州巡抚革职，提督田兴恕等三人处斩的无理要求之时，军机大臣们遂向法国公使表示：“按照条约，决于两言，只许赔偿，不能折罪”，并以“宁可以身当祸，断不能为万世之口实”等强硬词句予以断然拒绝等。

对于其他教案之处理，实亦遵循该方针，如在同治朝影响较大的天津教案的处理过程中，军机大臣首先给主办该事大臣曾国藩发去寄信

① （清）宝鋆等编：《筹办夷务始末》（同治朝）卷二，沈云龙主编：《近代中国史料丛刊》第62辑。

② （清）宝鋆等编：《筹办夷务始末》（同治朝）卷五，沈云龙主编：《近代中国史料丛刊》第62辑。

谕旨，指示："务当体察情形，迅速持平办理，以顺舆情而维大局。"[①]军机大臣们在天津教案处理伊始便定下了务必维护中外和局的基调，即继续贯彻执行既定的"外敦信睦""隐示羁縻"方针。但在具体处理过程中，军机大臣之间对此方针的继续实行则存在一定分歧。当时军机处中，恭亲王奕䜣正居家养疾[②]，而军机大臣文祥正值丁忧、病假期间[③]，军机事务实掌于宝鋆，此外还有两位汉军机大臣，即沈桂芬与李鸿藻，而此时的分歧就主要出现于李鸿藻与沈桂芬二人之间，当然其他军机大臣政见亦多与沈桂芬相似，故李鸿藻此时在军机处颇为孤立。有关军机大臣李鸿藻的生平前已述及，在此简介军机大臣沈桂芬。

沈桂芬（1818——1881 年），汉族，字经笙，顺天宛平人，祖籍为江苏吴江，故其入值军机后，亦有"吴江相国"之称，道光二十七年（1847）进士。自咸丰元年（1851）始，官运亨通，历补右庶子，署日讲起居注官，陕甘学政等官职。至同治三年（1864）出任山西巡抚，同治六年（1867）入值军机处。由此而历礼、户、吏部侍郎，都察院左都御史，总理各国事务衙门大臣，并充翰林院掌院学士等。[④] 沈桂芬入值军机处时，文祥多病，李鸿藻丁忧，宝鋆"但持大端"，批答奏章遂多由沈桂芬主笔，而所谓主笔，"即当事之意，人或竟以当国目之"。而于七年（1868）丧满复职的李鸿藻虽身为帝师，此时却不过为"打杂军机，拟稿而已"[⑤]，自不能服气。加之二人政见不同，沈桂芬以"谙究外情"[⑥]著称，而李鸿藻则鲜知国际形势，对洋务不屑一顾，因此李对沈凡事均"不肯符合"。正如前

---

① 《清穆宗实录》卷二百八十三，同治九年五月庚寅。

② （清）翁同龢：《翁同龢日记》第二册，中华书局 2006 年版，总第 786 页。

③ （清）文祥：《文文忠公事略》，沈云龙主编：《近代中国史料丛刊》第 22 辑，第 179 页。

④ （清）赵尔巽等撰：《清史稿校注》卷四百四十三，沈桂芬传，国史馆校注，台湾商务印书馆 1999 年版。

⑤ （清）何刚德：《春明梦录》，清代历史资料丛刊本，卷上。

⑥ （清）赵尔巽等撰：《清史稿校注》卷四百四十三，沈桂芬传，国史馆校注，台湾商务印书馆 1999 年版。

文所述，军机处汉大臣由此以二人各为领袖分为南北两派。

沈桂芬、李鸿藻两位军机大臣在天津教案处理过程中亦多龃龉，此于《翁同龢日记》中多有记载。如同治九年（1870）六月十九日，两宫太后召见军机大臣时，就有："兰孙（李鸿藻）以津事与宝、沈两公争于上前，兰孙谓贾瑚言是，宜有明诏督责；宝沈不以为然。上是李某言，故仍有明发。宝又云津民无端杀法国人，直是借端抢掠，李又力争。懿旨云民心不可失，李某言非无见也。"①此中之"贾瑚言是"，即御史贾瑚上奏之《请饬严缉匪徒》一折，要求清廷重办迷拐，下诏将匪犯缉拿惩治。实亦是对清廷处理教案偏重外人的不满反应。显然军机大臣李鸿藻是主张严办教案中逞凶之外人，而与其争执的宝鋆、沈桂芬则主张以维持中外和局为重，即坚持本节所言之同治朝一贯的对外方针。《翁同龢日记》八月十二日，又有："是日军机起极长，闻昨日恭邸旨夷楼面讲，仍执前议，索陈国瑞甚急。兰翁（李鸿藻）颇被排挤，大抵所谓一日不朝，其间容刀者也。"②意即军机大臣中恭亲王奕䜣、宝鋆、沈桂芬于天津教案处理中，坚持原定之对外方针、政策，而李鸿藻则处于被排挤状态。经过这样一番争执、较量，天津教案处理最终以即行正法二十人、充军二十五人，天津知府与知县均革职充军，崇厚作为钦差大臣赴法国道歉，并支付赔偿费、抚恤费共银五十万两而了结。由最终处理结果我们不难发现，军机大臣在该案的处理过程中对既定之"外敦信睦"，"隐示羁縻"的外交方针虽存有分歧，但恭亲王奕䜣、宝鋆、沈桂芬等军机大臣多数仍力主将其付诸实施。

在天津教案后，为避免民教纠纷，以及恶性教案的再度发生，防患于未然，同治十年（1871），在奕䜣的主持下，由文祥、沈桂芬等军机大臣共同议定了"传教士在中国居住，应照中国法律风俗，不准自立门户

① （清）翁同龢：《翁同龢日记》第二册，中华书局2006年版，第782页。

② （清）翁同龢：《翁同龢日记》第二册，中华书局2006年版，第795页。

……各教堂概不准中国妇女入堂，并不准女修士在中国传教”①等八条传教章程，并行照会各国。事实上，军机大臣们试图希望通过这些预为言明的章程，可为以后教案问题的处理提供一个依据，以此达到中外、教民相安的目的。尽管这一章程最终遭到西方各国的无理拒绝，但是我们仍能从其中看到军机大臣们为此做出的不懈努力。此外，同治朝军机大臣在其他一些涉外事务如借师助剿、觐见礼仪议定等均贯彻实行了该方针。

综上可见，同治一朝外交是建立在屈辱的不平等条约基础之上的，在中西力量对比悬殊，敌强我弱的外交态势下，“外敦信睦”“隐示羁縻”这一趋利避害的守势外交方针、策略改变了清廷过去一味排外、顽固保守的政策，以较为现实的态度处理中外关系，在当时是有一定进步性的。它在一定程度上缓解了西方列强对中国的侵略，为同治朝经济恢复、各项洋务政策的顺利实施提供了难得的和平环境。纵观同治一朝历史，乃至第二次鸦片战争至中日甲午战争这一整段历史时期，我们应该注意到这样一个事实，即在这一时期，中国尚保持着一定的外交主动权，中国代表基本上是作为平等的一方参加中外各类谈判的，这与甲午战争期间乃至战后是有很大差别的。显然，这与同治朝军机大臣们坚持这一对外方针处理中外关系，在一定程度上缓解了西方列强对中国的侵略，其主持的洋务运动取得一定成绩是有着直接联系的。同治朝的军机大臣们对侵略者尽力坚持执行这一新的对外方针，只要侵略者“不至过分要求，亦不至操之太蹙”，他们总是“乘机即转”，以“略为迁就”、“隐忍含容”而结束，尽量避免与西方列强决裂。② 从而为战后中国经济恢复、以及从练兵到“购洋枪、置洋炮，办机器、造轮船”等洋务政策的顺利实施赢得了一段和平安定的时间和局面。在第二次鸦片战

① （清）宝鋆等编：《筹办夷务始末》（同治朝）卷八十二，沈云龙主编：《近代中国史料丛刊》第62辑。

② （清）宝鋆等编：《筹办夷务始末》（同治朝）卷三十四，沈云龙主编：《近代中国史料丛刊》第62辑。

争中曾遭羁押的巴夏里把中外关系中的这种新局面比喻为“一对稍欠和睦的夫妻,又言归于好了”。[①] 在这段难得的和平时期,同治朝军机大臣们通过在中央主持洋务运动,“凡力所能及,有益于战事者,无不随时筹画,以冀一日之自强”。[②] 通过他们的努力,近代中国的国力在一定程度上有所增强,从而部分地实现了“有事可以御侮,无事可以示威”的目标。

但是,我们看到这一外交方针的主要特征毕竟是隐忍的妥协退让,其实力基础则是并未迅速增强的国力,加之西方侵略者的合作政策并不是一成不变的,故其换来的中外和局也不能持久。正如奕䜣本人所言:“羁縻之举,行之有年”,不论通商、传教,亦或边界问题,“无日不在危疑交迫之中”,实已证明“羁縻之不可常恃”。[③] 西方外交家的某些言论也证明这一点,如英国公使威妥玛就曾指责:“总署向来总云从容商办,究是一件不办,今日骗我,明日敷衍我,以后断不能受骗了”,“中国改变一切,要紧尤在用人,非先换总署几个人不可”,[④]“实信不过总理衙门,所说之话,所办之事,全是骗人”[⑤]威妥玛对总理大臣文祥、沈桂芬亦极不满意,言称:“我在中国当了七年驻京大臣,受尽文中堂折磨,呕气已多。今文中堂去世,又有沈中堂,办事也是一样路数,无非薄待洋人,欺瞒哄骗,不免有种爽约之处”。[⑥] 而同治朝末期伴随着世界资本主义各国开始从自由向垄断阶段过渡,侵华政策也随之不断调整,中

---

① 1865 年 5 月 10 日巴夏里的信,引自密福特:《使馆馆员在北京——书信集》,第 38—39 页。[美]芮玛丽:《同治中兴——中国保守主义的最后抵抗》,房德邻等译,中国社会科学出版社 2002 版,第 311 页。

② (清)宝鋆等编:《筹办夷务始末》(同治朝)卷六十四,沈云龙主编:《近代中国史料丛刊》第 62 辑。

③ (清)宝鋆等编:《筹办夷务始末》(同治朝)卷六十四,沈云龙主编:《近代中国史料丛刊》第 62 辑。

④ 《李文忠公全书》,《译署函稿》卷三。

⑤ 《李文忠公全书》,《译署函稿》卷五。

⑥ 《李文忠公全书》,《译署函稿》卷六。

国的外部形势日益严峻，即所谓“倭逼于东，俄伺于西”，“国家要害尽为西夷盘踞”。① 以上种种更加表明，“外敦信睦”，“隐示羁縻”这一趋利避害的守势外交政策正逐步陷入困境之中，而从清末历史发展来看，这一外交方针愈益难当大用，最终未能抵挡西方列强的野蛮侵略，中国几乎沉没于列强的瓜分狂潮之中。

第三节　军机大臣与洋务运动之决策

咸丰十年（1861）十二月十六日，咸丰帝在奕䜣等奏请《关防及行文不用通商二字片》后朱批：“依议”，②标志着总理各国事务衙门正式建立，它的建立同时也标志着对中国近现代历史有着深远影响的洋务运动由此发轫。而依据奕䜣、文祥等奏《统计全局折》以及清廷据此于十二月初十日发布的明发谕旨（见本书第三章第三节），清代军机大臣自此后可兼领总署大臣一职。伴随着辛酉政变后恭亲王奕䜣、宝鋆等一批重臣先后兼领军机处、总理各国事务衙门，清廷这两大中央机构情况的出现，同治一朝由此呈现出醇亲王奕譞所称：“办夷之臣，即秉政之臣”③的全新局面。那么，在清廷举办洋务运动的过程中，“秉政”且“办夷”的军机大臣究竟发挥了怎样的作用呢？本节即以同治朝洋务运动中最具特色、同时也是最富争议的两项举措——洋务文化教育、海防海军建设为例探讨同治朝军机大臣与洋务运动决策之关系。

---

① 《左文襄公全集》，书牍，卷二十四。

② （清）贾桢等编：《筹办夷务始末》（咸丰朝），中华书局1979年版，第2710页。

③ 萧一山：《清代通史》，华东师范大学出版社2006年版，第672页。

一、军机大臣与洋务文化教育之决策——以京师同文馆为例

京师同文馆的创办与发展是以奕䜣为首的军机大臣们主办的洋务文化教育事业①的一个重要组成部分，其于此中居于举足轻重之地位，现即以京师同文馆为例探讨军机大臣与洋务文化教育事业决策之关系。

前已述及，恭亲王奕䜣、军机大臣文祥等于咸丰十年（1861）所奏《统计全局折》章程五中指出：“查与外国交涉事件，必先识其性情，今语言不通，文字难辨，一切隔膜，安望其能妥协？从前俄罗斯馆文字，曾例定设立文馆学习，具有深意。今日久视为具文，未能通晓，似宜量为鼓舞，以资观感。”此段文字中即道出奕䜣、文祥等欲模仿俄罗斯馆设立文馆教授外文之缘由。对于该文馆之教习与学生之选择、优奖等在此亦有论述。“闻广东、上海商人，有专习英、法、美三国文字语言之人，请敕该省督抚，挑选诚实可靠者，每省各派二人，共派四人，揣带各国书籍来京。并于八旗中挑选天资聪慧，年在十三四以下者各四五人，俾资学习。其派来之人，仿照俄罗斯馆教习之例，厚其薪水，两年后，分别勤惰，其有成效者，给以奖叙。八旗学习之人，于文字言语悉能通晓，即行停止。俄罗斯语言文字，仍请敕令该馆，妥议章程，认真督课。所有学习各国文字之人，如能纯熟，即奏请给以优奖，庶不至日久废弛。”②京师同文馆的创建即发端于此。但由于“所请派委教习，广东则称无人可派，上海虽有其人，而艺不甚精，价则过巨，未便饬令前来。是以日久未能举办。”③

① 夏东元先生于《洋务运动史》一书中指出：“洋务文化教育，是指19世纪60年代到90年代洋务运动中，洋务派为适应洋务活动需要所举办的文化教育事业。”

② （清）贾桢等编：《筹办夷务始末》（咸丰朝），中华书局1979年版，第2674页。

③ 奕䜣等奏折，载《洋务运动》（二），上海人民出版社1959年版，第7页。

辛酉政变后,伴随奕䜣、文祥等成为秉政办夷之臣,他们创建同文馆这一构想于同治元年(1862)年即成为现实。京师同文馆于同治元年(1862)五月正式开始办学,先设英文馆,招收学生10人,进行试教。校址即设于总理各国事务衙门内,隶属于总理各国事务衙门。同年七月,奕䜣等提出"新设同文馆酌拟章程六条",就教习选定、招生、学校管理、教习薪酬、考试、办学经费来源等六个方面作了比较全面的规定。同治二年(1863)三月,同文馆又增设法文馆、俄文馆,各招生10人。同治五年(1866)十一月奕䜣等又奏请于同文馆内设立天文算学馆,该馆于次年五月正式开设。同治六年(1867)正月应奕䜣等奏请,太仆寺卿徐继畬就任总管同文馆事务大臣。至此,同文馆已初具规模,并呈良好态势发展。综合以上并联系表4-4所示可知,在同治一朝,有关京师同文馆建立、招生、教习选聘、学校管理、教习薪酬、考试、经费来源、各分馆开设、总管事务大臣的选任等无不由奕䜣等军机大臣筹议,并据此向清廷呈报奏折,而从两宫太后对这些奏折的批示来看,大都是"依议"。此即表明两宫太后有关京师同文馆的中枢决策几乎均来源于各军机大臣最初的筹议。即便是在同治五年(1866)发生的激烈的同文馆之争中,此种状况仍未发生根本变化。

表4-4　同治朝军机大臣呈报有关京师同文馆奏折及两宫太后审批情况表

奏折	朱批或谕旨	来源
同治元年七月二十五日奕䜣等奏同文馆学习洋文拟章程览折	依议	《筹办夷务始末》(同治朝)卷八。
同治二年三月十九日奕䜣等奏同文馆添开法文、俄文馆折	依议	《筹办夷务始末》(同治朝)卷十五。
同治五年十一月初五日奕䜣等奏拟设馆学习天文、算学折	依议	《筹办夷务始末》(同治朝)卷四十六。

续表

奏折	朱批或谕旨	来源
同治五年十二月二十三日奕䜣等奏同文馆学习天文、算学章程六条	依议	《筹办夷务始末》(同治朝)卷四十六。
同治六年正月二十一日奕䜣等奏请派徐继畬为总管同文馆事务大臣折	太仆寺卿徐继畬……著仍在总理各国事务衙门行走,充总管同文馆事务大臣。(同日上谕)	《筹办夷务始末》(同治朝)卷四十七。

同治五年(1866)奕䜣等军机大臣欲于同文馆内添设天文算学馆,并将招生范围由原来的八旗子弟扩大至“满汉举人、恩、拔、副、岁、优贡生,并前项正途出身之五品以下京各官”,奕䜣等此举被萧一山先生誉为“欲变更科举之意”①。显然这一举措极大地损害了科甲正途出身官员的利益,由此招致以大学士倭仁为代表的封建顽固派的极力反对,掀起了晚清著名的同文馆之争。在同文馆之争中,两宫太后特别是慈禧太后的态度可谓举足轻重。而其态度实可从她对论争双方所奏之折的处理意见中可见一二。如对同治六年(1867)正月二十九日御史张盛藻所奏之《天文算学等事宜归钦天监、工部,无庸召集正途学习折》,不仅颁发上谕予以驳斥,而且对其“请饬廷臣妥议”的请求,亦“著毋庸议。”②继张后,大学士且为帝师的倭仁对奕䜣等人的主张进行了更为猛烈地抨击,称“古今来未闻有恃术数而能起衰振弱者也。天下之大,不患无才。如以天文、算学必须讲习,博采旁求,必有精其术者,何必夷人,何必师事夷人?”并指出如若“师事夷人”,将会产生“国家所培养而储以有用者,变而从夷,正气为之不伸,邪氛因而弥炽,数年以后,不尽

① 萧一山:《清代通史》(三),华东师大出版社2006年版,第663页。

② 张盛藻奏折,载《洋务运动》(二),上海人民出版社1959年版,第30页。

驱中国之众咸归于夷不止"的严重后果。① 倭仁系朝中重臣,太后对其所上之折不能再如张折一般"著毋庸议",而是批示"该衙门知道。钦此。"即批转给奕䜣等,令他们在反对同文馆之声甚嚣尘上之际,对此作出解释,以消除浮议。奕䜣随即于三月初二日呈上洋洋数千言的奏折,对倭仁所言是一一予以驳斥。此后奕䜣、倭仁等又数度交锋。奕䜣等大臣于三月十九日奏折中,"请旨饬下倭仁,酌保数员,各即请择地另设一馆,由倭仁督饬,以观厥成。"②对此,两宫太后在同日颁下的谕旨中予以全力支持,不仅如此,还令"同文馆招考天文算学,……不可再涉游移,即著就现在投考人员,认真考试,送馆攻习。"③倭仁对此毫无办法,于三月二十一日的奏折中不得不示弱,称:"今同文馆既经特设不能中止,则奴才前奏已无足论,应请不必另行设馆、由奴才督饬办理;况奴才意中并无精于天文算学之人,不敢妄保。"④但太后、奕䜣等对其仍不依不饶,于三月二十一日再下谕旨,"仍著随时留心,一俟谘访有人,即行保奏,设馆教习,以收实效。"⑤此后,倭仁又于二十二日、二十四日、二十五日向太后数度请辞,皆获不准。⑥ 以至于二十五日授课时,倭仁"有感于中,潸焉出涕"。⑦ 直至倭仁坠马,"遂以足疾请退",⑧方罢前议。而对于将同文馆之争推向顶峰的候选直隶州知州杨廷熙所奏《撤销同文馆以弭天变折》,慈禧太后更是言辞激烈,称其所言"甚属荒谬!""更为肆口诋诬,情尤可恶!"并将杨廷熙上奏此折之原因归结为

① 倭仁奏折,载《洋务运动》(二),上海人民出版社1959年版,第30—31页。

② 奕䜣等片,载《洋务运动》(二),上海人民出版社1959年版,第37页。

③ 同治六年三月十九日上谕,载《洋务运动》(二),上海人民出版社1959年版,第37页。

④ 倭仁奏折,载《洋务运动》(二),上海人民出版社1959年版,第38页。

⑤ 同治六年三月二十一日上谕,载《洋务运动》(二),上海人民出版社1959年版,第39页。

⑥ (清)翁同龢:《翁同龢日记》第一册,中华书局2006年版,第528页。

⑦ (清)翁同龢:《翁同龢日记》第一册,中华书局2006年版,第529页。

⑧ 萧一山:《清代通史》,华东师范大学出版社2006年版,第669页。

“总由倭仁自派总理各国事务衙门行走后，种种推脱所致。”由此对其警告称：“杨廷熙此折，如系倭仁授意，殊失大臣之体，其心固不可问；即未与闻，而党援门户之风，从此而开，于世道人心大有关系。该大学士与国家休戚相关，不应坚执己见，著于假满后，即到总理各国事务衙门之任，会同该管王大臣等和衷商酌，共济时艰，毋蹈处士虚声，有负朝廷恩遇。”[①]同文馆之争由此才得以平息。由以上过程可见，在同文馆增设天文、算学馆一问题上，慈禧太后基本上是站在奕䜣等军机大臣一边，从而使军机大臣增设天文算学馆的原议，在以倭仁为首的封建顽固派的阻挠下仍得以付诸实际。当然，具体到其效果则另当别论，后文第四节将对此详述。

同文馆之争发生于慈禧太后对奕䜣的第一次严谴之后，通过此次严谴，慈禧太后不仅使奕䜣明确了他在国家中如同主妇与管家的地位[②]，同时也使各王公大臣对其敬畏有加，由此确立了她在朝中的绝对权威，太后垂帘与亲王军机大臣辅政体制的天平已向慈禧倾斜。在此种有利的形势下，慈禧太后本可借同文馆之争的机会，团结倭仁一派强大势力[③]对奕䜣等进一步打压，以达到自己一人独霸朝廷的目的。但在同文馆之争中，她的表现却与此完全相反，对奕䜣一派的主张予以大力支持。那么为何会出现这样的反差呢？笔者认为其中原因主要在于以下两点：

其一，慈禧太后通过对奕䜣的第一次严谴，使她清醒地认识到“恭王在中枢之潜势力非可轻易撼动，而尤以对外国之关系为然。况当时捻势方炽，西北、西南、回、苗起事后，犹在滋长，清政府地位犹未巩

① 同治六年五月二十九日上谕，载《洋务运动》(二)，上海人民出版社 1959 年版，第 51—52 页。

② [美]马士：《中华帝国对外关系史》第二卷，商务印书馆 1963 年，第 67—68 页。

③ 据《翁同龢日记》载，在同文馆论争期间，与倭仁同为帝师的翁同龢、丁忧军机大臣李鸿藻皆为其出谋划策，共同对抗奕䜣等军机大臣。参见(清)翁同龢：《翁同龢日记》第一册，中华书局 2006 年版，第 527—529 页。

固”①,因此有必要在今后的执政过程中,继续依靠奕䜣及其集团势力。况且,奕䜣经过此次风波之后,对慈禧便“愈形谨饬”②,“事无巨细,愈加寅畏之心,深自敛抑”。③ 在此种情形之下,二者的政争更宜隐秘,慈禧自不能对其一味打压,相反还应表现出友好姿态。

其二:同文馆之争,争在其是否招收科甲正途出身人员学习天文、算学,此举虽然损害了朝中一批科甲正途出身官员的切身利益,但却对慈禧太后的政治利益未有根本触动,故其大可不必因此与奕䜣等剑拔弩张,公开对抗。但是,慈禧对奕䜣等的支持,却未必是发自内心的全力支持,相反却是在支持的表象背后为奕䜣等培植了更多的反对派。以往论者对此多有阐述,如宝成关先生就曾指出:“慈禧对奕䜣与倭仁的这场争论,表面上采取不偏不倚的折中态度,……但是实际上慈禧在骨子里却是纵容这些人上书进谏,用清议牵掣奕䜣。……慈禧对杨廷熙的奏折,虽然斥为“甚属荒谬”,但同时又为之开脱,把杨廷熙对奕䜣的放肆攻击说成是“草昧无知”,决定“当此求言之际,朝廷宽大,姑不深责”,不给任何处分;对倭仁虽然也警告他“不应坚执己见”,开“党援门户之风”,但同时却又以“该大学士与国家休戚相关”的温语相勉,同样未予深究。”④宝成关先生以上分析可谓其中最具代表性的论述。当然也有与之相反的观点,如项锷先生指出同文馆之争中,慈禧始终站在奕䜣一方,对其主张予以全力支持,“同文馆之争,最终正是通过慈禧太后个人的威权,将矛盾压制下去的。”⑤但是项先生同时也指出:正是由于慈禧采取高压手段,以“简单的方式压制了反对派的言论”⑥,平息了

---

① 石泉:《甲午战争前后之晚清政局》,三联书店 1997 年版,第 38 页。

② 刘禺生:《王湘绮之遗迹零墨》,转引自《世载堂杂忆》,第 74 页。

③ 吴相湘:《晚清宫廷实纪》第一辑。

④ 宝成关:《奕䜣慈禧政争记》,吉林文史出版社 1990 年版,第 222 页。

⑤ 项锷:《再论同文馆之争》,《深圳大学学报》(人文社会科学版)2006 年第 2 期。

⑥ 项锷:《再论同文馆之争》,《深圳大学学报》(人文社会科学版)2006 年第 2 期。

同文馆之争，从而导致了“冲突双方的利益依然没有明确和合理的调整界定，正途官员依然对同文馆进行抵制。以后，清议四起，洋务运动处处受制”①的严重后果。两位先生虽出发点不同，但却得出了同一结论，即慈禧太后通过同文馆之争，为奕䜣以及他所领导的洋务运动进一步培植了强大的反对势力，从而为其实现个人独裁、专制统治，以及洋务运动的最终失败、清王朝的土崩瓦解埋下了伏笔。

综上可见，在同治一朝，作为洋务文化教育事业重要组成部分的京师同文馆，其创建、发展等无不由奕䜣等军机大臣筹议，并形成处理意见，上报两宫太后。因这些军机大臣均有资格参与中枢决策，其于朝廷中地位尊崇。故此，他们的处理意见几乎均成为清廷决策的主要来源。即便是在同治五年(1866)发生的激烈的同文馆之争中以及其后，此种状况仍未发生根本变化。在同治一朝，京师同文馆的创建、发展如此，其他诸如京外同文西学馆、幼童出洋留学等洋务文化教育之决策亦均与此类似，只不过地方督抚在其具体筹议、发展过程中较之京师同文馆发挥的作用大些而已。

二、军机大臣与近代海防海军建设之决策

中国近代海防海军建设，实于洋务运动初期就已出露端倪，②但真正付诸实践则在同治十三年(1874)日本侵略台湾“海防议起”之后，军机大臣于此中发挥了主导作用。

(一)军机大臣提出筹建海防海军之议

同治十三年(1874)日军侵台，清廷在“明知彼之理屈，而苦于我之

① 项锷:《再论同文馆之争》,《深圳大学学报》(人文社会科学版)2006年第2期。

② 奕䜣等早于1861年即已酝酿向英国购置近代舰队，因其司令为英国军官阿斯本，故史称阿斯本舰队。因阿斯本意欲通过该舰队企图成为清王朝的海军总司令以控制中国未来的海军扩充，而遭致奕䜣、曾国藩、李鸿章的一致反对，以80余万两银的代价遣散了该支舰队。

备虚”的无奈情况下被迫与其签订了屈辱的《北京专约》，而近代海军海防建设亦由此提上议事日程。在条约签订的第五天即同治十三年(1874)九月二十七日，军机大臣奕䜣、文祥、宝鋆、沈桂芬等即奏《筹海军海防事宜折》。他们在该奏折中首先指出中国筹建海军海防的紧迫性：一为本次条约是清廷于“明知彼之理曲，而苦于我之备虚”无奈情况下签订，条约虽订，日本必犹矫焉思逞，且“今日而始言备，诚病其已迟；今日而再不修备，则更不堪设想矣。”二为今日挑衅之日本乃是一小国，“以一小国之不驯，而备御已苦无策，西洋各国之观变而动，”其后果更是不堪设想。而“及今亟事绸缪，已属补苴之计；至此仍虚准备，更无求艾之期。”①因此，已处于列强环伺，险象环生国际形势下的中国必须加快筹建海防海军的步伐，以抵御外侮。为此，他们于奏折中提出今后中国海军海防建设的六大重点内容，即“练兵、简器、造船、筹饷、用人、持久。”②并将建设海军，购买铁甲舰、建设炮台等海防事宜置于首要位置，建议清廷就筹建海防海军事宜饬令南北洋大臣、沿江沿海各督抚等详细筹议，限期复奏，再由在廷王、大臣等议定。

此奏折一上，立时受到清廷的高度重视，军机大臣于收到该折当日即奏明两宫太后及同治帝，并寄信各沿江、沿海督抚将军等，饬令其就奕䜣、文祥等所奏之海防海军建设事宜出谋划策，并限一月之期奏覆。军机大臣文祥在与恭亲王联名上折后，为加强朝廷对此事的重视，又于十月十八日就海防海军建设问题单独上奏《敬陈管见折》。在该折中，文祥颇有远见地将中国海防、海军建设的假想敌确定为日本，原因有三：一为“日本与闽浙一苇可航”；一为“倭人习惯食言，此番退兵，即无中变，不能保其必无后患。”；一为“彼国近年改变旧制，大失人心，叛藩乱民一旦崩溃，则我沿海各口岌岌堪虞”。因此，为防对中国虎视眈眈之日本他日“再寻一有理之端，来与为难，或唆通西洋各国别滋事端”，

① 奕䜣等奏折，载《洋务运动》(一)，上海人民出版社 1959 年版，第 26 页。

② 同治十三年九月二十七日军机大臣密寄，载《洋务运动》(一)，上海人民出版社 1959 年版，第 30 页。

文祥建议清廷饬令沈葆桢、李鹤年等悉心筹商布置台湾事宜，并会同南北洋通商大臣“将前议欲购未成之铁甲船、水炮台及应用军械等件，赶紧筹款购买，无论如何为难，务须设法妥办，不得以倭兵已回，稍涉松劲。”唯有如此，未来中国才会有所凭依，不会任人欺侮。文祥在奏折中还强调指出：“若再因循泄沓，而不亟求整顿，一旦变生，更形棘手。”①从后来中国近代历史发展来看，军机大臣文祥所言绝非危言耸听。文祥此折一上，同样是受到清廷的高度重视，军机大臣当日即寄信相关督抚沈葆桢、文煜、李鹤年等，就台湾事宜妥为筹划，并令李鸿章、李宗羲“将前议购未成之铁甲船、水炮台及应用军械等件，迅速筹款购办，无论如何为难，务须妥为设法”。②

此外，恭亲王奕䜣、军机大臣文祥、宝鋆、沈桂芬等还就丁日昌所奏之“豫拟海洋水师章程六条”即“一、外海水师专用大兵轮船及招募驾驶之人”；“一、沿海择要修筑炮台”；“一、选练陆兵”；“一、沿海地方官宜精择仁廉干练之员”；“一、北、东、南三洋联为一气”；“一、精设机器局”等广泛进行讨论，并于十月十三日再上奏折，恳请清廷饬令南北洋通商大臣、沿海沿江各督抚等就丁日昌所奏之“练兵筑台之法是否可行，及将来如何设法备办”等问题与前奏之折一并议奏。③

如前所述，同治朝末期正值世界资本主义国家开始从自由向垄断阶段过渡，侵华政策逐渐发生变化，其变化之最显著特征就是开始了瓜分中国的前奏，各列强国家从夺取他们与中国之间的屏障，即与中国有宗藩关系的属国开始，进而将魔爪伸向中国的边疆地区，从而在这一时期发生了普遍的边疆危机，即此时之中国正处于“倭逼于东，俄伺于西”④的危险境地。同治朝军机大臣们于中华民族再度面临生死存亡

① 文祥奏折，载《洋务运动》(一)，上海出版社1959年版，第34页。

② 同治十三年十月十八日军机大臣廷寄，载《洋务运动》(一)，上海出版社1959年版，第35页。

③ 奕䜣等奏折，载《洋务运动》(　)，上海出版社1959年版，第33页。

④ 《左文襄公全集》，书牍，卷二十四。

之际,通过以上奏折、廷寄,及时、果断并富有远见地提出筹建近代海防海军的建议,不仅使该问题受到清廷最高统治者的重视,同时也使其成为当时朝野上下最受关注之问题,由此掀起了晚清筹议海防的高潮。

(二)军机大臣主导海防与塞防之争

自恭亲王奕䜣、文祥、宝鋆、沈桂芬等军机大臣提出筹建近代海防海军之建议,以及军机大臣就此事寄信各督抚,命他们于一月期限内复奏后,近代海防之议可谓由此兴起。但是各沿海沿江督抚于期限之日内复奏者却仅有山东巡抚漕运总督文彬、盛京将军都兴阿两人(如表4-5所示)。其他督抚对此事仍持观望态度,此种态度正如直隶总督李鸿章致其兄李瀚章的家信中所言:"文相为倭事气愤不过,发此正论,但恐有唱无和,言易行难。……此间正拟构思,尚不知何处说起。"[①]关键时刻,又是军机大臣文祥极力催促各督抚能够建言献策,为国设计。李鸿章在十月二十九日致其兄李瀚章的家信中称:"海防自强复疏,文相又专函催嘱畅所欲言。若弟不畅所欲言,各督抚未必尽知,未必敢说。连日忙中采择各营局洞悉军情洋法者议论,又历年来所阅历蕴蓄,逐条详答,推阐出许多新意"。[②] 正是在文祥的催促之下,李鸿章于同治十三年(1874)十一月初二日上奏《筹议海防折》,此后,在其带动下,各督抚就近代海防海军建设各抒己见、畅所欲言。此外各督抚的上奏还带动了各王公大臣、六部九卿之人纷纷上奏,据统计这一时期就海防建设问题上奏的折片共计80份之多[③],由此掀起了晚清第一次海防海军建设大讨论。

① 李鸿章:致李翰章(同治十三年十月初三日)(未刊稿),转引自姜鸣:《龙旗飘扬的舰队——中国近代海军兴衰史》,三联书店2002年版,第72页。

② 李鸿章:致李翰章(同治十三年十月二十九日)(未刊稿),转引自姜鸣:《龙旗飘扬的舰队——中国近代海军兴衰史》,三联书店2002年版,第72页。

③ 刘泱泱等:《左宗棠传论》,四川大学出版社2002年版,第308页。

表4-5 同治十三年各沿海沿江督抚有关海防建设奏折一览表①

时间	奏折
同治十三年十月十九日	山东巡抚漕运总督文彬奏折
同治十三年十月二十八日	盛京将军都兴阿奏折
同治十三年十一月初三日	两广总督英翰、安徽巡抚裕禄奏折
同治十三年十一月初四日	大学士直隶总督李鸿章奏折
同治十三年十一月初四日	浙江巡抚杨昌濬奏折
同治十三年十一月初八日	两江总督兼署江苏巡抚李宗羲奏折
同治十三年十一月十一日	湖南巡抚王文韶奏折
同治十三年十一月十一日	福建巡抚王凯泰奏折
同治十三年十一月十四日	湖广总督兼署湖北巡抚李瀚章奏折
同治十三年十一月十四日	闽浙总督李鹤年奏折
同治十三年十一月十七日	江西巡抚刘坤一奏折
同治十三年十一月二十七日	江苏巡抚吴元炳奏折

由各督抚、将军所上之奏折可知，朝野上下几乎一致地认识到建立近代海军的紧迫性与必要性，并于海防建设乃“为今日全局第一要务”②上基本达成了共识。而江苏巡抚吴元炳奏折中的一段话可谓其中最具代表性之言：“御外之道，莫切于海防，海防之要，莫重于水师，将领不得其人，有兵如无兵；形势不扼其要，有险如无险。”③这一认识在当时是适时的，又是极其可贵的。

在各奏折中，还涉及到一重要问题，即海防与塞防孰轻孰重的问题。前文已述，当日之中国正处于“倭逼于东，俄伺于西”的危险境地，早在日本进犯台湾之前，俄国便以新疆伊犁为根据地，加紧侵略新疆其他地方，由此造成了严重的西北边疆危机。而于此之际复奏的各督抚

① 本表据宝鋆等编：《筹办夷务始末》（同治朝）卷九十八—卷一百各督抚奏折绘制，沈云龙主编：《近代中国史料丛刊》第62辑。

② 英翰、裕禄奏折，载《洋务运动》（一），上海出版社1959年版，第54页。

③ 吴元炳奏折，载《洋务运动》（一），上海出版社1959年版，第102页。

奏折中，几乎均涉及到海防与塞防问题，由此展开了清末著名的海防与塞防之争。在各督抚奏折中，有关该问题共存在三种观点：

一种观点是以李鸿章为代表的专注海防论。李鸿章于奏折中认为："新疆不复，于肢体之元气无伤；海疆不防，则腹心之大患愈棘"，并列出抛弃塞防而专注海防的三点原因：一、新疆各地于乾隆年间收归版图是"徒收数千里之旷地，而增千百年之漏卮已为不值"；二、新疆已于列强环伺其间，今日即便中国"勉图恢复，将来断不能久守"；三、对新疆觊觎已久的英、俄两国"皆不愿中国得志于西方"，而就中国目前国力而言，"实不及专顾西域"。故此，李鸿章建议清廷"密谕西路各统帅但严守现有边界，且屯且耕，不必急图进取。""已经出塞及尚未出塞各军，似须略加覆减，可撤则撤，可停则停。其停撤之饷，即匀作海防之饷"。[①] 李鸿章此论鼓吹专注海防，而弃同等重要的塞防于不顾，这无异于将中国西部边疆的广阔领土拱手让与觊觎此地已久的沙皇俄国。两宫太后及诸位军机大臣如若采纳这一建议，专注海防而放弃塞防，必将不利于民族的团结、国家的统一与长治久安，对后世影响亦可谓贻害无穷。但是，李鸿章的专注海防论，却附和者甚众，如山西巡抚鲍源深即是李鸿章该论的坚定支持者。李鸿章不仅得到地方督抚的支持，还得到了光绪帝生父、醇亲王奕譞的鼎力支持，如奕譞在奏折中就力挺李，称："李鸿章之请暂罢西征为最上之策"。[②] 李鸿章的观点虽附和者众，但亦有持反对意见的。

另一种观点则是以王文韶为代表的专注塞防论。他认为："持久完全之谋，水师固不可废，而所重尤在陆防"。在该奏折中，王文韶在深刻剖析了海防与塞防的关系后，指出："海疆之患不能无因而至。其所视成败以为动静者，则西陲军务也"，皆因俄国以伊犁为根据地，逐渐占我新疆全境，而各列强如若乘机而动，"俄患日滋，则海疆之变，相逼而

① 李鸿章奏折，载《洋务运动》(一)，上海出版社 1959 年版，第 48—49 页。

② 奕譞奏折，载《洋务运动》(一)，上海出版社 1959 年版，第 116 页。

来”。为此，王文韶认为应专注于塞防，“俄人不能逞志于西北，则各国必不致构衅于东南”。[①] 山东巡抚丁宝桢对此表示支持，指出：“各国之患，四股之病，患远而轻；俄人之患心腹之疾，患近而重”，故此他认为：“防俄重于防日”。[②] 江苏巡抚吴元炳亦持类似观点，指出：“目前东西洋诸国尚不足为患，而臣以为最可虑者，莫如俄罗斯”。[③]

第三种观点则是介于二者之间，以左宗棠为代表的海防与塞防并重论。左宗棠认为：“维时事之宜筹，谟谋之宜定者，东则海防，西则塞防，二者并重”。他在奏折中驳斥了李鸿章等提出的放弃塞防、停兵节饷、专注海防的论调，并深刻剖析了西北与京师的密切关系，以及重视塞防对维护国家统一、民族团结的重要性，他在折中指出：“若此时即拟停兵节饷，自撤藩篱，则我退寸，而寇得尺，不独陇右堪虞，即北路科布多、乌里雅苏台等处恐亦未能晏然。是停兵节饷，于海防未必有益，于边塞则大有所妨。”“重新疆者，所以保蒙古，保蒙古者，所以卫京师。”[④] 左宗棠的观点虽折中于前述两种观点之间，但对于腹背受敌的中国来说实亦是最应采取的办法。

综上可见，京内外大员对于海防、塞防孰重孰轻之问题可谓是各执己见、莫衷一是，对于这一关系国家社稷安危的大事，军机大臣们绝不能等闲视之，为此他们在廷议之时专门就此事展开讨论。由前文可知，以奕䜣为首的军机大臣于台事结束之初是非常重视海军海防建设的，但是海防塞防论争一起，他们的态度发生了一定的变化。如军机大臣沈桂芬认为日本的“进退疾徐视华俄之往来疏密，不可不留意也。”[⑤]料定中俄间如有争端，日本必乘机吞灭琉球，倾向于避免与俄国关系破裂

---

① （清）宝鋆等编：《筹办夷务始末》（同治朝）卷九十九，沈云龙主编：《近代中国史料丛刊》第62辑。

② （清）宝鋆等编：《筹办夷务始末》（同治朝）卷九十九，沈云龙主编：《近代中国史料丛刊》第62辑。

③ 《清季外交史料》（光绪朝），书目文献出版社1987年版，第21页。

④ 《左文襄公奏稿》卷五十三。

⑤ （清）董恂：《还读我书室老人手订年谱》，文海出版社1968年版，第205页。

以防为日本所乘，与王文韶的专注塞防论极为相近。而军机大臣文祥则指出："我朝疆域与明代不同，明代边外皆敌国，故可画关而守，今则内外蒙古皆臣仆。倘西寇数年不剿，养成强大，无论坏关而入，陕甘内地皆震，即驶入北路，蒙古诸部落皆将叩关内徙，则京师肩背坏，彼时海防益急，两面受敌，何以御示？此次以陕甘百战之师乘锐出关，破未经大敌之寇，乌鲁木齐辖境不难指日肃清。乌垣既克，乘得胜之威，南钤回部，北抚蒙古，以备御英俄，实为边疆久远之计。"①由以上可见，军机大臣文祥从清代不同于明代的疆域特征出发，颇有远见地阐明了海防与塞防的密切关系以及二者对国家社稷安危的深远影响。基于此，他指出清廷于此二者间皆不可有所专重与偏废。显然，对以上三种观点，他是极力支持左宗棠的，力主海防与塞防二者并重。而在恭亲王奕䜣看来，京内外大员以及军机大臣们内部的海防与塞防之争，并不是卖国与爱国之争，而是将有限的饷银优先用于何处之争，如若开源节流是完全能够做到二者并重。经过廷议讨论，对国家统一、民族团结最为有利的海防与塞防并重遂成定论。②

军机大臣于筹议海防的过程中，虽采纳左宗棠所提海防塞防并重的意见，任命李鸿章沈葆桢分别督办北洋、南洋海防事宜的同时，任命左宗棠督办西北军务。但实际上军机大臣们对于海防塞防并重并不是毫无偏倚的，而是偏重于海防建设，用于海防的人力、物力、财力等要远多于塞防，这在当时中国海上空虚，其危险性要远大于西北，而人力、物力、财力又极其有限的情况下，是一种正确的选择。

① 李云麟：《西陲述略》，转引自罗正钧：《左宗棠年谱》卷七，岳麓书社 1982 年版，第 36—37 页。

② 此点体现于光绪元年三月十日军机大臣寄信左宗棠的谕旨之中："刻下情形如可暂缓西征，节饷以备海防，原于财用不无裨益，惟中国不图规乌鲁木齐，则俄人得步进步，西北两路已属堪虞。且关外一撤藩篱，难保回匪不复啸聚肆扰近关一带。关外贼氛既炽，虽欲闭关自守，其势不能"。此外，于光绪元年四月二十六日军机大臣寄信李鸿章等谕旨中亦有体现："著派李鸿章督办北洋海防事宜，派沈葆桢督办南洋海防事宜……有关系西北及防范俄人事务，……即著该大臣通盘筹划，以固塞防。"

(三)军机大臣确定海防海军建设总方针

军机大臣们对京内外官员就海防海军建设所提各种建议进行归纳、总结,提出了办理意见。有关练兵,指出因“各议均谓练兵为要,仍以财力未充,势难大举,只可量力择要筹拟。”故“请先就北洋创设水师一军,俟力渐充,就一化三,择要分布”;有关简器造船,对于新立外海水师所需枪炮、水炮台、水雷等,应由督办海防大臣会商随宜购买。而有关铁甲舰购买,则由督办海防大臣派专人赴英、法、美等国察看其是否利于用,先购一两支试用,再陆续购买;有关筹饷,军机大臣们“参酌诸议”,指出“唯有先其急、覆其实两层办法”。“先其急则他事之待用者当酌量稍缓,覆其实则向来之中饱者应厘剔归功。”以此筹饷用于海防海军建设。此外军机大臣还就用人、持久等提出相应意见。①

就海防海军建设一事,经廷议形成最终方针,见诸于光绪元年(1875)四月二十六日军机大臣寄信李鸿章、沈葆桢等谕旨中。该谕旨首先重申了近代海防建设的重要性、紧迫性,指出:“海防关系紧要,既为目前当务之急,又属国家久远之图……亟宜未雨绸缪,以为自强之计。”作为近代海防建设创始之举,清廷“必须通盘筹划,计出万全,方能有利无害。”对于奕䜣等于奏折中所提出办理意见,最终基本予以采纳,惟有海军建设一条,以“南北洋地面过宽,界连数省”为由,将意见中“请先就北洋创设水师一军,俟力渐充,就一化三,择要分布”改为“必须分段督办,以专责成。”分别著派李鸿章、沈葆桢督办北洋、南洋海防事宜。铁甲舰亦由李、沈二人酌度情形,先购买一两支。由此,确定了清政府此后二十年海防海军建设、发展的基本方针。军机大臣们所提出的“练兵、简器、造船、筹饷、用人、持久”等意见基本被采纳,日本也成为了此后海防建设中的主要假想敌,中国近代海军的发迹实肇端于此。历史事实证明,同治朝军机大臣们对于近代海军海防的认识以及创建

---

① 奕䜣等奏折,载《洋务运动》(一),上海出版社1959年版,第146—149页。

的措施都是正确的，虽然中国海军在中日甲午海战中一败涂地、全军覆没，但绝不能以事后的成败来否认军机大臣在此前所作出的种种努力。

综上所述，军机大臣于同治朝末期的海防海军建设过程中，通过上奏《筹海军海防事宜折》、《敬陈管见折》等奏折，于朝中率先全面提出海防海军建设之提议，并在一月之内两度寄信各沿海沿江督抚、将军等就此事展开深入讨论，令其各抒己见、集思广益，这一做法不仅使该问题受到清廷最高统治者的重视、将其提上清中央议事日程，同时也使其成为当时朝野上下最受关注之问题，由此掀起了晚清筹议海防海军建设的高潮。在此后的海防与塞防之争中，军机大臣又发挥了主导作用，在当时中国海上空虚，其危险性要远大于西北的情况下，他们颇有远见地确定了在海防与塞防并重的基础上，又略偏重于海防的正确方针。最后，军机大臣通过对京内外官员就海防海军建设所提各种建议进行整理、归纳、总结，提出有关此问题的处理意见，其中除海军建设稍有变动外，其余均体现在清中央有关该问题的决策中，由此确定了清王朝今后近二十年的海防海军建设的总方针。

三、由军机大臣看军机处与总理各国事务衙门之关系

咸丰朝末期设立的总理各国事务衙门，是清廷内部一个集办理外交、通商、边界等诸具体事务于一身的临时机构。由亲王、贝勒、军机大臣等亲领其事，故其在办理外国事务方面享有一定的参与中枢决策的权力，在晚清各中央机构中略显突出，以致于今人有关军机处与总理各国事务衙门之关系的论述颇多。别以观点，大致有三：

1. 权力转移说：王钟翰先生曾指出："清自雍正七年（1729）而后，军机处关系一代大政所从出，最为重要；迄于咸丰十年（1860），军机之

权，转而移于总理衙门，遂以办理各国通商事务为其当务之急。”①王栻先生在其著作《维新运动》中亦有类似观点。

2. 权力削弱说：萧一山先生于《清代通史》中指出：“军机处与总理衙门，皆为政令所从出，总署且有渐夺军机处实权之趋势”。② 傅宗懋先生在其论著《清代军机处组织与职掌研究》、《清代总理衙门与军机处之关系》中亦有类似观点。吴福环先生于《清季总理衙门研究》一书中指出：“总署取代了军机处所掌管的外交事务”，但“并没有取代军机处和内阁的主要职能及其地位。”③

3. 权力均分说：钱实甫先生于《清朝政权的半殖民地化与总理衙门》一文中指出：军机处和总理衙门就有了分工的意味：军机处主管洋务以外的一切大政，总理衙门则专办一切洋务，因而它也可以被称为“洋务内阁”了。”④

各位前辈于此问题研究所得出之结论，皆有一定道理。但是如果我们换种角度，即由军机大臣看军机处与总理各国事务衙门之关系，特别是将视野特定在本文研究所涉及之同治一朝，就将会得出与上述三种观点不同的结论。即在同治一朝十三年间，总理各国事务衙门不仅没有转移、削弱、均分军机处的权力，反而使军机处的权力在原来基础上有所加强。其原因有以下三点：

（一）从恭亲王奕䜣奏请设立总理衙门初衷来看

咸丰十年（1861）十一月初三日，恭亲王奕䜣联合桂良、文祥上奏《统计全局折》，在该折后附章程一中，即提出设立总理各国事务衙门。为获得热河方面对建立总理各国事务衙门的支持，他们强调指出：“俟

---

① 王钟翰：《关于总理衙门》，载《王钟翰清史论集》第四册，中华书局 2004 年版，第 2050 页。

② 萧一山：《清代通史》（四），华东师范大学出版社 2006 年版，第 1 页。

③ 吴福环：《清季总理衙门研究》，新疆大学出版社 1995 年版，第 39 页，41 页。

④ 钱实甫：《清朝政权的半殖民地化与总理衙门》，《历史教学》1963 年第 7 期。

军务肃清,外国事务较简,即行裁撤,仍归军机处办理,以符旧制"。[①]由此言可以明确两点:1. 奕䜣所言"仍归军机处办理"表明,总理各国事务衙门经管之外国事务原为军机处办理。关于此点,光禄寺卿焦祐瀛、翰林院侍讲学士张之万等联衔上奏的折片中亦有:"驭夷之法,贵有责成。查向来夷务,由军机处办理。惟枢密之地,事务大繁,只能总持大纲,于细微曲折,不能详细考查"[②]。光绪十年(1884),暂行佩带总理各国事务衙门印钥之宗室麟书的奏折中亦有:"查各国交涉事件,向由外省督抚奏报,汇总于军机处"[③]。而此点亦可由中俄《天津条约》、《北京条约》相关条款得以证明[④]。以上均表明了一点,即总理各国事务衙门经管之外国事务原为军机处办理。显然,该衙门的成立削弱了军机处的一部分权力,但奕䜣在这段话中又表明了另外一层含义,即:2. 总理各国事务衙门仅是临时机构。如前文所述,军机处是备清代皇帝顾问,并能够参与最高决策的中枢机构,是清代皇帝实行专制集权的统治工具。军机处这一崇高地位决定,任何侵越这一机构权力的行径,均是对至高无上之皇权的挑战。此点,对于曾经在咸丰五年(1855)因"上责礼仪疏略"而被罢黜军机处的奕䜣来说,那是再熟悉不过的了。故此,奕䜣在奏折中强调指出新设之总理各国事务衙门仅是临时机构,"俟军务肃清,外国事务较简,即行裁撤,仍归军机处办理,以符旧制"。这表

① (清)贾桢等编:《筹办夷务始末》(咸丰朝),中华书局1979年版,第2676页。

② 中国史学会编:《第二次鸦片战争》第五册,上海人民出版社1978年版,第228—229页。

③ 台北故宫现存军机档,院字第二七七二箱,转引自傅宗懋《清代军机处组织及职掌之研究》,嘉新水泥公司文化基金会丛书1968年版,第389—390页。

④ 1858年,中俄《天津条约》规定"嗣后两国不必由萨那特衙门及理藩院行文,由俄国总理各国事务大臣或径行大清之军机大臣、或特派之大学士,往来照会,俱按平等。设有紧要公文遣使臣亲送到京,交礼部转达军机处。"1860年中俄《北京条约》规定:"大俄罗斯国总理各外国事务大臣与大清国军机处互相行文,或东悉毕尔总督与军机处即理藩院行文"。引自中国史学会编:《第二次鸦片战争》第二册,上海人民出版社1978年版,第551、632页。

明奕䜣等人此时设立总理各国事务衙门之时,并无侵越军机处权力之想法。

此外,在这一章程中,还有军机大臣兼领总署大臣一款,奕䜣等人对此解释是:一因"军机大臣承书谕旨,非兼领其事恐有歧误,请一并兼管。"①二则"因俄国条约第二款,载有嗣后行文,由俄国总理各国事务大臣,或径行军机大臣,或特派大学士往来照会等语。虽未专指一处,而八年以后,俄国照会即专送军机处,俄国如此,他国恐从而效尤。若将来照会等件径行军机处,诸多窒碍。现臣文祥办理抚局,该各国询知系军机大臣,尚以为重。设各国使臣有照会军机处文件,亦可由臣文祥于总理处接收,并与会晤,不至再行饶舌。"②等两个原因。事实上,奕䜣在以上两点原因之后还有一潜台词,即告知咸丰帝及诸军机大臣一个事实,军机大臣兼领总理各国事务衙门大臣一职,实亦有军机大臣仍拥有本应由军机处管理之对外事务的权力。以此再次表明奕䜣等创立总理各国事务衙门并无侵越军机处权力之想法。军机大臣兼领总署大臣,而总署又将于"军务肃清,外国事务较简"之时"即行裁撤",这正如钱实甫先生所言:"总署既属临时性的机构,又非完全独立,军机大臣也就不致多心了。"③实又重申了奕䜣等于总理各国事务衙门创立之初即无侵越军机处权力之想法。

(二)从同治朝军机大臣兼领总署大臣情况来看

咸丰十一年总理各国事务衙门初设之时,仅有文祥一人作为军机大臣兼领总署大臣一职。辛酉政变后,以恭亲王奕䜣为首的几位主要的总署大臣都入值军机处,而后亦有主要的军机大臣兼总署大臣之职,如宝鋆、沈桂芬、李鸿藻等。如表 4 - 6 所示,在同治一朝,军机大臣兼总署大臣的比例在逐年增加,最多时兼总署大臣的军机大臣占军机大

① (清)贾桢等编:《筹办夷务始末》(咸丰朝),中华书局 1979 年版,第 2676 页。
② (清)贾桢等编:《筹办夷务始末》(咸丰朝),中华书局 1979 年版,第 2708 页。
③ 钱实甫:《清朝政权的半殖民地化与总理衙门》,《历史教学》1963 年第 7 期。

臣总人数的80%,此种情况在同治一朝十三年中持续了六年之久,几占一半。此外,这些身兼军机大臣的总署大臣在总理各国事务衙门中皆位高权重。恭亲王奕䜣以议政王身份位列军机大臣首席,并兼领总理各国事务衙门,可谓一人把持清廷的内政、外交两大中央机构。文祥以军机大臣兼管总理各国事务衙门,该衙门"所有大小事务皆亲自裁决"①。有关总理各国事务衙门内大臣地位的等级森严,英国使臣威妥玛就曾有过这样一段记述:"每使臣发一议论,则各人以目相视。大臣视亲王,新任署之大臣,又视旧在署之大臣。若王一发言,则各人轰然响应,亦莫非是言。若亲王不言,诸大臣必不敢先言也。一日余至署,诸人相顾无敢先发一语。余不能复耐,乃先发言曰:'今日天气果好',而诸人尚不敢言,唯沈君某者似觉不可复默,乃首答曰:'今日天气果好',于是王大臣莫不曰:'今日天气果好'"。② 威妥玛这段记述对总理各国事务衙门内部亲王、军机大臣尊崇地位之描画可谓入木三分。而这也正如吴福环先生对该问题的分析:"总署大臣之中,除亲郡王管理以外,主事者就是军机大臣和各部院尚书了,至于侍郎及京师其他衙门的寺卿等官员,只有具体办事和随同画诺而已,地位较低的总署大臣偶尔也有敢于表示不同意见或抗争的,但那是要丢官或掉脑袋的。"③由此可见,在同治一朝,因主要的军机大臣皆兼领总署大臣一职,且在总理各国事务衙门中位高权重,因此总理各国事务衙门的权力仍是由这些军机大臣牢牢地把持着,故军机处的权力并未因总理各国事务衙门的成立而有所转移或削弱。

---

① 故宫现存军机档,院字第二七七二箱,转引自傅宗懋《清代军机处组织及职掌之研究》,嘉新水泥公司文化基金会丛书 1968 年版,第 389—390 页。

② 《清朝野史大观》卷二,上海书店 1981 年版。

③ 吴福环:《社会变迁中清政府的一个官员群体——总理衙门中的大臣们》,《河北学刊》1995 年第 5 期。

表4-6　同治朝军机大臣兼任总理衙门大臣人数统计表

年份	军机大臣人数	兼任总理衙门大臣人数	所占百分比
同治元年	7	4	40%
同治二年	5	3	60%
同治三年	5	3	60%
同治四年	6	3	50%
同治五年	7	3	40%
同治六年	5	3	60%
同治七年	5	3	60%
同治八年	5	4	80%
同治九年	5	4	80%
同治十年	5	4	80%
同治十一年	5	4	80%
同治十二年	5	4	80%
同治十三年	5	4	80%

(三)从军机大臣、总署大臣的主要职掌来看

前文已述,军机大臣职掌主要包括:“掌书谕旨,综军国之要,以赞上治机务;常日直禁庭以待召见,驻跸圆明园入直亦如之,行在所亦如之;谕旨明降者既述则下于内阁,谕军机大臣行者,既述则封寄焉;……文武官特简者,承旨则进其名单、缺单,特简者亦如之;……凡文武官记名者,遇缺则奏其名,道若府记名者,遇请旨缺则奏焉;……外国之朝正者,拟其颁赐,庆祝万寿来庭者亦如之;……凡试题钦命者,豫期,以其上届之题缮单以进御;皇帝举巨典,纪成宪,有旨考证,则书其事之本末进焉……”①由军机大臣职掌可见,军机处是一个备皇帝顾问并能够参与最高决策的中枢机构,是清朝皇帝实现专制集权的统治工具。而总

① 《钦定大清会典》(嘉庆朝)卷三,文海出版社1990年版。

署大臣职掌则主要是："与各国缔结条约、与外国使臣往来照会、各国通商、中外疆界、教务教案、传递电旨电奏、办理外使觐见、接待外使及与之往返交涉等；此外还主管总署章京的考取、引见、记名、传补与核察、保举、参劾。"①就其主要职掌来看，总理各国事务衙门则主要是一个负责洋务、外交各项事务的行政机构。由军机大臣、总署大臣主要职掌的对比可知，总理各国事务衙门的成立也并未取代军机处的主要职能与地位。反之，我们也会看到这样一种现象：只有身兼军机大臣的总署大臣才会位高权重，总理各国事务衙门也因军机大臣的兼任地位才会高于六部。对于此，时人多有论述，如清流派中以"青牛角"著称的张佩纶就曾对甲申易枢后的总理衙门作过如下描述："是枢廷、译署画为两截，就法越之事而论，电报不能迅达天听，译署不能参与戎谋，已多扞格；就各国交涉而论，既骤去一外夷素日信服之亲王，又不能见朝廷倚重之军机大臣，顿生疑忌之心，转启刁难之渐"。② 而光绪十年(1884)受命管理总署的奕劻对此更是深有感触，在其上《中枢不兼总署利弊》一疏中就有："上下之情易隔，机括不灵，转致贻误；中外之隙易生，各国环伺，恐多棘手；衙门之体制顿改，章京之鼓励倍难，其事系天下之重，而其秩视六部为轻，一变旧章，均令藐忽，为四夷所笑，为外吏所轻，虽欲忍辱负重，何益于事乎?"③之论。可见，无军机大臣兼任的总署正如奕劻所言是"其秩视六部为轻"，地位是一落千丈。由以上可见，在清中央政权内部，总理各国事务衙门的地位是不能与军机处并列的。故此，至少在同治一朝并无因总理各国事务衙门成立，而削弱、转移、均分军机处权力之情况出现。

结合以上三点，并联系前文所述内容可知，同治一朝兼任总署大臣的军机大臣，不仅参与了洋务文化教育、海防海军建设等洋务、外交事务的决策过程，事实上他们也几乎全程参与了这些事务的筹议和具体

① 《大清会典》(光绪朝)卷九十九，文海出版社1992年版。

② (清)张佩纶:《涧于集》，奏议三。

③ 萧一山:《清代通史》(三)，华东师范大学出版社2006年版，第722页。

执行、实施的全程。

综上所述，由军机大臣看军机处与总理各国事务衙门间之关系，特别是将视野特定在本文研究所涉及之同治一朝，就会得出与前辈学者观点不同之结论，即在同治一朝十三年间，总理各国事务衙门不仅没有转移和削弱、均分军机处的权力，反而使军机处的权力在原来基础上有所增强。

第四节　军机大臣于中兴事业中遭遇之困难

同治一朝，以奕䜣、文祥、宝鋆、沈桂芬、李棠阶为核心的军机大臣群体，对外通过实行“外敦信睦”而“隐示羁縻”的守势外交方针，求得和平安定的外部环境；对内依畀控驭曾国藩、李鸿章、左宗棠等汉臣，渐次镇压了几乎遍布全国的农民起义，并与民休息进行大规模的战后恢复与重建，与此同时开展向西方学习的洋务运动，努力实现富国强兵的理想目标。由此使清王朝暂时摆脱了行将覆亡的厄运，呈现出了些许革新的景象，这就是晚清史上著名的“同治中兴”。但是，作为中兴事业主要组成部分的洋务事业，乃是于中国前无古人之新生事物，其必会受到来自守旧的本国封建顽固势力的阻挠，而西方侵略势力的侵略本质也决定他们必将成为中兴事业另一强大的阻碍势力。

一、军机大臣之中兴事业受到本国封建顽固势力的阻挠

本国封建顽固势力从表面上具体分为两股势力，一为以大学士倭仁为代表的朝臣守旧势力，一为以醇亲王奕谖为代表的满洲权贵守旧势力。而两股势力背后实又受到来自同治朝的最高统治者慈禧太后的支持与操纵。

以大学士倭仁为代表的朝臣守旧势力对洋务事业的阻挠，于同治

六年(1867)反对招收正途习天算之议时表现最为显著。如前所述,恭亲王奕䜣等于同治五年(1866)十一月初五日奏请,在京师同文馆内增设天文算学馆,并将招生范围由原来的八旗子弟扩大至"满汉举人、恩、拔、副、岁、优贡生,并前项正途出身之五品以下京各官",这一举措极大地损害了朝中科甲正途出身官员的利益,由此"反对者乃蜂起纷如,当时守旧派之势力,在京僚中实十居八九,大学士倭仁以理学名,……隐然为顽固派首领。"①而朝臣守旧势力中率先向奕䜣等发难的是御史张盛藻,他于同治六年(1867)正月二十九日所上奏折中指出:奕䜣等令正途科甲人员学习天文算学是"习为机巧"之事,"又藉升途、银两以诱之,是重名利而轻气节"之为,"此举于士习人心大有关系"。故此,奏请慈禧太后饬令在廷诸臣妥议此事。② 因张盛藻人微言轻,同日颁布的上谕亦称对其奏请"著毋庸议"。但这一奏折有如风向球,一方面几乎主导了舆论,立时产生了一定的消极影响,此点正如萧一山先生所言:"疏上,都中一时传诵,以为正论。于是词馆曹部皆自以下乔迁谷为耻,竟无一人肯入馆者。"③而另一方面该折则为事态进一步升级做好了准备。此后不久,大学士且为帝师的倭仁即亲自挂帅,于一月之间连上三折,与奕䜣等所奏针锋相对,并危言耸听道:中国如若"师事夷人",必将会产生"今复举聪明隽秀、国家所培养而储以有用者,变而从夷,正气为之不伸,邪氛因而弥炽,数年以后,不尽驱中国之众咸归于夷不止"④的严重后果。该严重后果尚未产生,而倭仁等朝臣守旧势力对洋务事业阻挠的后果却日益呈现,正如奕䜣等重臣在奏折中所预料的那样:"该大学士久著理学盛名,此论出而学士大夫从而和之者必众。……惟是倭仁此奏,不特学者从此裹足不前,尤恐中外实心任事不尚空言者亦将为之心灰而气沮,则臣等与各疆臣谋之数载者,势且隳之崇朝,所系实

---

① 萧一山:《清代通史》(三),华东师范大学出版社 2006 年版,第 665 页。

② 张盛藻奏折,载《洋务运动》(二),上海人民出版社 1959 年版,第 28—29 页。

③ 萧一山:《清代通史》(三),华东师范大学出版社 2006 年版,第 666 页。

④ 倭仁奏折,载《洋务运动》(二),上海人民出版社 1959 年版,第 30—31 页。

非浅鲜！”①而现实发展果不出奕䜣等所料，在论争正盛之时，京城内一时间谣言四起，对众军机大臣更是群起而攻之。《翁同龢日记》对此多有记载，如同治六年（1867）二月十三日条：“同文馆之设，谣言甚多，有对联云：‘鬼计本多端，使小朝廷设同文之馆；军机无远略，诱佳子弟拜异类为师。’”②二十四日条：“前日，总理衙门尚递封奏，大约办同文馆一事，未见明文也。京语（师）口语藉藉，或粘纸于前门，以俚语笑骂，‘胡闹胡闹，教人都从了天主教’云云，或作对句：“未同而言，斯文将丧’，又曰：‘孔门弟子，鬼谷先生’。”③而投考天文算学馆之生员也因此论争而与顽固守旧派势不两立，形同水火，而处于众叛亲离的状态，由此影响了天文算学馆正常的招生工作。如同治六年（1867）三月二十七日通政使于凌辰奏折中就有：“天文算学招考正途人员，数月于兹，众论纷争，日甚一日，或一省中并无一二人愿投考者，或一省中仅有一二人愿投考者，一有其人，遂为同乡、同列所不齿。夫明知为众论所排，而负气而来，其来者既不恤人言，而攻者愈不留余地，入馆与不入馆，显分两途，已成水火，互相攻击之不已，因而互相倾覆，异日之势所必至也。”④如前所述，奕䜣等军机大臣虽在慈禧太后的支持下，经过与倭仁的数度交锋，而获全胜，但论争并未就此结束，而是由候选直隶州知州杨廷熙上奏《撤销同文馆以弭天变折》，将同文馆之争推向顶峰。杨廷熙于奏折中指出：“同文馆之设，强词夺理、师敌忘仇、御夷失策”，而致“天象之变”，故以“天象示警，人言浮动”为由，“请旨撤销同文馆”。⑤ 并于折中“痛诋在京王大臣”，称：“西教本不行于中国，而总理衙门请皇上导

---

① 《洋务运动》（二），上海人民出版社1959年版，第33页。

② （清）翁同龢：《翁同龢日记》第一册，中华书局1989年版，第519页。

③ （清）翁同龢：《翁同龢日记》第一册，中华书局1989年版，第521页。

④ 于凌辰奏折，载中国近代史丛刊：洋务运动（二），上海人民出版社1959年版，第39页。

⑤ 杨廷熙奏折，载中国近代史丛刊：洋务运动（二），上海人民出版社1959年版，第43页。

之使行”,又“专擅挟持,启皇上以拒谏饰非之渐”,[①]将矛头直指奕䜣等众大臣,以致于恭亲王奕䜣、军机大臣宝鋆等均自请暂开总理衙门差使,杨廷熙此举正如萧一山先生所言:“由正途而议及西学,由同文馆而议及总署,对亲贵重臣,敢作正面攻击,可知顽固派之势力,已逐渐抬头矣。”[②]不仅如此,杨廷熙因在折中痛诋各部院大臣,甚至敢于教训“皇上行之则不可”,而一时间名声大噪,“中外竞传诵其文”,在社会上产生诸多不良影响。长达数月的同文馆之争最终虽在慈禧太后的高压之下渐渐平息,但它仍严重地影响了天文算学馆的招生与师资选聘。据奕䜣于六月初二日所上奏折可知,天文算学馆虽照其所请如期开设,但“因浮言四起,正途投考者寥寥”,故只有“正途与监生杂项人员相间”。如此报名人数也才只有98人,而实际参加考试的人数又只有72人,最后经策论、复试等环节仅招收生员30人,远不如奕䜣等“初念之所期”。[③] 而据奕䜣等于同治六年(1867)七月十六日所上奏折可知,早于去年就已被郭嵩焘保荐到馆任教,并已奉旨饬令来京的近代科学家李善兰、邹伯奇也以患病为由,没有立即到任。奕䜣等大臣猜测其因“抑或恐为浮言所鄙,不肯轻进”。[④] 同文馆招收正途习天算之事如此,其他洋务事业又何尝不是如此,在此种风气浸致之下,奕䜣、文祥、宝鋆、沈桂芬等军机大臣力图自强之抱负,又怎不会为之心灰而气沮。

以醇亲王奕譞为代表的满洲权贵守旧势力对洋务事业的阻挠,则集中体现于天津教案处理过程中以及其后一段时期。

醇亲王奕譞,道光帝第七子,因咸丰帝即位时年纪方轻,故其时于政坛尚无足轻重。辛酉政变后逐渐崭露头角,因其为慈禧太后之妹婿,

---

① 同治六年五月二十九日上谕,载中国近代史丛刊:洋务运动(二),上海人民出版社1959年版,第51页。

② 萧一山:《清代通史》,华东师范大学出版社2006年版,第669页。

③ 奕䜣等奏折,载中国近代史丛刊:洋务运动(二),上海人民出版社1959年版,第52页。

④ 奕䜣等奏折,载中国近代史丛刊:洋务运动(二),上海人民出版社1959年版,第53页。

故成为慈禧毋庸置疑的嫡系，为慈禧所倚重。同为道光帝之子，奕譞与奕䜣最初也可称得上是同舟共济，在辛酉政变乃至同治四年（1865）奕䜣被削去议政王名号之时，奕譞表现出了全力支持乃兄的态度和行动。但由于奕譞“赋性保守，知识有限，素不主张重用汉人，更不主张和平外交”①，二人在政见上可谓相去甚远、格格不入，矛盾不断累积，至天津教案时期终于爆发。

如前述，天津教案发生后，奕䜣、宝鋆、沈桂芬等仍坚持“外敦信睦，而隐示羁縻”的外交方针处理该案，这引起奕譞的极度不满。《翁同龢日记》对当日廷议情形之记录颇为生动：“午初二刻与诸王、军机大臣、御前大臣、总理衙门诸臣同召见于乾清宫西暖阁。两宫及上南面坐，未垂帘，垂询良久。惇、醇两邸持论侃侃，然恭邸持之坚，卒如曾国藩所请。”“是日召对者凡十九人：惇亲王、孚郡王；……军机，恭亲王、宝鋆、沈桂芬、李鸿藻；醇郡王、景寿……醇邸极言民心宜顺，并天津府县无罪，陈国瑞忠勇可用，并诋及总理衙门照会内有‘天津举事者及大清仇人’之语，斥为失体。宝、董强辩，语相侵，两宫分解之……醇邸又极论素日无备，故临事以‘无可如何’四字塞责。自庚申至十年，试问所备何事？且言此次纶音如措词有失体处，臣等仍当纠正。恭邸允之，遂定议。”②奕䜣与奕譞政见之不同可谓跃然纸上。此后，天津教案虽在有限度妥协情形下结束，③但奕譞对此事仍感不满，以“在事诸臣，汲汲以曲循夷心为务”④，故耻与同列为由，愤而辞去一切差使。并手缮一折密参乃兄奕䜣。奕譞于该折首段，便将矛头直指奕䜣，称：“苟非积弊太牢，争之数次，决难挽回，欲尽君臣大义，每伤兄弟私情；欲循兄弟私情，又昧君臣大义，亦何敢遽求拜退？”

而该折正文则列出四条“办夷之臣，即秉政之臣”的诸弊端，如“朋

① 萧一山：《清代通史》（三），华东师范大学出版社2006年版，第672页。
② （清）翁同龢：《翁同龢日记》第二册，中华书局2006年版，第784—785页。
③ 吴相湘：《晚清宫廷实纪》第一辑。
④ 吴相湘：《晚清宫廷实纪》第一辑。

比蒙蔽”、“迫朝廷以不能不允之势，杜极谏力诤之口。如此要挟，可谓奇绝！”、“以夷务为升途捷径……大小臣工，交争惟利”、“不趁势推之于民以喝夷，但杀民以谢夷……以阻众志”，而消除以上诸多弊端，惟有破“办夷之臣，即秉政之臣”之格，即请求慈禧解除奕䜣、文祥、宝鋆、沈桂芬等人军机与总署兼领之职，如若不然，“将来皇上之前，忠谏不闻，问亦不行，甚可畏也。”[①]奕譞该折影响可谓深远，一则请太后破“办夷之臣，即秉政之臣”之格，显然有挑拨慈禧太后揽权之意，此正中慈禧下怀，为日后之“倒恭用醇”埋下了伏笔；二则慈禧太后因奕譞辞职以及折中密谏，实已对奕䜣有所不满，对其所倡导之新政亦不免心生动摇；三则“鼓励守旧派之气焰，虚骄言论因益嚣张”，[②]前文所言之军机处内部李鸿藻与诸军机大臣的对立愈加尖锐，内阁学士宋晋于此后不久竟上折奏请停止自造轮船等即是其中之例。但是，奕譞对奕䜣的攻击并未就此停止，同治十二年（1873）六月，奕譞于《山东拿获戕害僧格林沁逆首请特降明旨赐祭折》内，就缮旨手续、实则仍对新政而发，再次向奕䜣发难，对此奕䜣不得不上奏折自辩（详见本章第一节）。“手足参商竟至形诸章奏，则恭亲王日处危疑之隐痛，与后此不敢直截办理之苦衷，昭然若揭。”[③]

如上所述，在奕䜣等军机大臣领导整个洋务运动过程中，奕譞、倭仁等顽固保守势力可谓上书不断，只要一项新政出台，即会招致他们的反对。那么，顽固保守势力缘何如此坚定？显然这除了他们自身的信仰，恐怕还源于最高统治者慈禧太后对他们的纵容。前已述及，因慈禧太后于同治一朝政治经验尚不丰富，故于朝政治理方面对奕䜣、文祥、宝鋆等军机大臣依赖、信任有加，对他们所主持的洋务也是极力予以支持。但是慈禧深知权力的天平是不能倾斜的，为了保全自己的权力，在支持、依靠奕䜣等势力的同时，她也放任顽固保守势力对其纠举弹劾，

---

① 萧一山：《清代通史》（三）华东师范大学出版社 2006 年版，第 672 页。

② 吴相湘：《晚清宫廷实纪》第一辑。

③ 萧一山：《清代通史》（三）华东师范大学出版社 2006 年版，第 675 页。

以资牵制,以免使奕䜣等军机大臣势力过于膨胀,难以驾驭。加之同治一朝,慈禧与奕䜣之间,或隐秘、或公开的政争可谓贯穿始终,慈禧凭依其手中的皇权数度挫辱奕䜣,以致于奕䜣"愈形谨饬"、"深自敛抑",锐气渐消,任事不能如初。其余军机大臣亦在顽固保守势力的攻劾之下,愈加小心翼翼,唯恐动辄得咎。以故李鸿章多次要求扩大新政,但身居宰辅之位的奕䜣"仅表赞成",文祥"目笑存之",称"两宫亦不能定此大计",此后诸如李鸿章般倡导新政之人遂绝口不谈新政矣。① 已处于"三千余年一大变局"的中国,虽"内有执政之宰辅,外有镇慑之疆吏",却仍不能压服顽固守旧派之势力,足以说明其势力之强大。身处其中、力图自强的奕䜣等众军机大臣对此也只能发出:各项洋务事业,虽屡次奏陈筹办,"而歧于意见,致多阻格者有之;绌于经费,未能扩充者有之;初基已立,而无以继起持久者有之。同心少,异议多,局中之委曲,局外未能周知,切要之经营,移时视为恒泛。以致敌警猝乘,仓皇无备"②如此的哀叹。

二、西方列强的侵略本质决定中西方的友好共处是暂时的,军机大臣所倡之"外敦信睦"而"隐示羁縻"的守势外交方针至同治朝末期遂失去其存在基础

如前所述,同治一朝能够实现所谓中兴,是与以英国为首的西方各列强国家调整侵略政策,军机大臣据此制定并实行"外敦信睦"而"隐示羁縻"的守势外交方针,从而为中国提供了一个短暂的相对和平稳定的发展空间是密不可分的。但是各列强国家调整侵略政策,即采取所谓合作政策是有诸多前提的,(一)19 世纪 60 年代,西方各资本主义国家尚处于自由竞争阶段,对中国的侵略与争夺远逊于此后的垄断阶段,

① 萧一山:《清代通史》(三)华东师范大学出版社 2006 年版,第 674 页。

② (清)宝鋆等编:《筹办夷务始末》(同治朝)卷九十八,沈云龙主编:《近代中国史料丛刊》第 62 辑。

加之这一时期各列强在西方竞争加剧，而在东方的争夺则渐趋缓和；（二）各列强国家对在中国的既得利益尚属满意。正如奕䜣于《北京条约》签订后所言："约内所允各款，已遂其贪婪之心，是该夷连年所欲得者，现皆如愿而偿"①。以英国为首的各列强国家通过两次鸦片战争"已从中国得到了它们所希冀的一切"②，他们的当务之急，已不再是攫取新的权益，而是将已签订的条约全部付诸实施；（三）中国政府与人民已消除了对西方的敌视、恐惧与排斥心理，并在努力实现近代化，向西方靠拢。西方国家显然是在辛酉政变后，发现了这种可能，"大家认为最可能和外国维持友好关系的那些政治家掌握政权了"，"帝国中的统治势力已经从他们的敌对和排外态度显然转变过来"。③ 与此同时，以奕䜣、文祥为核心的清中央政府官员正在发起一场以学习西方先进科学技术为手段，以练兵、制器、育才、海防为中心内容，以维护清王朝的封建统治为目的的洋务运动。正是基于以上种种前提，19 世纪 60 年代，以英国为首的西方各列强纷纷对中国调整了侵略政策，"辩论与说服"正逐渐取代"炮火与恫吓"。但是应值得注意的是，他们在这一时期改变的只是侵略的政策、手段，其对中国的侵略实质并未发生根本的变化。

当时间进入 19 世纪 70 年代，以上合作政策存在的诸项前提条件已渐渐不复存在。前已述及，世界各资本主义强国已于这一时期开始从自由向垄断阶段过渡，各列强业已将目光逐渐由西方转向东方，中国的外部形势因此而日趋严峻。沙皇俄国于 1871 年乘我国西北边疆动乱之机，派兵占领新疆伊犁地区；1874 年日本在美国的支持下公然入侵中国台湾；英国紧随其后，开始对我国西南、西藏地区加紧了侵略活动；

---

① 中国史学会编：《第二次鸦片战争》第五册，上海人民出版社 1978 年版，第 274 页。

② ［美］欧内斯特等编：《美中关系史论》，转引自刘广京：《19 世纪后半期的美国与中国》，中国社会科学出版社 1991 年版，第 82 页。

③ ［美］马士：《中华帝国对外关系史》第 2 卷，商务印书馆 1963 年版，第 68 页。

法国亦欲以越南为跳板企图侵入我国的西南地区。而各列强国家从商人到政府业已对以往通过条约获得的既得利益不甚满意，在华的外国侨民“要求全国立即开放，允许西方自由贸易和传教。他们认为《天津条约》为他们提供的权益还太少，而且这些权益中有些在实际中已被总理衙门的诡计和英、美外交官侵华的偏见化为乌有。”①而被认为中英双方在彼此互让的基础上订立的《阿礼国协定》，也于1970年最终被英国政府否定了，格瑞维尼通知阿礼国之一决定时指出：“女王陛下政府对此深表遗憾：在这个国家和在中国的许多商会所持有的“协定”可能有益的观点，……与女王陛下政府的一贯主张并不相符，因此将被否决。”②而被他们认为“最可能和外国维持友好关系的那些政治家”，如奕䜣、文祥、沈桂芬等，“总云从容商办，究是一件不办，今日骗我，明日敷衍我”③的羁縻外交也令西方政治家们对其灰心失望。中国人民与清政府内部顽固保守官员们对西方各资本主义强国的敌视、排斥和恐惧也并未因合作政策的实施而消除，1870年天津教案的发生就强有力地证明了这一点。对于天津教案产生的深层次原因，卫三畏指出：“此次骚乱的全过程——它的缘起、蔓延、高涨、迸发和平息——如同曾经出现的任何其他事情一样，含蕴着中国与欧洲文明在融合过程中所存在着的许多严重的障碍。”④此后的历史发展表明，伴随着西方列强对中国侵略的加剧，侵略者与被侵略者之间这一矛盾是永远无法得到解决的，正如芮玛丽所言：“最终解决的办法是不可能找到的，而且随着外

---

① ［美］芮玛丽：《同治中兴——中国保守主义的最后抵抗》，房德邻等译，中国社会科学出版社2002版，第312页。

② 1870年7月25日格瑞维尼致阿礼国，载《美国议会档案》，《中国卷》第5卷（1871年），第427—428页。转引自［美］芮玛丽：《同治中兴——中国保守主义的最后抵抗》，房德邻等译，中国社会科学出版社2002版，第367页。

③ 《李文忠公全书》，《译署函稿》卷三。

④ ［美］卫三畏：《中国总论》第2卷，第706页。转引自［美］芮玛丽：《同治中兴——中国保守主义的最后抵抗》，房德邻等译，中国社会科学出版社2002版，第375页。

国利益在内地的增长，对外国的恐惧和憎恨，也愈加表面化了。”①至此，西方各列强实施合作政策的前提条件几乎全部消失，而奕䜣等军机大臣以此为基础提出的“外敦信睦”而“隐示羁縻”守势外交方针业已失去它存在的平台，中外合作的所谓蜜月期就此终结。

当然，军机大臣主导之“同治中兴”之所以在晚清史上昙花一现、转瞬即逝，未能从根本上挽救清王朝的统治，除去国内、国外阻碍势力对这一事业的阻挠之外，军机大臣自身存在的一些问题也成为横亘在中兴事业继续前行道路上一道不可逾越的鸿沟。

其一、主政之军机大臣对中兴事业并无全盘统一规划与远大目标

中兴各项事业特别是洋务事业，于尚处封建社会末期的中国乃是前无古人之开拓性事业，其最初兴起源于同治朝诸位军机大臣宝鋆、桂良、文祥、沈兆霖等于第二次鸦片战争后期，追随恭亲王奕䜣留守京师办理抚局之时，曾亲眼目睹了英法两国军队凭借其船坚炮利屡屡取得战争胜利、而清军则因中西力量对比的明显差距而节节败退的惨象，终因敌强我弱不得不与列强签订屈辱的《北京条约》。这一惨痛经历使他们预见到中国如不求变、不自强，必将为西方各列强所吞噬。为此，他们请旨设立总理各国事务衙门专办外交，并于此后开始主持练兵、制械、育才、海防等各项洋务事业。由上可见，奕䜣等军机大臣主持洋务事业，其客观环境呈现出两种状态：其一，洋务为开拓性事业，奕䜣等封建王公大臣对此并无半点经验；其二，奕䜣等是于英法列强兵临城下的绝境中，相对主动、实亦被动地展开诸项洋务事业。故此，他们对自己所主持的洋务事业始终是穷于应付，急则治标，虽有一些计划，但对此却并无整体规划和远景目标。

如奕䜣等于同治朝所主持之各项洋务事业，均是他们对列强以及自强深化认识过程中一步步逐渐摸索、提出与完善的。如咸丰十年

① ［美］芮玛丽：《同治中兴——中国保守主义的最后抵抗》，房德邻等译，中国社会科学出版社2002版，第375页。

(1861)十二月,奕䜣等首先认识到“自强之术,必先练兵。”[①]由此从中央到各地开始进行较大规模练兵;至同治三年(1864)四月,在地方影响、带动之下,奕䜣等又意识到“自强以练兵为要,练兵又以制器为先。”[②]故又从中央开始重视制器工作;至同治五年(1866)十一月,奕䜣等因认识到:“洋人制造机器、火器等件,以及行船、行军,无一不自天文、算学中来。”故奏请于同文馆中添设天文、算学馆。这一现象不仅体现于兴办各项洋务事业过程之中,具体到某一洋务事业本身,也同样存在该种情况。如前文所言之洋务文化教育事业,其并不是全民普及性文化教育,而完全是奕䜣等为适应洋务活动需要而举办,它既与清政府同各列强间的外交活动有关,也与他们兴办的各类型企业的经济活动以及一系列政治、军事活动均有着密切的联系。因此,洋务教育涉及面比较广泛,培养的人才涉及翻译、外交、科学技术、机械制造、电报、矿务、冶炼、水陆军事等方方面面。从其所培养的人才类型可以想见,洋务教育事业完全是奕䜣等大臣于洋务实践中,意识到培养各类新型人才的迫切需要性而逐渐举办的,是适应洋务活动的具体需要而进行的。因此他们在举办这些事业前可以说有一些计划,但并无整体规划和远景目标,是迫于时势一步步行进的。再如前文所涉之海防海军建设事业亦有此类状况,奕䜣、文祥等虽于洋务运动初期就已有购买船舰,组建舰队的构想,但却是在同治十三年(1874)日本侵台,时势已到“今日而始言备,诚病其已迟;今日而再不修备,则更不堪设想矣”的景况下才真正付诸实践。此次海防海军建设之议,虽在奕䜣、文祥、沈桂芬等军机大臣的努力之下,确定了中国近20年的海防海军建设总方针,但是在建设之初,即已暴露出主持者实缺乏御侮的决心,如奕䜣等于奏折中就曾指出:“若谓以此足御泰西各国,不但得数铁甲船未敢自信,就使海防一律办齐,亦无从得有把握。仍当遇事筹维,慎于操纵,非独铁甲船

---

① (清)贾桢等编:《筹办夷务始末》(咸丰朝),中华书局1979年版,第2700页。

② 奕䜣等奏折,载《洋务运动》(三),上海出版社1959年版,第466页。

未可尽恃也。”[①]此言实则同李鸿章所言：“彼族以万分无礼相加，不得已而一应之”[②]有异曲同工之处，而由他们所主持筹建的近代海军以及诸洋务事业其命运可以预卜。

其二、主政之军机大臣受“中体西用”二元价值观束缚，只注重引进西方物质层面的坚船利炮，而拒绝引进西方的政治制度、法律制度和先进的思想观念，即没有能够进行政治改革

如前所述，奕䜣、文祥、桂良、宝鋆等中枢执政大臣作为咸丰末期留守京师、主持和局的官员，均为倭仁所称“我朝二百年未有之辱”的“庚申之变”的亲历者，他们对西方国家凭借其船坚炮利取得战争胜利的事实可谓感触最为直接、最为深刻。因此在太后垂帘与亲王军机大臣辅政体制确立后，他们便在地方官员曾国藩、李鸿章、左宗棠等人的支持下开始了以“求强”、“求富”为主要目标的洋务运动。然而，在奕䜣、文祥等中枢执政大臣那里，“求强”、“求富”仅仅是一个现实目标而已，并不是他们领导洋务运动所要实现的最终目标，其最终目标就是要挽救摇摇欲坠的清封建王朝的统治，实现王朝的复兴。由此，富强观念与依旧是传统结构的政治现实不谋而合。而几千年来被中国封建官僚奉若神明的纲常礼仪仍是奕䜣等军机大臣神圣和至高的思想准则，他们所能做到的，只能是在不触动这一根本理论准则的前提下为革新找寻某种可能。因此，在奕䜣、文祥等军机大臣那里，崇尚富强的世俗的价值观，并不是唯一的价值观，诸如“礼仪至上”的传统价值观仍根深蒂固地盘踞在他们思想深处。这两种价值观同时并存，使他们常常陷入二元价值观的矛盾之中。卫三畏的一段话则使我们更容易理解这一矛盾，他指出文祥、沈桂芬等洋务专家皆是“具有敏锐思想的人”，他们正在进行明智的努力，以期通过有限的近代化来维护这一儒教国家。他们之所以失败，是因其地位正处于内外两种巨大的压力之间：“一种是以囿

① 奕䜣等奏折，载《洋务运动》(二)，上海出版社1959年版，第338页。

② 李鸿章：《请设海部兼筹海军》，《李文忠公全书》，译署函稿卷十五。

于旧的统治方式、褊狭而固执的大批文人学士为代表；另一种则是以拥有坚船利炮的外国公使为代表。”①事实上，这两种巨大压力的来源又何尝不是他们思想深处那无法解决的矛盾。为解决这一矛盾，军机大臣们力图构建一种能够同时包容二者的理论，而洋务运动的指导思想“中体西用”就是这样一种理论模式。

“中体西用”即“中学为体、西学为用”，“中学”泛指中国的文武制度，西学则泛指西方的船坚炮利、先进的科学技术。其意即为：以西方先进的科学技术来继续维护中国封建专制统治。这一新式思想，试图将“西学”内容合法化，肯定其具有“中学”无法替代的实际功用，并将二者貌似“有机地融合”在了一起。这一作法在一定程度上动摇了封建官僚头脑中内存的传统伦理价值观绝对的、唯一的权威地位。显然其中是存在进步成分的，这是毋庸置疑的。但是也应看到这种既肯定新的价值观、又不否定传统伦理价值观的相对主义态度，事实上并未解决本已存在于其中的矛盾。这一矛盾具体体现在奕䜣、文祥、沈桂芬等在领导洋务运动的现实中，他们学习西方，“求富”“求强”，即逐步采行资本主义生产方式；而在思想深处，他们又时时遵循儒家经典，唯恐离经叛道，即坚持封建专制制度。如奕䜣在自己所著的《乐道堂文钞》自序中，就曾一再表白著述该书的宗旨是：“文以载道，六经皆载道之文也。故言文者必权舆于经”，否则即会“离经叛道矣”，以此表明他本人的所作所为完全是遵经守道的，这一点在《乐道堂文钞》的内容中表现的则更为具体。该文钞共一百二十篇，每篇大约四百字左右，皆以谈经论史的方式，表达作者的政治见解，其主要议题包括以下三个方面：

一是有关君臣关系：如他在《晏婴叔向语齐晋之事论》、《急亲贤之为务》、《为政以人才为先论》等文中指出：“天下之事以一人统之，不能以一人理之”，“故有主治者以综其要，必有辅治者以分其司”。因此，

---

① ［美］卫三畏：《中国总论》卷二，第 699 页。转引自［美］芮玛丽：《同治中兴——中国保守主义的最后抵抗》，房德邻等译，中国社会科学出版社 2002 版，第 46 页。

为君者要“急亲贤之为务”，“股肱耳目之任必有以得其人”；为臣者则“为君相匡救其失”，并强调“人臣之事君也，有犯无隐，况当国家倾覆之际，尤赖社稷之臣尽忠竭力为之革弊救衰，以培国脉而延国祚，若亡不能存，危不能安，亦何贵乎有谋臣耶？”

二是有关以礼治国：如他在《礼可以为国论》、《君子辨上下以定民志论》、《德教洽而民气乐论》等文中指出：“礼者国之干也，坏国者必先去其礼”，即指出礼治乃国家之根本，“安上治民莫善于礼”。因此，为君者必须要以礼治国，只有如此才会“德教洽民气乐”。

三是有关中外关系：如他在《魏绛和戎论》、《鲁卑郑不设备论》等文中指出：“戎不足为患，患在绥戎之不得其道”。在此他指出绥戎之道即为“和戎”、“怀远以德”，此外还要“备豫不虞”，“常以不虞为戒”。即要“设备”、“自强”。

在军机大臣文祥的自订年谱中，这一点同样也有所体现，在他的年谱中处处体现着忠于君主、忠于国家、忠于职守的道德理念，其门下士姚协赞读其年谱后，称：夫子“事亲之孝、谋国之忠出以自然，毫无缘饰，乃知言忠信、行笃敬，其推而皆准者”。[①] 而军机大臣宝鋆、沈桂芬虽无著述传世，但二人均为科举出身，这足以表明他们自幼便接受了良好的儒家传统教育，熟读经典，其言其行自是严格恪守儒家经典。显然，倡导“西学”的军机大臣们并未因“中体西用”的提出而摆脱对其浸润已久的“中学”的束缚，存在于他们内心深处的“中西”矛盾正日益加深。

“中体西用”这一二元价值观的矛盾不仅使奕䜣、文祥等在面对守旧派以传统的价值观念，诸如“尚礼仪不尚权谋；根本之图，在人心不在技艺”[②]、“事事施法西人，以逐彼奇技淫巧之小慧，而失我尊君亲上之民心”[③]攻击时，陷入理论的矛盾和困窘之中，不得不承认其“陈义甚

① （清）文祥：《文文忠公事略》，沈云龙主编：《近代中国史料丛刊》第22辑，第197页。

② 倭仁奏折，载《洋务运动》（二），上海人民出版社1959年版，第30页。

③ 王家璧奏疏，载《洋务运动》（一），上海人民出版社1959年版，第134页。

高、持论甚正”①,而只能以“道义空谈”、缺乏实效来作虚弱无力的辩解。不仅如此,这一矛盾更使他们在现实的改革中,只注重引进西方物质层面的坚船利炮,而拒绝引进西方的政治制度、法律制度和先进的思想观念,即没有能够进行政治改革。近代化是一个包括经济、政治、思想的综合系统工程,三者既相互影响,又相互制约,纵然前者是政治、思想的基础,但如果没有政治与思想方面的相应变革,经济的更大变革与进步也是不可能的。奕䜣、文祥等中枢主政大臣在第二次鸦片战争之后,虽然抓住了历史机遇,以“求强”“求富”为口号,发起了轰轰烈烈的洋务运动,但是如果考察其洋务的主要内容,大体以制炮、造船、筑路、开矿等为限,即他们谋求的仅是军事和经济的近代化,而未涉及政治与思想方面的变革。从而使中体西用的矛盾不仅未得以解决,反而进一步加深,最终导致“同治中兴”仅成为清末短暂一现的昙花。

① 奕䜣等奏折,载《洋务运动》(二),上海人民出版社1959年版,第31页。

结论：咸同朝军机大臣的历史地位

咸同两朝共历时二十四年，是清代历朝中罕见的短命王朝，其时间虽短，却是清代历史乃至中国历史转型过程中承上启下的关键时期。此时的中国因前所未有的内忧外患而真正遭逢了晚清重臣李鸿章所言之“三千余年一大变局”①。“变”成为了这一时代最为显著的特征。清王朝内部凡兵、漕、钱、盐、河、铜等“新章之更革，无不与时为推移”②，政治、经济、民族关系、中外关系等一系列体制都发生着转变。而身处变局之中“总揽军国大计”、“襄赞机务”之咸同朝军机大臣群体，其职掌、入职资格、思想观念、仕宦命运等，亦无不随之发生深刻变化。与此相应，他们在清代官僚体制、政治运作、历史发展过程中的重要地位与作用不仅未有减弱，反而愈益增强，这一点集中体现在他们于咸同两朝内政外交变革之中所发挥的重要作用上：

一、咸丰一朝，在内忧外患的双重打击之下，清王朝江山仅存半壁、首都沦陷，“天下糜烂，几于不可收拾”③。在此王朝生死存亡之际，咸

① 《李文忠公奏稿》卷十九。

② （清）王先谦：《东华续录》（咸丰朝）。

③ 《清朝野史大观》卷一，上海书店1981年版。

丰朝军机大臣群体迫于内外形势，顺应时代潮流“变以求通”。对内，他们协助咸丰帝调整满汉关系，首开晚清“亲用汉人”先河，并为团练的举办、厘金制度的推行提供来自中枢决策的支持，从而使曾国藩、李鸿章、胡林翼、左宗棠等汉督抚势力迅速崛起，日渐成为镇压太平天国农民战争的中坚力量；对外，在军机大臣文祥、焦祐瀛等主动应变派带动之下，整个清廷中枢决策层改变了“坚执定约、杜绝妄求”的既定方针，代之以“外敦信睦”“隐示羁縻”的新外交方针，并建立了近代化外交机构——总理各国事务衙门，对中国近现代历史有着深远影响的洋务运动亦由此发轫。咸丰朝军机大臣群体于内外政策的“变以求通”，使清王朝暂时地避免了覆亡的厄运，也为即将到来的“同治中兴”奠定了前期基础。

二、同治一朝，因时局、政局的激剧变动，太后垂帘与亲王军机大臣辅政体制由此应运而生。伴随恭亲王奕䜣以议政王名号入主军机处，军机大臣权力之大早已不同于前朝。同治朝军机大臣群体正是在“恭亲王议政时，略可专断”①的有利形势之下，继续深化咸丰朝原有的内政外交变革，且有所创新。对内，他们通过依畀控驭汉臣曾国藩、李鸿章、左宗棠等，渐次镇压了太平天国农民战争等严重威胁清政府统治的内患，并于战争尚未结束即开始了战后的恢复与重建工作，从而出现了“数年之间，区宇奠定如故”的中兴局面；对外，在同治朝军机大臣群体的力持之下，“外敦信睦”而“隐示羁縻”的守势外交方针得以全面贯彻实施，这一方针在一定程度上缓解了西方列强对中国的侵略，由此出现了清末中外相安的“和平景象”。同治朝“秉政”且“办夷”的军机大臣们抓住这一有利时机，于“练兵”、“制器”、“育才”、“海防”等诸多方面实施洋务新政，由此，近代中国国力在一定程度上有所增强，从而部分地实现了“有事可以御侮，无事可以示威”的自强目标。至此，咸丰、同治两代帝王在两朝军机大臣群体的襄助之下，不仅使清王朝暂时摆脱了即将覆亡的厄运，而且使这个没落的王朝于军事、经济、文化教育等

① （清）金梁：《光宣小记》，民国癸酉刊本，第55—56页。

方面呈现出一些革新景象，此即为“同治中兴”。

综上，身处变局之中的咸同朝军机大臣，迫于内忧外患的紧迫形势，顺应历史潮流，襄助清最高统治者于政治、经济、军事、外交等诸多领域进行变革，从而镇压了几乎遍布全国的农民大起义。战后他们又采取了多种措施，颇为有效地恢复了封建社会经济、统治秩序，使人民生活得到了暂时的安定，也令奄奄一息的清王朝起死回生，出现了晚清史上难得一见的中兴景象。同时他们主张向西方学习，在中央实施诸多洋务新政也使中国在近代化的道路上迈出了重要的第一步。这些作为是难能可贵的，是值得肯定的。

但是，正如前文所述，“没人能够真正地超出他的时代，正如没有人能够超出他的皮肤。”①即便是作为这个时代的领跑者、先觉者的军机大臣群体也无法超越生于斯、长于斯的客观历史环境，他们无时不囿于自身的教育经历、知识储备、封建道德理念的局限，从而令其对自己所主持的中兴事业始终是穷于应付，急则治标，虽有一些计划，但对此却并无整体规划和远景目标。而内存于军机大臣自身的“中体西用”二元价值观的矛盾，又使诸多改革仅局限于军事与经济领域，而无法推向最为根本的政治领域。加之，他们所主持的各项洋务事业，又受到了来自内外，即本国封建顽固势力与西方资本主义侵略势力的双重阻挠与压制。所有种种使他们所领导的各项革新最终出现了进两步而退一步的尴尬局面。而与咸同两朝军机大臣在内政方面一以贯之的“亲用汉人”、兵制变革、厘金制度推行、深化相伴相生的则是清廷中央人事任免权、军权、财权的渐落地方，封建王朝赖以存续的高度中央集权的统治秩序自此已不复存在，从而为其最终的覆灭埋下了伏笔。此亦咸同朝军机大臣们所始料未及，但这也足以反映一个更深层次的问题，即清封建王朝统治的最终覆灭是中国近代历史发展的大势所趋。

① (德)黑格尔:《哲学史讲演录》第一卷,第57页。

附录1　咸同朝军机大臣军机处职任事迹一览表

姓名	籍贯	民族	入值年龄	出身	在值职务变动情况	在值其间主要活动
祁寯藻	山西寿阳	汉	48岁	进士	道光二十一年九月初八日由户部尚书入值；二十九年七月初四日协办大学士；三十年六月初三日升任大学士，初十日授体仁阁名号；咸丰二年三月初二日加太子太保；四年十一月廿五日休。	在值凡十四年。道光二十六年，协尚书文庆查办长芦盐政；二十九年，赴甘肃勘事；历管户部、工部事。咸丰元年始，辅佐新皇开言路，起用旧臣；先后与穆彰阿、肃顺不协。

续表

姓名	籍贯	民族	入值年龄	出身	在值职务变动情况	在值其间主要活动
赛尚阿	正蓝旗	蒙	38岁	翻译举人	道光十五年七月十七日由工部右侍郎学习入值；十六年十一月廿一日调户部右侍郎；十七年七月初七日调察哈尔都统，出。道光二十一年正月初九日由理藩院尚书复入值，五月廿六日调工部尚书；二十五年二月廿二日调户部尚书；道光三十年十月廿八日协办大学士；咸丰元年正月初一日任大学士，廿一日授文华殿名号；咸丰二年九月初二日革逮。	在值凡十四年。二十二年任钦差大臣赴天津办理防务；咸丰元年三月任钦差大臣，四月赴广西督办军务。历管理藩院、工部、户部事务。
何汝霖	江苏江宁	汉	60岁	举人	道光二十年三月初六日由大理寺少卿学习入值，十九日升宗人府府丞；二十一年十二月初十日调都察院左副都御史；二十二年五月十一日升兵部右侍郎，十一月初六日调户部右侍郎；二十四年十二月十七日调户部左侍郎；二十五年四月廿六日升兵部尚书；二十七年五月初八日，忧。二十九年九月廿四日由一品衔署礼部左侍郎复入值，十月初二日署户部尚书；三十年五月十九日任礼部尚书；咸丰二年三月十七日出。	在值凡十二年。历管兵部、礼部事。

续表

姓名	籍贯	民族	入值年龄	出身	在值职务变动情况	在值其间主要活动
季芝昌	江苏江阴	汉	59岁	探花	道光二十九年九月十四日由署吏部右侍郎入值,十二月初三日任户部左侍郎;三十年六月初四日升都察院左都御史;咸丰元年五月十九日调闽浙总督,出。	在值凡二年。
穆荫	正白旗	满	38岁	官学生	咸丰元年三月初九日由内阁待读、五品京堂候补学习入值,十二月廿一日升国子监祭酒;二年二月十七日升光禄寺卿,旋升内阁学士;三年四月十六日署工部右侍郎,九月初五日升礼部左侍郎;四年十月廿一日调吏部右侍郎;八年十二月廿九日升理藩院尚书;九年十二月初七日调兵部尚书;十一年七月十六日任赞襄政务大臣,九月廿八日革。	在值凡十一年。咸丰三年,协僧格林沁等办理京旗各营巡防事宜;十年协怡亲王载垣赴通州与英法联军议和;八月扈从热河行在;十一年七月任赞襄政务大臣。历管光禄寺、理藩院、兵部事。
舒兴阿	正蓝旗	满	54岁	进士	咸丰元年四月初三日由户部左侍郎入值,闰八月廿八日署陕甘总督,出。	在值凡四个月。

续表

姓名	籍贯	民族	入值年龄	出身	在值职务变动情况	在值其间主要活动
彭蕴章	江苏长洲	汉	58岁	进士	咸丰元年五月廿六日由工部右侍郎入值;三年十二月廿六日调兵部左侍郎;四年三月十二日调礼部左侍郎,五月初三日升工部尚书;五年十二月十六日协办大学士;六年十一月初一日授大学士,十一日授文渊阁名号;八年九月廿一日改武英殿大学士;十年六月初十日出。	在值凡十年。充实录馆总裁、玉牒馆总裁、上书房总师傅;历充会试、朝考考官及阅卷大臣;历管工部、户部三库事务。
邵灿	浙江余姚	汉	不详	进士	咸丰二年五月十三日由吏部左侍郎入值;咸丰三年十二月廿五日升漕运总督,出。	在值凡二年。
麟魁	镶白旗	满	60岁	进士	咸丰二年五月十三日由户部右侍郎入值,七月廿六日升工部尚书;三年九月初五日调礼部尚书,十月初七日任总管内务府大臣,出。	在值凡一年。历管工部、礼部事务。

续表

姓名	籍贯	民族	入值年龄	出身	在值职务变动情况	在值其间主要活动
恭亲王奕訢	宗室	满	20岁	亲王	咸丰三年十月初七日由亲王入值；咸丰五年七月廿一日革。咸丰十一年十月初一日由议政王、总理各国事务衙门管理大臣复入值；同治四年三月初七日革去一切差使，三月十六日复任总理各国事务衙门管理大臣，四月十四日复入值，去议政王称号；七年二月初五日节制各路统兵大臣；十三年七月卅日降为郡王，八月初一日复亲王；光绪十年三月十三日开去一切差使，出。	在值凡二十四年。同治、光绪两朝，以亲王军机大臣辅弼幼帝；率众军机大臣依畀控驭曾国藩、左宗棠等汉臣，镇压太平天国农民起义；兼任总理各国事务衙门管理大臣，于中央主持洋务新政；中日甲午战争时期，主外交、军务。
瑞麟	正蓝旗	满	46岁	进士	咸丰三年十月初七日由户部右侍郎入值；四年十月廿一日调吏部右侍郎；五年四月廿七日升西安将军，出。	在值凡二年。
杜翰	山东滨州	汉	48岁	进士	咸丰三年十二月廿六日由工部左侍郎入值；八年九月初九日丁母忧，出。九年十月初七日由署吏部右侍郎复入值；十年九月初四日署礼部右侍郎；十一年七月十六日任赞襄政务大臣，九月卅日革。	在值凡七年。咸丰八年四月，专办京城各旗营巡防事宜；十年八月扈从热河行在；十一年七月任赞襄政务大臣。

续表

姓名	籍贯	民族	入值年龄	出身	在值职务变动情况	在值其间主要活动
文庆	镶红旗	满	42岁	进士	道光十七年六月十六日由户部左侍郎学习入值;十九年十二月廿四日出。道光二十七年五月初九日,由兵部尚书复入值,八月十九日署陕甘总督;二十八年二月初八日,调吏部尚书,初九日任总管内务府大臣,出。咸丰五年七月廿一日由户部尚书复入值,九月初十日协办大学士,十月廿日加太子太保,十二月十九日授文渊阁大学士;咸丰六年十一月十一日改武英殿大学士,十七日卒。	在值凡四年。充实录馆总裁,上书房总师傅;充殿试读卷官、朝考阅卷官;历管户部、吏部事。倡言消除满汉畛域,重用汉臣,荐举曾国藩、胡林翼等。
柏葰	正蓝旗	蒙	61岁	进士	咸丰六年十一月十八日由户部尚书入值,十二月廿六日协办大学士;八年九月廿一日授文渊阁大学士,十月廿六日革。	在值凡二年。
匡源	山东胶州	汉	43	进士	咸丰八年五月廿四日由吏部左侍郎学习入值;十一年七月十六日任赞襄政务大臣,九月卅日革。	在值凡三年。咸丰十年八月扈从热河行在。十一年七月任赞襄政务大臣。

续表

姓名	籍贯	民族	入值年龄	出身	在值职务变动情况	在值其间主要活动
文祥	正红旗	满	41岁	进士	咸丰八年五月廿四日由内阁学士署刑部左侍郎学习入值，六月十七日升礼部右侍郎，十二月廿九日调吏部右侍郎；九年十月廿六日调工部右侍郎，十一月廿日调户部左侍郎；十年八月初九日命留京署步军统领；咸丰十一年十月初一日仍由户部左侍郎入值；同治元年正月十六日升都察院左都御史，闰八月十六日调工部尚书；三年七月初二日加太子太保；五年二月十五日调吏部尚书；十年二月廿八日协办大学士；十一年六月十一日授大学士，七月初七日授体仁阁大学士名号；十三年十二月初二日改武英殿大学士；光绪二年五月初四日卒。	在值凡十八年。咸丰十年八月留京署步军统领，随恭亲王奕䜣与英法议和，十二月以军机大臣兼管总理各国事务衙门；同治四年十二月办理奉天防务。历管工部、吏部事。时国家多故，屡疏陈大计，言甚切至。
焦祐瀛	直隶天津	汉	不详	举人	咸丰十年十月廿八日由太常寺少卿学习入值；十一年七月十六日任赞襄政务大臣，九月卅日革。	在值凡一年。咸丰十一年七月任赞襄政务大臣。
景寿	镶黄旗	满	26岁	额驸	具体入值时间不详。咸丰十一年七月十六日任赞襄政务大臣九月卅日革。	咸丰十一年七月任赞襄政务大臣。

续表

姓名	籍贯	民族	入值年龄	出身	在值职务变动情况	在值其间主要活动
桂良	正红旗	满	76岁	贡生	咸丰十一年十月初一日由太子太保、文华殿大学士、总理各国事务衙门管理大臣入值；同治元年六月廿一日卒。	在值凡一年。兼任总理各国事务衙门管理大臣。
沈兆霖	浙江钱塘	汉	61岁	进士	咸丰十一年十月初一日由户部尚书入值；同治元年七月初四日卒。	在值凡一年。
宝鋆	镶白旗	满	55岁	进士	咸丰十一年十月初一日由户部右侍郎入值；同治元年正月十七日调户部左侍郎，二月初八日升户部尚书；四年七月初二日加太子少保；十一年六月十一日调吏部尚书，九月十九日加太子太保；十三年三月初四日协办大学士，八月初三日调兵部尚书，十一月初十日任大学士，十二月初二日授体仁阁名号；光绪三年二月十九日改武英殿大学士；五年三月廿六日加太子太傅；十年三月十三日休致。	在值凡二十二年。咸丰十一年十月入值总理各国事务衙门；历充实录馆总裁、国史馆总裁、文渊阁领阁事、实录馆监修总裁；历管户部、兵部、吏部事。

续表

姓名	籍贯	民族	入值年龄	出身	在值职务变动情况	在值其间主要活动
曹毓英	江苏江阴	汉	49岁	举人	咸丰十一年十月初一日由鸿胪寺少卿学习入值;同治元年正月廿六日升大理寺卿;同治元年正月初二日升工部左侍郎,二月初九日调兵部左侍郎;同治四年二月廿二日升都察院左都御史,十一月十一日调兵部尚书;同治五年三月廿日卒。	在值凡五年。管兵部事。因习知内外政令、谙熟掌故、虑事周全,故有"同治初政主于奕䜣,辅之者毓英也"之说。
李棠阶	河南河内	汉	65岁	进士	同治元年闰八月十三日由都察院左都御史入值;二年二月初九日调工部尚书;三年七月初二日加太子少保,廿五日调礼部尚书;四年十一月初九日卒。	在值凡三年。充实录馆总裁;充乡、会试考官、阅卷大臣。

续表

姓名	籍贯	民族	入值年龄	出身	在值职务变动情况	在值其间主要活动
李鸿藻	直隶高阳	汉	46岁	进士	同治四年十一月十一日由内阁学士学习入值;五年二月廿四日升礼部右侍郎,三月初七日调户部右侍郎,十月十六日病解。七年十月十五日由服阕户部右侍郎入值,并署礼部左侍郎;八年六月廿一日任户部右侍郎;十年七月廿六日升左都御史;十一年八月初八日调工部尚书,九月十九日加太子少保;光绪三年九月十四日忧。六年正月初八日由前服阕工部尚书复入值;七年正月初三日任兵部尚书,六月廿九日协办大学士;八年正月廿四日调吏部尚书;十年三月十三日开去一切差使,降调,出。二十年十月初六日由太子少保、礼部尚书复入值;二十二年十月廿八日协办大学士,卅日调吏部尚书;二十三年六月廿五日卒。	在值凡十八年。同治帝师;兼任总理各国事务衙门大臣;充乡、会、殿试阅卷大臣;历管兵部、吏部事。
胡家玉	江西新建	汉	53岁	探花	同治五年三月廿九日由都察院左副都御史学习入值,七月初十日升兵部左侍郎,十二月初六日革留,出。	在值凡八个月。

续表

姓名	籍贯	民族	入值年龄	出身	在值职务变动情况	在值其间主要活动
汪元方	浙江余杭	汉	43岁	进士	同治五年十月十六日由都察院左都御史入值；六年十月初六日卒。	在值凡十二个月。
沈桂芬	顺天宛平	汉	49岁	进士	同治六年十月十五日由署礼部右侍郎学习入值；七年三月廿八日调户部左侍郎，七月十一日调吏部左侍郎；八年六月廿一日升都察院左都御史，十月初九日入值总理各国事务衙门；九年四月初八日调兵部尚书；十一年九月十九日加太子少保；光绪元年正月初一日协办大学士；五年三月廿六日加太子太保；六年十二月卅日卒。	在值凡十四年。同治七年十一月充方略馆总裁；八年十月入值总理各国事务衙门；十一年六月充国史馆总裁；光绪二年充玉牒馆总裁；三年五月充教习庶吉士，九月充实录馆总裁；四年五月充翰林院掌院学士。历管兵部、国子监事。继文祥后以谙究外情著称之军机大臣。

说明：

资料来源：《清实录》、《清史稿校注》、《清国史》、《咸丰同治朝上谕档》、《古今人生日考》等。

以上27人中，2人（邵灿、焦祐瀛）入值年龄不详。入值年龄明确的25人中，省县籍共14人，其平均入值年龄为45岁；旗籍（满、蒙、汉）共11人，其平均入值年龄为55岁。

27人中，15人为省县籍，12人为旗籍。

满八旗10人；汉人15人；蒙八旗2人。

省县籍中，江苏籍6人；浙江籍2人；山东籍2人；江西、山西、直隶、河南籍各1人。

附录2　景寿是否入值军机处考

景寿(1835—1889),富察氏,出身满洲镶黄旗,道光时期御前大臣一等公博启图之子,道光二十四年(1844)二月指为寿恩固伦公主之额驸。于咸丰一朝历任御前侍卫、正蓝旗蒙古副都统、御前大臣、镶红旗蒙古都统、镶蓝旗蒙古都统、正白旗领侍卫内大臣等职。咸丰帝临终之时,任命其与载垣、肃顺等八人为赞襄政务大臣,辅佐新帝。

历数以上景寿于咸丰朝之任职履历,并无其入值军机处的记载。查《咸丰同治两朝上谕档》、《清史稿》军机大臣年表,以及今人钱实甫编《清代职官年表》军机大臣年表、魏秀梅编《清季职官表》军机大臣年表,亦均无景寿入值军机处之记载。但笔者却于《咸丰同治两朝上谕档》中发现三件谕旨,有景寿"著退出军机处"之字样。那么,既无景寿入值军机处之记录,又怎来的景寿退出军机处之结果呢?这着实是个谜团,笔者不揣浅陋,试对这一问题进行考证,以求方家指正。

一

笔者所指三件谕旨分别是:

第一件谕旨：

谕王公百官等、上年海疆不靖，京师戒严，总由在事之王大臣等筹画乖方所致，载垣等复不能尽心和议，徒以诱获英国使臣，以塞己责，以致失信于各国，淀园被扰，我皇考巡幸热河，实圣心万不得已之苦衷也。幸赖天祖默佑恭亲王等和议告竣，厥功甚巨。皇考屡召王大臣议回銮之旨，而载垣、端华、肃顺朋比为奸，总以夷情反覆，力排众论。皇考宵旰焦劳，更兼口外严寒，以致圣体违和，竟于本年七月十七日，龙驭上宾。朕抢天号地，五内如焚。追思载垣等从前蒙蔽之罪，非朕一人痛恨，实天下臣民所痛恨者也。朕御极之初，即欲重治其罪，惟思伊等系顾命之臣，故暂行宽免，以观后效。孰意八月十一日，朕召见载垣等八人，因御史董元醇敬陈管见一折，内称请皇太后暂时权理朝政，俟数年后，朕能亲裁庶务，再行归政。又请于亲王中简派一二人，令其辅弼。又请在大臣中简派一二人，充朕师傅之任。以上三端，深合朕意。虽我朝向无皇太后垂帘之仪，朕受皇考大行皇帝付托之重，惟以国计民生为念，岂能拘守常例，此所谓事贵从权。特面谕载垣等著照所请传旨，该王大臣奏对时，哓哓置辩，已无人臣之礼。拟旨时又阳奉阴违，擅自改写，作为朕旨颁行，是诚何心？且载垣等每以不敢专擅为词，此非专擅之实迹乎？总因朕冲龄，皇太后不能深悉国事，任伊等欺蒙，能尽欺天下乎？此皆伊等辜负皇考深恩，朕若再事姑容，何以仰对在天之灵，又何以服天下公论。载垣、端华、肃顺著即解任，景寿、穆荫、匡源、杜翰、焦佑瀛著退出军机处。派恭亲王会同大学士六部九卿翰詹科道，将伊等应得之咎，分别轻重，按律秉公具奏。至皇太后应如何垂帘之仪，著一并会议具奏。特谕。①

第二件谕旨：

咸丰十一年九月十八日内阁奉上谕：谕王公百官等、（上年被去掉）海疆不靖，京师戒严，总由在事之王大臣等筹画乖方所致，载垣等复不能尽心和议，徒以诱获英国使臣，以塞己责，以致失信于各国，淀园被扰，我皇考巡幸热河，实圣心万不得已之苦衷也。嗣经总理各国事务衙门王大臣等，将各国应办事宜，妥为经理，都城内外，安谧如常。皇考屡召王大臣议回銮之旨，而载垣、端华、肃顺朋比为奸，总以外国情形反覆，力排众论。皇考宵旰焦劳，更兼口外严寒，以致圣体违和，竟于本年七月十七日，龙驭上宾。朕抢地呼天，五内如焚。追思载垣等从前蒙蔽之罪，非朕一人痛恨，实天下臣民所痛恨者也。朕御极之初，即欲重治其罪，惟思伊等系顾命之臣，故暂行宽免，以观后效。孰意八月十一日，朕召见载垣等八人，因御史董元醇敬陈管见一折，内称请皇太后暂时权理朝政，俟数年后，朕能亲裁庶务，再行归政。又请于亲王中简派一二人，令其辅弼。又请在大臣中简派一二人，充朕师傅之任。以上三端，深合朕意。虽我朝向无皇太后垂帘之仪，朕受皇考大行皇帝付托之重。惟以国计民生为念，岂能拘守常例，此所谓事贵从权。特面谕载垣等著照所请传旨，该王大臣奏对时，哓哓置辩，已无人臣之礼。拟旨时又阳奉阴违，擅自改写，作为朕旨颁行，是诚何心？且载垣等每以不敢专擅为词，此非专擅之实迹乎？总因朕冲龄，皇太后不能深悉国事，任伊等欺蒙，能

① 中国第一历史档案馆编：《咸丰同治两朝上谕档》第十一册，广西师范大学出版社1998年版，第374页—375页。

尽欺天下乎？此皆伊等辜负皇考深恩，朕若再事姑容，何以仰对在天之灵，又何以服天下公论。载垣、端华、肃顺著即解任，景寿、穆荫、匡源、杜翰、焦佑瀛著退出军机处。派恭亲王会同大学士六部九卿翰詹科道，将伊等应得之咎，分别轻重，按律秉公具奏。至皇太后应如何垂帘之仪，著一并会议具奏。特谕。钦此。①

以上两件谕旨后附：

九月三十日发下交内阁发抄。

此件谕旨系九月十八日热河由内缮定，三十日发下另缮一道递上，钤圈发下交抄原件缴进，内有面奉，谕旨酌改添减字句均用黄签粘出，档内照粘黄签备查。②

据此可知，以上两件谕旨，第一件为咸丰十一年(1861)九月十八日由内缮定，而据咸丰十一年(1861)九月三十日谕旨：

前因载垣、端华、肃顺等三人种种跋扈不臣，朕于热河行宫命醇郡王奕譞缮就谕旨将载垣等三人解任。③

可知，谕旨后附说明中的"由内缮定"，即为两宫太后于热河行在，命醇郡王奕譞缮定该谕旨。其中对载垣、肃顺等辅政八大臣采取了第

① 中国第一历史档案馆编：《咸丰同治两朝上谕档》第十一册，广西师范大学出版社1998年版，第375页—376页。

② 中国第一历史档案馆编：《咸丰同治两朝上谕档》第十一册，广西师范大学出版社1998年版，第376页。

③ 中国第一历史档案馆编：《咸丰同治两朝上谕档》第十一册，广西师范大学出版社1998年版，第377页。

一步处理方式，即："载垣、端华、肃顺著即解任，景寿、穆荫、匡源、杜翰、焦佑瀛著退出军机处。"第二件谕旨则是将前一谕旨经由内阁发抄，向文武百官宣谕。该谕旨由此经过了第一轮改动（见第二件谕旨阴影处），但"景寿、穆荫、匡源、杜翰、焦佑瀛著退出军机处"并无变动。熟悉这段历史者即可知，该谕旨正是两宫太后联合恭亲王奕訢发动辛酉政变，讨伐载垣、肃顺等八位辅政大臣的檄文，被赋予了此种政治涵义的谕旨更要求其内容准确，不仅要让政敌无所辩白、心服口服，且要在朝文武百官共信之，由此达到团结一致，共同讨伐敌人之目的。而此件谕旨之缮定人为醇郡王奕譞，乃咸丰帝之七弟，慈禧太后之妹婿，与慈禧太后的关系可谓亲上加亲。据记载，咸丰帝北狩热河期间，奕譞奉旨侍奉其母乌雅氏赴热河，十一年（1861）七月请假回京，咸丰帝病逝后又返回热河。基于此，其对热河行在的政情应较为了解，由他亲手执笔的谕旨，显然内容（至少有关热河行在的人事安排）之准确程度应不容置疑。且该谕旨关系重大，两宫太后特别是慈禧太后必仔细阅读，后又经过内阁的改动抄发，出错的可能性微乎其微。

我们再来看第三件谕旨，即咸丰十一年（1861）九月三十日谕旨：

圣鉴事咸丰十一年九月三十日奉上谕：谕王公百官等，上年海疆不靖，京师戒严，总由在事之王大臣等筹画乖方所致，载垣等复不能尽心和议，徒以诱获英国使臣，以塞己责，以致失信于各国，淀园被扰，我皇考巡幸热河，实圣心万不得已之苦衷也。嗣经总理各国事务衙门王大臣（等被去掉），将各国应办事宜，妥为经理，都城内外，静谧如常。皇考屡召王大臣议回銮之旨，而载垣、端华、肃顺朋比为奸，总以外国情形反覆，力排众论。皇考宵旰焦劳，更兼口外严寒，以致圣体违和，竟于本年七月十七日，龙驭上宾。朕抢地呼天，五内如焚。追思载垣等从前蒙蔽之罪，非朕一人痛恨，实天下臣民所痛恨者也。朕御极之初，即欲重治其罪，惟思伊等系顾命之臣，故暂行宽免,以观后效。孰意八月十一日,朕召见载垣等八人,因御史董元醇敬陈管见一折,内称请皇太后暂时权理朝政,俟数年后,朕能亲裁庶政,再行归政。又请于亲王中简派一二人,令其辅弼。又请在大臣中简派一二人,充朕师傅之任。以上三端,深合朕意。虽我朝向无皇太后垂帘之仪,朕受皇考大行皇帝付托之重,惟以国计民生为念,岂能拘守常例,此所谓事贵从权。特面谕载垣等著照所请传旨,该王大臣奏对时,哓哓置辩,已无人臣之礼,拟旨时又阳奉阴违,擅自改写,作为朕旨颁行,是诚何心?且载垣等每以不敢专擅为词,此非专擅之实迹乎?总由朕冲龄,皇太后不能深悉国事,任伊等欺蒙,能尽欺天下乎?此皆伊等辜负皇考深恩,朕若再事姑容,何以仰对在天之灵,又何以服天下公论。载垣、端华、肃顺著即解任,景寿、穆荫、匡源、杜翰、焦佑瀛著退出军机处。派恭亲王会同大学士六部九卿翰詹科道,将伊等应得之咎,分别轻重,按律秉公具奏。至皇太后应如何垂帘之仪,著一并会议具奏。特谕。①

该谕旨为前文"三十日发下另缮一道递上"之谕旨,已然做了第二次改动(见阴影处)。而"景寿、穆荫、匡源、杜翰、焦佑瀛著退出军机处"字样仍保持原状。

由以上分析可见,作为辛酉政变讨贼檄文的这件著名谕旨,由醇郡王奕譞于热河行在缮定,经两宫太后过目,于文武百官前当众宣读,并交内阁抄发,公诸天下。仅在现今遗留下来的上谕档中,就有原谕旨和改动后谕旨共三份,经过数次重大改动,但谕旨中有关"景寿、穆荫、匡源、杜翰、焦佑瀛著退出军机处"字样却始终如一。这显然说明包括身

① 中国第一历史档案馆编:《咸丰同治两朝上谕档》第十一册,广西师范大学出版社1998年版,第390页。

处热河行在、经历了与载垣、肃顺等八大臣殊死较量的两宫太后，往返于热河、京城间的奕譞，及留守于京城的以恭亲王奕䜣为首的诸多文武官员，均认可了这件谕旨中有关“景寿、穆荫、匡源、杜翰、焦佑瀛著退出军机处”的事实。显然，著景寿退出军机处，即是确认了景寿曾入值军机处这一事实。

二

关于景寿入值军机处一事，不仅在上述官方档案中有所记载，而且在时人日记中亦留下了一些蛛丝马迹。如当时恭党的重要成员李慈铭在其著名的《越缦堂国事日记》中就曾写下了这样一段话：

> 大行未命，懿亲如惠邸之尊属，恭邸之重任，皆不得聆玉几之言，受付金瓯之托，中外駴惑，谓非圣意。自后行在诸所设施，失礼不经，多违祖法。而一切章奏，皆云军机处赞襄政务王大臣奉旨处分，传钞天下，然先帝固未有载垣等三人入军机之命也，是其乘间攘权，欺蔽耳目。①

在此，我们暂且将李慈铭因为恭亲王奕䜣辅政摇旗呐喊，而攻击载垣、肃顺等八大臣“乘间攘权”这一政治目的放置一边，仅看其中与本文所论相关之一点，即：“然先帝固未有载垣等三人入军机之命也”。由前文所列举之谕旨可知，咸丰帝于临终之际，命载垣、肃顺等八人为赞襄政务大臣，辅佐幼帝。李慈铭日记中所称之载垣等三人，即被时人目为三奸的载垣、端华、肃顺。由此不难推断，八人中此三人未入值军机处，那么景寿、穆荫等其余五人皆应入值军机处，这显然与前面所得出的结

① （清）李慈铭：《越缦堂国事日记》，沈云龙主编：《近代中国史料丛刊续编》594辑，第538—539页。

论吻合。

此外,晚清重臣曾国藩在其咸丰十一年(1861)十一月十七日的日记也有相关记载:

> 有云赞襄政务王大臣八人中,载垣、端华、肃顺一并拿问,余五人逐出枢垣。服太后之英断,为自古帝王所仅见,相与钦悚久之。①

清人朱士彦于《枢垣记略》序中指出:"自雍正年间仿唐、宋枢密院之规设立办理军机处,职掌之要,冠于朝端。"②清代"军机处名不师古,而丝纶出纳,职居密勿。""军国大计,罔不总揽。自雍、乾后百八十年,威命所寄,不于内阁而于军机处,盖隐然执政之府矣。"③因此,时人将其比作宋代的枢密院或汉代的尚书省,故军机处又有"枢垣"一称。这样就不难理解曾国藩日记中所言"余五人逐出枢垣"之意,即等同于谕旨中"景寿、穆荫、匡源、杜翰、焦佑瀛著退出军机处"。这显然说明著景寿退出军机处,即景寿入值军机处这一事实再一次得到确认。显然,时人李慈铭、曾国藩日记中的记载又为景寿入值军机处提供了重要的佐证。

三

我们再来看景寿于咸丰一朝的任职履历,其中有担任御前大臣一

① (清)曾国藩:《曾国藩全集·日记》,岳麓书社1995年版,第685页。

② (清)梁章钜等:《枢垣记略》,中华书局1984年版,第3页。

③ (清)赵尔巽等撰:《清史稿校注》卷一百八十四,国史馆校注,台湾商务印书馆1999年版。

职的记录。[1] 而清代又有御前大臣不得兼任军机大臣之制,[2]显然御前大臣景寿入值军机处是有违清代祖制的。但是,查考以往咸丰朝历史,我们会发现咸丰帝绝不是一位拘泥于祖制的君主,在赞襄机务之军机大臣任命的问题上尤为如此。例如,咸丰元年(1851)三月,奕詝即位伊始,便"命内阁侍读(从五品)穆荫以五品京堂候补,在军机大臣上学习行走"[3]。此举打破了由其祖父嘉庆帝创造的任命五品官员入值军机处的记录。[4] 清代有关军机大臣入值本职品级虽无定制,但雍乾时期简用军机大臣多以从二品以上官员选授为原则,[5]嘉道时期虽有突破,但仍以正五品官员加衔入值为底限。咸丰帝此举遭致朝臣们的反对,给事中苏廷魁奏称:穆荫"超擢太骤"、"易启幸进之门",咸丰帝颁下上谕,不仅狠狠地批驳苏廷魁:"黜陟自下,巧为尝试,尤属乱道。"而且还宣称:"夫军机大臣,本为要任,满汉兼用,断不应稍有区别。朕用人行政,一秉大公,从无分于满汉。穆荫人亦中材,朕本欲添派满洲军机大臣,惟内断于心,亲加选擢,黜陟大柄,朕自持之,非诸臣所可轻议也。"[6]咸丰帝不仅在军机大臣穆荫身上屡违祖制,对自己同父异母弟

---

① 咸丰五年四月丁酉日:"命御前侍卫景寿,在御前大臣上学习行走。"见《清文宗实录》卷一百六十四,咸丰五年四月丁酉;咸丰六年正月己未朔日:"以学习御前大臣景寿、奕山为御前大臣。"见《清文宗实录》卷一百八十八,咸丰六年正月己未朔。

② 据嘉庆四年六月甲辰日谕旨"从前和珅揽权专政,将各省奏报、及在京各衙门奏折任意压搁,最为伊罪之大者。盖由和珅以军机大臣兼御前大臣,权势过重,内外官员畏其声势,不敢违拗。是以朕亲政以来,军机大臣及御前大臣彼此不令相兼,所以杜专权而防壅蔽。"(见《清仁宗实录》卷四十七,嘉庆四年六月甲辰)可知,自嘉庆四年六月十七日始,御前大臣不得兼任御前大臣成为定制。

③ 《清文宗实录》卷二十九,咸丰元年三月丙申。

④ 嘉庆朝:"吴熊光以通政司参议(正五品)加三品衔在军机处学习行走","卢荫溥以光禄寺少卿(正五品)加四品衔在军机大臣上学习行走"。见《清史稿校注》卷一百七十六,国史馆校注,台湾商务印书馆 1999 年版。

⑤ 本文采用了傅宗懋先生有关军机大臣入值资格的观点。参见傅宗懋:《清代军机处组织及职掌之研究》,台湾嘉新水泥 1967 年版,第 170 页。

⑥ 《清文宗实录》卷三十,咸丰元年三月癸卯。

恭亲王奕䜣也同样如此。咸丰三年(1853),咸丰帝“命恭亲王奕䜣在军机大臣上行走。”①这显然又违背了清代亲王不能入值军机处的定制,②奕䜣于咸丰朝军机处在值近三年,咸丰五年(1855)七月,方因办理皇太后丧仪“疏略”,被咸丰帝逐出军机处。综上亦可推断,在太平天国业已占据半壁江山、英法联军兵临城下之时,躲在热河行在的咸丰帝完全有可能再次打破祖宗之常例,吸纳御前大臣景寿入值军机处,特别是在军机处乏人之际,这种概率就变得更大了。

我们再来看此时热河行在军机处的情形,据《清史稿》载:咸丰十年(1860)共有军机大臣六位,即彭蕴章、穆荫、匡源、杜翰、文祥、焦佑瀛。其中首席军机大臣彭蕴章已于六月初十日离开军机处,文祥于八月初九日留京,穆荫虽于八月初八日扈从热河行在,但九月十二日即丁父忧,焦佑瀛于十月二十八日方入值军机处。③ 这样从咸丰帝八月初八日北狩热河,到十月二十八日焦佑瀛入值军机处,两月间军机处只有三位军机大臣,首席军机大臣穆荫九月十二日丁忧后,仅余下两位军机大臣,即匡源与杜翰,且这二位大臣在首揆缺席之时还处于群龙无首的状态。而军机处另一重要职官军机章京最初也未扈从热河行在。④ 不难想象,军机处作为清代对“军国大计,罔不总揽”的宰辅之区,此种状况着实令人堪忧。枢垣乏人以及皇帝对此极为焦虑之景况,从这一时期,咸丰帝颁布的几道谕旨中就可窥其一般。如“迅传该章京等,兼程前

---

① 《清文宗实录》卷三百二十八,咸丰十年八月壬申。

② 据嘉庆四年十月丁未日上谕:“谕内阁、本朝自设立军机处以来,向无诸王在军机处行走,正月初闲,因军机处事务较繁,是以暂令成亲王永瑆入直办事。但究与国家定制未符。成亲王永瑆,著不必在军机处行走。”《清仁宗实录》卷五十三,嘉庆四年十月丁未。

③ (清)赵尔巽等撰:《清史稿校注》卷一百八十四,国史馆校注,台湾商务印书馆1999年版。

④ 据咸丰十年八月壬申日上谕:“现在军机章京,均尚未到,所有折件,发交文祥,即令该章京等钞录存案,原折发还各省。”《清文宗实录》卷三百二十八,咸丰十年八月壬申。

来。毋得玩视公事,致干重咎。将此由六百里加紧谕令知之"①。"穆荫现丁父忧,军机处现在事务较繁,著赏假十四日,经理丧事,假满即行当差,俟回京后再补行穿孝"②。"军机大臣自随扈以来,诸务繁多举凡承旨书谕,并札咨事件倍于平时"③。"现在军机处,事繁人少,焦祐瀛著即赴行在当差。所有津南弹压土匪事宜,著交张之万、陈鸿翊办理。将此由五百里谕令知之。"④等等。

朝中急需人才而又偏偏缺乏人才,这一相互矛盾着的事实,极有可能令咸丰帝再次打破祖制,于未发布任命上谕的情况下,令自己的姐夫——御前大臣景寿入值军机处。但因其任职时间短暂,且于热河行在,更为重要的是御前大臣兼任军机大臣毕竟有违祖制,故此事秘而不宣。因此,《咸丰同治两朝上谕档》中并无景寿入值军机处之记载,而这也正是清代军机大臣入值军机处最为有力的证据,后世史家即凭借此点认定景寿并未入值军机处。但是,逝去的历史必定会留有其痕迹,笔者虽未从中找到可以证明景寿入值军机处准确时间的有力证据,但上述官私著作中有关此事的记载早已强有力地证明了景寿曾经入值军机处这一历史事实。

本文刊载于《历史教学》2011 年第 10 期

① 《清文宗实录》卷三百二十八,咸丰十年八月壬申。

② 《清文宗实录》卷三百三十,咸丰十年九月壬寅。

③ 《清文宗实录》卷三百三十,咸丰十年九月癸巳。

④ 《清文宗实录》卷三百三十二,咸丰十年十月癸亥。

参考资料

（一）史料

《清圣祖仁皇帝实录》，中华书局 1985 年、1986 年版。

《清高宗纯皇帝实录》，中华书局 1985 年、1986 年版。

《清仁宗睿皇帝实录》，中华书局 1986 年版。

《清文宗显皇帝实录》，中华书局 1985 年、1987 年版。

《清穆宗毅皇帝实录》，中华书局 1987 年版。

《清德宗景皇帝实录》，中华书局 1987 年版。

《清代起居注册》（咸丰朝、同治朝），国立故宫博物院珍藏，国学文献馆 1985 年版。

《钦定大清会典》（嘉庆朝），台湾文海出版社 1990 年版。

《大清会典》（光绪朝），台湾文海出版社 1992 年版。

中国第一历史档案馆编：《乾隆朝上谕档》，广西师范大学出版社 1998 年版。

中国第一历史档案馆编：《咸丰同治两朝上谕档》，广西师范大学出版社 1998 年版。

（清）贾桢等编：《筹办夷务始末》（咸丰朝），中华书局 1979 年版。

（清）宝鋆等编:《筹办夷务始末》（同治朝），沈云龙主编:《近代中国史料丛刊》第62辑。

（清）蒋良骥等:《清东华录全编》，学苑出版社2000年版。

（清）王先谦:《东华续录》（咸丰朝），上海古籍出版社2008年版。

王延熙等辑:《皇清道咸同光奏议》，台湾文海出版社1969年版。

《清朝文献通考》，浙江古籍出版社2000年版。

（清）刘锦藻等修:《清朝续文献通考》，商务印书馆1936年版。

《清代官员履历档案全编》（25.26.27），华东师范大学出版社2006年版。

（清）赵尔巽等撰:《清史稿》，中华书局1977年版。

（清）赵尔巽等撰:《清史稿校注》，国史馆校注，台湾商务印书馆1999年版。

《清国史》，嘉业堂钞本，中华书局1993年版。

周骏富编:《清代传记丛刊》，台湾明文书局1986年版。

《清代笔记丛刊》，上海文明书局汇编刊刻。

《清代史料笔记丛刊》，中华书局1997年版。

故宫博物院明清档案部编:《清代档案史料丛编》，中华书局1978年版。

（清）庆桂等编撰:《国朝宫史续编》。

（清）李桓撰:《国朝耆献类征初编》，江苏广陵古籍刻印社1990年版。

（清）李元度辑:《国朝先正事略》，上海古籍出版社2002年版。

《碑传集》、《续碑传集》、《碑传集补》，台湾明文书局。

（清）鄂尔泰撰:《钦定中枢政考》。

《皇朝政典类攥》，沈云龙主编《近代中国史料续编》第91辑。

中国史学会主编:《第二次鸦片战争》，上海人民出版社1978—1979年版。

中国史学会主编:《太平天国》，上海人民出版社1978年版。

中国史学会主编:《洋务运动》,上海人民出版社 1959 年版。

第一历史档案馆编:《清政府镇压太平天国档案史料》,社会科学文献出版社 1992 年版。

(清)金梁:《光宣小记》,民国癸酉刊本。

(清)陈夔龙:《梦蕉亭杂记》,北京古籍出版社 1985 年版。

(清)何刚德:《客座偶谈》,清代历史资料丛刊本。

佚名编:《同治甲戌日本侵台始末》,文海出版社 1983 版。

(清)文祥:《文文忠公事略》,沈云龙主编:《近代中国史料丛刊》第 32 辑。

(清)李棠阶:《李文清公遗书》,中国国家图书馆藏石刻本。

李宗侗等:《清李文正公鸿藻先生年谱》(上、下),台湾商务印书馆 1970 年版。

(清)奕䜣:《乐道堂文钞》,沈云龙主编:《近代中国史料丛刊续编》第 32 辑。

(清)翁同龢:《翁同龢日记》,中华书局 2006 年版。

(清)李慈铭:《越缦堂国事日记》,沈云龙主编:《近代中国史料丛刊续编》第 594 - 599 辑。

(清)曾国藩撰:《曾国藩全集》,岳麓书社 1985 年版。

(清)彭蕴章:《彭文敬公全集》,同治年间长洲彭氏刻。

(清)张佩伦:《涧于集》,沈云龙主编:《近代中国史料丛刊》第 92 辑。

(清)梁章钜等:《枢垣记略》,中华书局 1984 年版。

(清)赵翼:《簷曝杂记》,中华书局 1982 年版。

(清)胡思敬:《国闻备乘》,中华书局 2007 年版。

(清)张祖翼:《清代野记》,中华书局 2007 年版。

(清)徐珂:《清稗类抄》,中华书局北京 1981 年版。

(清)奕䜣等修:《钦定剿平粤匪方略》。

(清)继昌:《行素斋杂记》,上海书店 1984 年版。

（清）昭梿：《啸亭杂录》，中华书局1980年版。

（清）文廷式：《闻尘偶记》，《近代史资料》1981年第1期。

（清）薛福成：《庸庵笔记》，江苏人民出版社1983年版。

（清）崇彝撰：《道咸以来朝野杂记》，北京古籍出版社1982年版。

燕北老人：《满清十三朝宫闱秘史》，上海春明书店1946年版。

（清）陈康祺：《郎潜纪闻》，中华书局1997年版。

（清）佚名：《清代野史》，巴蜀书社1987年版。

（清）徐凌霄、徐一士：《凌霄一士随笔》，《国闻周报》第七卷，第26期。

（清）左宗棠：《左文襄公文集》，《续修四库全书》集部，别集类。

（清）赵烈文：《能静居日记》，台湾学生书局1964年版。

（清）金梁：《光宣列传》，文海出版社1974年版。

（清）王闿运：《湘军志》，岳麓书社湘军史专刊之一。

（清）翁同龢：《翁同龢日记》，中华书局2006年版。

（清）吴汝纶编：《李文忠公全书》，光绪34年金陵刻本。

（清）左宗棠：《左文襄公全集》，光绪16年刻本。

李岳增：《春冰室野乘》，文海出版社1967年版。

黄濬：《花随人圣庵摭忆》，上海书店1998年版。

姜斋辑：《清外史》，上海五洲书局1914年版。

吴相湘：《晚清宫廷实纪》，台北正中书局1982年版。

王钟翰点校：《清史列传》，中华书局1987年版。

佚名：《热河密札》，《近代史资料》1978年第1期。

章士钊：《热河密札疏证补》，《文史》第2辑。

小横香室主人：《清朝野史大观》，上海书店1981年版。

《清季外交史料》（光绪朝），书目文献出版社1987年版。

梁启超：《李鸿章传》，海南出版社2001年版。

（清）董恂：《还读我书室老人手订年谱》，文海出版社1968年版。

罗正钧：《左宗棠年谱》，岳麓书社1982年版。

[英]赫德:《步入中国清廷的仕途——赫德日记(1854——1863)》,中国海关出版社2003年版。

[美]丁韪良:《花甲记忆——一位美国传教士眼中的晚清帝国》,沈弘等译,广西师范大学出版社2004年版。

(二)论著

罗玉东:《中国厘金史》,商务印书馆1936年版。

商衍鎏:《清代考试科举述录》,三联书店1958年版。

钱实甫:《清代外交机关》,三联书店1959年版。

王钟翰:《清史杂考》,中华书局1963年版。

杜联喆:《关于军机处的建置》,澳洲国立大学东方学研究所1963年版。

傅宗懋:《军机处组织及职掌研究》,嘉新水泥公司文化基金会丛书1967年版。

杨树藩:《清代中央政治制度》,台湾商务印书馆1978年版。

费行简:《近代名人小传》,沈云龙主编:《近代中国史料丛刊》第78辑。

王亚南:《中国官僚政治研究》,中国社会科学出版社1981年版。

李鹏年:《清代中央国家机关概述》,黑龙江人民出版社1983年版。

王家俭:《近代中国海军史论集》,台北文史哲出版社1984年版。

庄练:《中国近代史上的关键人物》,中华书局1988年版。

董守义:《恭亲王奕䜣大传:中国第一次近代化运动的倡导者》,辽宁人民出版社1989年版。

[美]恒慕义主编:《清代名人传略》,中国人民大学清史研究所翻译,青海人民出版社1990年版。

宝成关:《奕䜣慈禧政争记》,吉林文史出版社1990年版。

中国第一历史档案馆编:《圆明园》,上海古籍出版社1991年版。

刘广京:《19世纪后半期的美国与中国》,中国社会科学出版社

1991 年版。

[美]白彬菊:《君与臣——清中期的军机处》,加州大学出版社 1991 年版。

夏东元:《洋务运动史》,华东师范大学出版社 1992 年版。

何瑜:《奈何天·咸丰帝传奇》,中国人民大学出版社 1993 年版。

徐立亭:《咸丰同治帝》,吉林文史出版社 1993 年版。

吴福环:《清季总理衙门研究》,新疆大学出版社 1995 年版。

白钢主编:《中国政治制度通史》,人民出版社 1996 年版。

[美]费正清等编:《剑桥中国晚清史》,中国社会科学出版社 1996 年版。

石泉:《甲午战争前后之晚清政局》,三联书店 1997 年版。

杜家骥:《清朝简史》,福建人民出版社 1997 年版。

王戎笙主编:《清代简史》辽宁人民出版社 1997 年版。

陈旭麓:《近代中国社会的新陈代谢》,上海人民出版社 1998 年版。

[美]马士:《中华帝国对外关系史》,张汇文等译,上海书店出版社 2000 年版。

[美]芮玛丽:《同治中兴——中国保守主义的最后抵抗》,房德邻译,中国社会科学出版社 2002 年版。

李剑农:《中国近百年政治史》,复旦大学出版社 2002 年版。

姜鸣:《龙旗飘扬的舰队——中国近代海军兴衰史》,三联书店 2002 年版。

刘泱泱等:《左宗棠传论》,四川大学出版社 2002 年版。

张德泽:《清代国家机关考略》,学苑出版社 2002 年版。

白新良:《清代中枢决策研究》,辽海出版社 2002 年版。

王钟翰:《王钟翰清史论集》,中华书局 2004 年版。

陈茂同:《中国历代职官沿革史》,百花文艺出版社 2005 年版。

茅海健:《苦命天子·咸丰帝奕詝》,上海人民出版社 2005 年版。

高中华:《肃顺与咸丰政局》,齐鲁书社 2005 年版。

林文仁:《南北之争与晚清政局——以军机处汉大臣为中心的探讨(1861—1885)》,中国社会科学出版社 2005 年版。

萧一山:《清代通史》,华东师范大学出版社 2006 年版。

何文贤:《文明的冲突与整合——同治中兴时期中外关系重建》,厦门大学出版社 2006 年版。

戴逸主编:《简明清史》,中国人民大学出版社 2006 年版。

赵志强:《清代中央决策机制研究》,科学出版社 2007 年版。

宋希斌:《军机处职权变化研究》,博士学位论文,南开大学历史学院,2007 年。

(三)论文

钱实甫:《清代的军机处》,《历史教学》1962 年第 3 期。

钱实甫:《清朝政权的半殖民地化与总理衙门》,《历史教学》1963 年第 7 期。

刘子扬:《清代军机处的设立及其性质——兼与钱实甫商榷》,《历史教学》1963 年第 3 期。

戴逸等:《论中国历史上的封建君主专制主义》,《社会科学战线》1981 年第 2 期。

刘子扬:《清代的军机处》,《历史档案》1981 年第 2 期。

任恒俊:《论辛酉政变》,《近代史研究》1986 年第 1 期。

朱金甫:《清康熙时期中央决策制度研究》,《历史档案》1987 年第 1 期。

黄复超等:《清李棠阶其人及其治学成就》,《南都学坛》1987 年第 3 期。

贾熟村:《试论咸同时期清政府的应变能力》,《近代史研究》1989 年第 3 期。

赵志强:《军机处设立时间考订》,《历史档案》1990 年第 4 期。

吴福环:《总理衙门职能的扩展及其与军机处、内阁的关系》,《史学月刊》1991 年第 4 期。

何瑜:《晚清中央集权体制变化原因再析》,《清史研究》1992 年第 3 期。

刘绍春:《军机章京职权责利的若干问题》,《史学集刊》1993 年第 4 期。

杨益茂:《"借师助剿"探析》,《中国人民大学学报》1994 年第 6 期。

杜家骥:《清代官员选任制度述论》,《清史研究》1995 年第 2 期。

吴福环:《社会变迁中清政府的一个官员群体——总理衙门中的大臣们》,《河北学刊》1995 年第 5 期。

高翔:《也论军机处、内阁和专制皇权——对传统说法之质疑,兼析奏折制之源起》,《清史研究》1996 年第 2 期。

高翔:《略论清朝中央权力分配体制——对内阁、军机处和皇权关系的再认识》,《中国史研究》1997 年第 4 期。

刘栋琦:《李鸿藻反对重修圆明园》,《紫禁城》1997 年第 4 期。

郭成康:《雍正密谕浅析—兼及军机处设立的时间》,《清史研究》1998 年第 1 期。

高路:《论清政府对外方略的改变》,《华中师范大学学报》1998 年第 5 期。

王开玺:《马嘎尔尼跪谒乾隆帝考析》,《历史档案》1999 年第 2 期。

杨珍:《明清皇权高度集中与强化的历程:以明内阁、清军机处为中心》,(日)《中国史学》2000 年第 9 卷。

宋希斌:《清代军机处与题本的批答——以乾隆朝上谕档为中心的考察》,《历史档案》2000 年第 4 期。

王开玺:《辛酉政变与正统皇权思想——慈禧政变成功原因再探讨》,《清史研究》2002 年第 4 期。

张研、牛贯杰:《试论团练大臣与双重统治格局》,《安徽史学》2004 年第 1 期。

白文刚:《文祥与"同治中兴"》,《历史教学》2004 年第 7 期。

项锷:《再论同文馆之争》,《深圳大学学报》(人文社会科学版)2006 年第 2 期。

王莲英:《李鸿藻对西学的认识及其转变》,《唐都学刊》2007 年第 2 期。

李俊香:《开启中国的新式教育——文祥与京师同文馆》,《开封教育学院学报》2008 年第 3 期。

张振国:《清代文官选任制度》,《历史教学》2008 年第 4 期。

王莲英:《晚清重臣——李鸿藻》,《石家庄经济学院学报》2008 年第 4 期。

刘凤云:《从清代京官的资历、能力和俸禄看官场中的潜规则》,《中国人民大学学报》2008 年第 6 期。

刘海峰:《军机大臣季芝昌事迹考略》,《科技信息》2008 年第 20 期。

李俊香:《开明满族政治家文祥研究》,硕士学位论文,山东师范大学历史学院,2008 年。

贾熟村:《杜翰家族考察》,《滨州学院学报》2010 年第 2 期。

后　记

2008年，蒙导师何瑜教授不弃，已是孩子妈妈的我有幸来到中国人民大学清史研究所继续深造学习，攻读历史学博士学位。在近四载的求学路上，何老师给予我极大的帮助与启迪，他严谨求实的治学态度、广博的学识，时时影响和改变着我，并使我受益终身。本书选题立意成文皆来自何老师的悉心指导，在此向给予我不尽关怀和帮助的恩师何瑜先生表达我最诚挚的谢意！对清史研究所黄兴涛老师、夏明方老师、杨念群老师、陈桦老师、潘向明老师、董建中老师几年来在学业上的帮助，在此一并表示由衷的感谢。同时也向给予我诸多指导的赵志强老师、李治廷老师、王开玺老师表达我最由衷的敬意！

对诸位同窗好友、同门姐弟、同寝姐妹给予我诸多无私帮助与支持，表示由衷的感谢！参加工作十余年来，几近一半时间在外求学，这与单位领导、同事的支持、包容、理解密不可分，在此由衷感谢沈阳农业大学社科部所有同事！

感谢我最最亲爱的家人——爸爸袁清和、妈妈戴金莲、妹妹袁媛、丈夫王立地、女儿王姝柠！

本文是在诸多前辈研究基础上著述而成，在此向他们表达我最崇高的敬意与最真挚的谢意！由于本人能力水平有限，加之成书时间仓促，相关史料欠缺，难免错漏，还望方家批评指正。

袁　野

责任编辑:赵圣涛
封面设计:徐　晖
责任校对:吴晓娟

图书在版编目(CIP)数据

晚清变革视域下的咸同朝军机大臣研究/袁 野 著. -北京:人民出版社,2014.6
ISBN 978-7-01-013571-7

Ⅰ.①晚…　Ⅱ.①袁…　Ⅲ.①官制-研究-中国-清后期　Ⅳ.①D691.42

中国版本图书馆 CIP 数据核字(2014)第 106340 号

晚清变革视域下的咸同朝军机大臣研究

WANQING BIANGE SHIYUXIA DE XIANTONGCHAO JUNJI DACHEN YANJIU

袁 野 著

人民出版社 出版发行
(100706　北京市东城区隆福寺街 99 号)

北京市文林印务有限公司　新华书店经销

2014 年 6 月第 1 版　2014 年 6 月北京第 1 次印刷
开本:710 毫米×1000 毫米 1/16　印张:18.5
字数:280 千字　印数:0,001-6,000 册

ISBN 978-7-01-013571-7　定价:52.00 元

邮购地址 100706　北京市东城区隆福寺街 99 号
人民东方图书销售中心　电话 (010)65250042　65289539